重要単語チェック！
1年　三省堂版

JN100894

② Lesson 1
character

③ Lesson 1
city

④ Lesson 1
come

⑤ Lesson 1
draw

⑥ Lesson 1
excited

⑦ Lesson 1
hobby

⑧ Lesson 1
interested

⑨ Lesson 1
kitchen

⑩ Lesson 1
know

⑪ Lesson 1
live

⑫ Lesson 1
much

⑬ Lesson 1
need

⑭ Lesson 1
now

⑮ Lesson 1
often

⑯ Lesson 1
picture

⑰ Lesson 1
show

⑱ Lesson 1
sometimes

⑲ Lesson 1
song

⑳ Lesson 1
take

㉑ Lesson 1
thirsty

㉒ Lesson 1
ticket

1 Lesson 1

名 動き，演技

音声を聞きながら発音の練習をしよう。

音声アプリの「重要単語チェック」から
音声を聞いて，聞きとり，発音の練習をすることができます。
アプリの使い方は，表紙裏をご覧ください。

4 Lesson 1

動 来る

3 Lesson 1

名 市，都市

2 Lesson 1

名 登場人物

7 Lesson 1

名 趣味

6 Lesson 1

形 わくわくした

5 Lesson 1

動 引く，かく

10 Lesson 1

動 知っている

9 Lesson 1

名 台所

8 Lesson 1

形 興味を持った

13 Lesson 1

動 ～を必要とする

12 Lesson 1

副 とても

11 Lesson 1

動 住んでいる

16 Lesson 1

名 絵，写真

15 Lesson 1

副 しばしば

14 Lesson 1

副 今は

19 Lesson 1

名 歌

18 Lesson 1

副 ときどき

17 Lesson 1

名 ショー

22 Lesson 1

名 切符，チケット

21 Lesson 1

形 のどのかわいた

20 Lesson 1

動 （写真・コピーなどを）とる

教科書ぴったりトレーニング　英語1年　三省堂版　付録　①裏

㉓ Lesson 1 — use

㉔ Lesson 1 — word

㉕ Word Bank — news

㉖ Lesson 2 — bake

㉗ Lesson 2 — catch

㉘ Lesson 2 — cut

㉙ Lesson 2 — enjoy

㉚ Lesson 2 — far

㉛ Lesson 2 — here

㉜ Lesson 2 — main

㉝ Lesson 2 — quickly

㉞ Lesson 2 — send

㉟ Lesson 2 — sure

㊱ Lesson 2 — video

㊲ Lesson 2 — write

㊳ GET Plus 2 — some

㊴ Word Bank — number

㊵ Word Bank — thousand

㊶ Lesson 3 — cheerful

㊷ Lesson 3 — classmate

㊸ Lesson 3 — crowded

㊹ Lesson 3 — dear

㊺ Lesson 3 — easy

㊻ Lesson 3 — entertainer

㉕ Word Bank	㉔ Lesson 1	㉓ Lesson 1
🄝 報道，知らせ	🄝 ことば，単語	🄑 使う

㉘ Lesson 2	㉗ Lesson 2	㉖ Lesson 2
🄑 切る	🄑 つかまえる	🄑 （オーブンで）焼く

㉛ Lesson 2	㉚ Lesson 2	㉙ Lesson 2
🄐 ここに ［で，へ］	🄐 （距離が）遠くに	🄑 楽しむ

㉞ Lesson 2	㉝ Lesson 2	㉜ Lesson 2
🄑 送る	🄐 速く，素早く	🄕 おもな

㊲ Lesson 2	㊱ Lesson 2	㉟ Lesson 2
🄑 書く	🄝 映像	🄐 もちろん

㊵ Word Bank	㊴ Word Bank	㊳ GET Plus 2
🄝 1000	🄝 数	🄕 いくつかの

㊸ Lesson 3	㊷ Lesson 3	㊶ Lesson 3
🄕 こんでいる	🄝 クラスメイト，同級生	🄕 元気のいい

㊻ Lesson 3	㊺ Lesson 3	㊹ Lesson 3
🄝 芸能人	🄕 簡単な，やさしい	🄕 親愛なる

47 Lesson 3	48 Lesson 3	49 Lesson 3
famous	floor	guess
50 Lesson 3	51 Lesson 3	52 Lesson 3
learn	letter	or
53 Lesson 3	54 Lesson 3	55 Lesson 3
people	perform	popular
56 Lesson 3	57 Lesson 3	58 Lesson 3
side	souvenir	taste
59 Lesson 3	60 Lesson 3	61 Lesson 3
weekend	wish	woman
62 Take Action! Listen 1	63 Take Action! Listen 1	64 Take Action! Listen 1
dollar	free	key
65 Take Action! Talk 1	66 Take Action! Talk 1	67 Take Action! Talk 1
listen	really	same
68 Take Action! Talk 1	69 Project 1	70 Project 1
too	also	dream

㊸ Lesson 3	㊸ Lesson 3	㊷ Lesson 3
働 推測する	名 床	形 有名な
㊾ Lesson 3	㊿ Lesson 3	㊿ Lesson 3
接 または	名 手紙	働 学ぶ，習う
㊿ Lesson 3	㊿ Lesson 3	㊿ Lesson 3
形 人気のある	働 演じる	名 人々
㊿ Lesson 3	㊿ Lesson 3	㊿ Lesson 3
名 味，味覚	名 土産物	名 側，面
㊿ Lesson 3	㊿ Lesson 3	㊿ Lesson 3
名 女性	働名 願い，望み	名 週末
㊿ Take Action! Listen 1	㊿ Take Action! Listen 1	㊿ Take Action! Listen 1
名 鍵	形 無料の	名 ドル
㊿ Take Action! Talk 1	㊿ Take Action! Talk 1	㊿ Take Action! Talk 1
形 同じ	副 本当に	働 聞く
㊿ Project 1	㊿ Project 1	㊿ Take Action! Talk 1
名 夢，希望	副 …もまた，そのうえ	副 〜もまた

教科書ぴったりトレーニング　英語1年　三省堂版　付録　③裏

language

real

robot

age

another

belong

college

drive

early

evening

family

hear

hold

hometown

hour

level

neighbor

other(s)

page

parent

place

shoe

student

73 Project 1	72 Project 1	71 Project 1
图 ロボット	形 本当の	图 言語，ことば

76 Lesson 4	75 Lesson 4	74 Lesson 4
動 ～に所属している	形 もう1つの，別の	图 年齢

79 Lesson 4	78 Lesson 4	77 Lesson 4
副 早く	動 （車を）運転する	图 大学

82 Lesson 4	81 Lesson 4	80 Lesson 4
動 聞こえる	图 家族	图 夕方，晩

85 Lesson 4	84 Lesson 4	83 Lesson 4
图 1時間	图 ふるさと	動 持っている

88 Lesson 4	87 Lesson 4	86 Lesson 4
图 近所の人	形 低い	图 （能力や地位などの）水準

91 Lesson 4	90 Lesson 4	89 Lesson 4
图 親	图 ページ	代 ほかのもの（人）

94 Lesson 4	93 Lesson 4	92 Lesson 4
图 学生，生徒	图 くつ	图 場所

教科書ぴったりトレーニング　英語1年　三省堂版　付録　⑤表

95 Lesson 4
teach

96 Lesson 4
there

97 Lesson 4
tower

98 Lesson 4
wear

99 Take Action! Listen 2
during

100 Take Action! Listen 2
performance

101 Take Action! Listen 2
phone

102 Take Action! Listen 2
seat

103 Take Action! Listen 2
talk

104 Take Action! Talk 2
later

105 Take Action! Talk 2
o'clock

106 Take Action! Talk 2
plan

107 Take Action! Talk 2
start

108 Take Action! Talk 2
today

109 Lesson 5
after

110 Lesson 5
bring

111 Lesson 5
carry

112 Lesson 5
child

113 Lesson 5
choose

114 Lesson 5
class

115 Lesson 5
different

116 Lesson 5
e-mail

117 Lesson 5
everyone

118 Lesson 5
life

97 Lesson 4 ⑧塔，タワー	**96** Lesson 4 ⑩そこに［で，へ］	**95** Lesson 4 ⑩教える
100 Take Action! Listen 2 ⑧上演，演奏，演技	**99** Take Action! Listen 2 ⑩〜じゅうずっと	**98** Lesson 4 ⑩身につけている
103 Take Action! Listen 2 ⑩話す，しゃべる	**102** Take Action! Listen 2 ⑧席	**101** Take Action! Listen 2 ⑧電話
106 Take Action! Talk 2 ⑧予定	**105** Take Action! Talk 2 ⑩〜時	**104** Take Action! Talk 2 ⑩のちほど，あとで
109 Lesson 5 ⑩〜のあとに［の］	**108** Take Action! Talk 2 ⑧⑩きょう（は）	**107** Take Action! Talk 2 ⑩始まる
112 Lesson 5 ⑧子ども	**111** Lesson 5 ⑩運ぶ	**110** Lesson 5 ⑩持ってくる
115 Lesson 5 ⑱違った，いろいろな	**114** Lesson 5 ⑧授業	**113** Lesson 5 ⑩選ぶ
118 Lesson 5 ⑧生活，暮らし	**117** Lesson 5 ⑭みんな，だれでも	**116** Lesson 5 ⑧Eメール

教科書ぴったりトレーニング　英語1年　三省堂版　付録　⑤裏

lovely

next

own

poster

radio

schedule

sleep

team

thing

throw

work

help

power

problem

solve

together

design

may

perfect

suggest

then

mine

bottle

dictionary

121 Lesson 5	120 Lesson 5	119 Lesson 5
形 自分自身の	形 次の，今度の，となりの	形 かわいい

124 Lesson 5	123 Lesson 5	122 Lesson 5
名 スケジュール，時間割	名 ラジオ	名 ポスター

127 Lesson 5	126 Lesson 5	125 Lesson 5
名 物，事	名 チーム	動 眠る

130 Take Action! Listen 3	129 Lesson 5	128 Lesson 5
動 手伝う，助ける	動 働く	動 投げる

133 Take Action! Listen 3	132 Take Action! Listen 3	131 Take Action! Listen 3
動 解決する	名 問題	名 力

136 Take Action! Talk 3	135 Take Action! Talk 3	134 Take Action! Listen 3
助 〜してもよい	名 デザイン，図案	副 いっしょに

139 Take Action! Talk 3	138 Take Action! Talk 3	137 Take Action! Talk 3
副 それなら，その場合には	動 提案する	形 完全な，申し分のない

142 Word Bank	141 Word Bank	140 GET Plus 4
名 辞書	名 びん	代 私のもの

143 Word Bank	144 Lesson 6	145 Lesson 6
textbook	ago	all
146 Lesson 6	147 Lesson 6	148 Lesson 6
a lot	cousin	die
149 Lesson 6	150 Lesson 6	151 Lesson 6
discover	drop	event
152 Lesson 6	153 Lesson 6	154 Lesson 6
experience	history	hot spring
155 Lesson 6	156 Lesson 6	157 Lesson 6
join	last	made
158 Lesson 6	159 Lesson 6	160 Lesson 6
match	peace	picnic
161 Lesson 6	162 Lesson 6	163 Lesson 6
pray	pretty	remember
164 Lesson 6	165 Lesson 6	166 Lesson 6
said	scarf	sightseeing

145 Lesson 6	144 Lesson 6	143 Word Bank
代 すべてのもの, すべての人	前 ～前に	名 教科書

148 Lesson 6	147 Lesson 6	146 Lesson 6
動 死ぬ	名 いとこ	名 たくさん

151 Lesson 6	150 Lesson 6	149 Lesson 6
名 行事, 出来事	動 落とす, 落ちる	動 発見する

154 Lesson 6	153 Lesson 6	152 Lesson 6
名 温泉	名 歴史	名 経験

157 Lesson 6	156 Lesson 6	155 Lesson 6
動 make (作る) の過去形	形 この前の, 最近の	動 加わる, 参加する

160 Lesson 6	159 Lesson 6	158 Lesson 6
名 ピクニック	名 平和	名 試合

163 Lesson 6	162 Lesson 6	161 Lesson 6
動 思い出す	形 かわいい	動 祈る

166 Lesson 6	165 Lesson 6	164 Lesson 6
名 観光	名 スカーフ	動 say (言う, 話す) の過去形

⑯ Lesson 6	⑱ Lesson 6	⑲ Lesson 6
step	thick	uncle
⑰ Lesson 6	⑰ Lesson 6	⑰ Lesson 6
view	wait	wallet
⑰ Lesson 6	⑰ Lesson 6	⑰ Lesson 6
war	week	win 
⑰ Lesson 6	⑰ Take Action! Listen 4	⑱ Take Action! Listen 4
yesterday	already	paper
⑲ Take Action! Talk 4	⑱ Project 2	⑱ Project 2
Excuse me.	blossom	calm
⑱ Project 2	⑱ Project 2	⑱ Project 2
garden	kind	local
⑱ Lesson 7	⑱ Lesson 7	⑱ Lesson 7
against	always	amazing
⑱ Lesson 7	⑱ Lesson 7	⑲ Lesson 7
anymore	boring	call

名 おじ

形 太い，分厚い

名 階段

名 さいふ

動 待つ

名 景色

動 勝つ

名 週

名 戦争

形 紙で作った，紙の

副 すでに，もう

副 きのう（は）

形 穏やかな，静かな

名 花

すみません。

形 地域の，その地方の

名 種類

名 庭

形 驚くべき，みごとな

副 いつも

前 ～に対抗して

名 電話

形 退屈な

副 [否定文，疑問文で] もはや，これ以上

191 Lesson 7
center

192 Lesson 7
century

193 Lesson 7
change

194 Lesson 7
court

195 Lesson 7
difficult

196 Lesson 7
everybody

197 Lesson 7
foot

198 Lesson 7
full

199 Lesson 7
into

200 Lesson 7
lose

201 Lesson 7
love

202 Lesson 7
message

203 Lesson 7
mind

204 Lesson 7
miss

205 Lesson 7
national

206 Lesson 7
passion

207 Lesson 7
person

208 Lesson 7
prize

209 Lesson 7
realize

210 Lesson 7
respect

211 Lesson 7
skillful

212 Lesson 7
sound

213 Lesson 7
still

214 Lesson 7
top

動 取り替える，変える

名 世紀，100年

名 中心，…センター

代 だれでも，みんな

形 難しい

名 コート

前 ～の中へ

形 満ちた，いっぱいの

名 足

名 メッセージ

名 愛

動 負ける

形 国立の，国家の

動 機会を逃す

名 心，精神

名 賞

名 人物

名 情熱

形 腕のいい，みごとな

動 尊敬する

動 理解する

形 トップの，いちばん上の

副 まだ，今でも

動 聞こえる

depressed

of course

question

nervous

surprised

around

baby

behind

chopstick

clothes

decide

environment

exam

example

feel

final

future

generation

give

group

in addition

increase

information

left

217 Take Action! Listen 5	216 Take Action! Listen 5	215 Take Action! Listen 5
名 質問	名 もちろん，確かに	形 落胆した，がっかりした

220 Lesson 8	219 Word Bank	218 Word Bank
前 ～のあちらこちらを	形 驚いた	形 心配して，不安で

223 Lesson 8	222 Lesson 8	221 Lesson 8
名 箸	前 後ろに［を］，残って	名 赤ちゃん

226 Lesson 8	225 Lesson 8	224 Lesson 8
名 環境	動 決定する	名 衣服

229 Lesson 8	228 Lesson 8	227 Lesson 8
動 感じる	名 例	名 試験

232 Lesson 8	231 Lesson 8	230 Lesson 8
名 世代	名形 未来（の），将来（の）	形 最後の

235 Lesson 8	234 Lesson 8	233 Lesson 8
名 さらに，その上	名 グループ	動 （会などを）開く，（おおぜいの前で）演ずる

238 Lesson 8	237 Lesson 8	236 Lesson 8
動 leave（残す，置いていく）の過去形	名 情報	動 増える

(239) Lesson 8

maybe

(240) Lesson 8

paint

(241) Lesson 8

pick

(242) Lesson 8

plastic

(243) Lesson 8

project

(244) Lesson 8

promise

(245) Lesson 8

recycle

(246) Lesson 8

reduce

500t
300t
現在 5年後

(247) Lesson 8

save

(248) Lesson 8

share

(249) Lesson 8

similar

(250) Lesson 8

situation

(251) Lesson 8

stay

HOTEL

(252) Lesson 8

symbol

(253) Lesson 8

tomorrow

(254) Lesson 8

trash

(255) Lesson 8

upset

(256) Lesson 8

warm

(257) Take Action! Listen 6

almost

(258) Take Action! Listen 6

bad

(259) Take Action! Listen 6

degree

(260) Take Action! Listen 6

holiday

(261) Take Action! Talk 6

again

(262) Take Action! Talk 6

hair

241 Lesson 8
動 摘む，拾い上げる

240 Lesson 8
動 （絵具で絵を）かく

239 Lesson 8
副 たぶん，〜かもしれない

244 Lesson 8
名 約束

243 Lesson 8
名 計画，企画

242 Lesson 8
形 プラスチック（製）の

247 Lesson 8
動 守る，救う

246 Lesson 8
動 減らす

245 Lesson 8
動 再利用する

250 Lesson 8
名 事態，情勢

249 Lesson 8
形 似ている

248 Lesson 8
動 共有する

253 Lesson 8
名 副 あした（は）

252 Lesson 8
名 象徴，シンボル

251 Lesson 8
動 滞在する，とどまる

256 Lesson 8
形 暖かい，温かい

255 Lesson 8
形 取り乱した，腹を立てた

254 Lesson 8
名 ごみ

259 Take Action! Listen 6
名 （温度，角などの）度

258 Take Action! Listen 6
形 悪い，いやな

257 Take Action! Listen 6
副 ほとんど

262 Take Action! Talk 6
名 髪の毛

261 Take Action! Talk 6
副 もう一度，また

260 Take Action! Listen 6
名 休日，祝日

263 Word Bank

answer

264 Word Bank

door

265 Word Bank

feed

266 Word Bank

light

267 Word Bank

off

268 Word Bank

open

269 Word Bank

window

270 READING FOR FUN

anyway

271 READING FOR FUN

ask

272 READING FOR FUN

bottom

273 READING FOR FUN

careful

274 READING FOR FUN

disappear

275 READING FOR FUN

fall

276 READING FOR FUN

follow

277 READING FOR FUN

ground

278 READING FOR FUN

hit

279 READING FOR FUN

hole

280 READING FOR FUN

little

281 READING FOR FUN

mean

282 READING FOR FUN

shape

283 READING FOR FUN

suddenly

284 READING FOR FUN

terrible

285 READING FOR FUN

think

286 READING FOR FUN

wall

動 食べ物を与える

名 ドア

動 答える，返事をする

動 あく，あける

副 (電気, テレビなどが) 切れて, 止まって

名 光，明るさ，明かり

動 たずねる

副 ところで

名 窓

動 見えなくなる

形 注意深い，慎重な

名 底

名 [theをつけて] 地面

動 (～のあとに) ついていく

動 落ちる
名 落下

形 小さい

名 穴

動 打つ，ぶつける，ぶつかる

副 突然

名 形

動 意味する

名 へい

動 考える

形 恐ろしい，ひどい

目次

成績アップのための **学習メソッド**

ぴたトレ1

要点チェック

教科書の基礎内容についての理解を深め，基礎学力を定着させます。

- 教科書で扱われている文法事項の解説をしています。
- 新出単語を和訳・英訳ともに掲載しています。
- 重要文をもとにした基礎的な問題を解けます。

問題を解くペース

英語は問題を解く
時間が足りなくなり
やすい教科。普段の
学習から解く時間を
常に意識しよう!

**「ナルホド!」で
文法を復習**

最初に取り組むときは
必ず読もう!

Words & Phrases

単語や熟語のチェック
をしよう。
ここに載っている単語
は必ず押さえよう!

注目!

⚠ミスに注意

テストによく出る!

テストで狙われやすい，
ミスしやすい箇所が
一目でわかるよ!

学習メソッド

STEP0 学校の授業を受ける

STEP1 ぴたトレ1を解く

ナルホド！も読んで，基礎をおさらいしよう。

STEP2 解答解説で丸付け

間違えた問題にはチェックをつけて，
何度もやり直そう。

STEP3 別冊mini bookで確認

単語や基本文を
繰り返し読んで覚えよう。

時間のないときは「ナルホド」
を読んでから、「注目!」「ミスに
注意!」「テストによく出る!」を
確認しよう!これだけで最低
限のポイントが抑えられるよ!

STEP4 得点UPポイントを確認

「注目!」「ミスに注意!」「テストによく出る!」を確認してから，
ぴたトレ2に進もう。

リー子

ぴたトレ**2**

練習

より実践的な内容に取り組みます。
また，専用アプリを使ってスピーキングの練習をします。

- 教科書の文章を読み，内容をしっかり把握します。
- スピーキング問題を解いて，答え合わせをし，文章と解答を音声アプリに吹き込みます。
  （アプリは「おんトレ」で検索し，インストールしてご利用ください。ご利用に必要なコードはカバーの折り返しにあります）

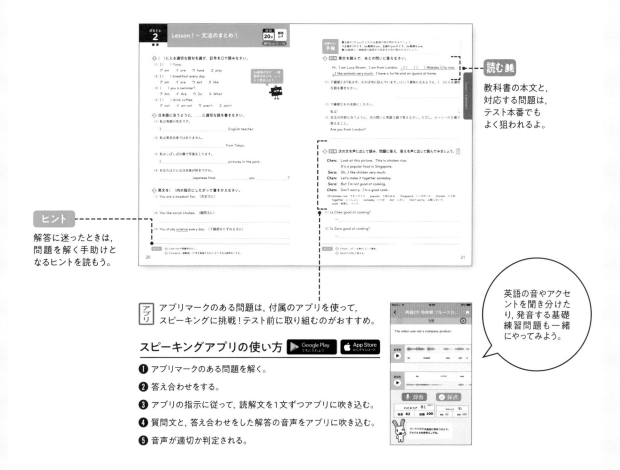

読む📖

教科書の本文と，
対応する問題は，
テスト本番でも
よく狙われるよ。

ヒント

解答に迷ったときは，
問題を解く手助けと
なるヒントを読もう。

英語の音やアクセントを聞き分けたり，発音する基礎練習問題も一緒にやってみよう。

アプリマークのある問題は，付属のアプリを使って，
スピーキングに挑戦！テスト前に取り組むのがおすすめ。

スピーキングアプリの使い方

❶ アプリマークのある問題を解く。

❷ 答え合わせをする。

❸ アプリの指示に従って，読解文を1文ずつアプリに吹き込む。

❹ 質問文と，答え合わせをした解答の音声をアプリに吹き込む。

❺ 音声が適切か判定される。

学習メソッド

STEP1 ぴたトレ2を解く

STEP2 解答・解説を見て答え合わせをする

STEP3 アプリを使って，スピーキング問題を解く

わからない単語や
知らない単語が
あるときはお手本
を聞いてまねして
みよう！

ター坊

成績アップのための 学習メソッド

ぴたトレ3
確認テスト

テストで出題されやすい文法事項, 教科書の内容をさらに深める
オリジナルの読解問題を掲載しています。

- 学習した文法や単語の入ったオリジナルの文章を載せています。
  初めて読む文章に対応することで, テスト本番に強くなります。

- 「よく出る」「差がつく」「点UP」で, 重要問題が一目でわかります。

**発音問題も
チェック!**

発音・アクセント
問題も掲載!
何度も声に出し
て読んで発音を
意識しよう。

**オリジナル長文に
挑戦!**

ぴたトレ1や2で学習
した文法を基にした
長文が出題されるよ。
初めて見る文章にも
強くなろう。

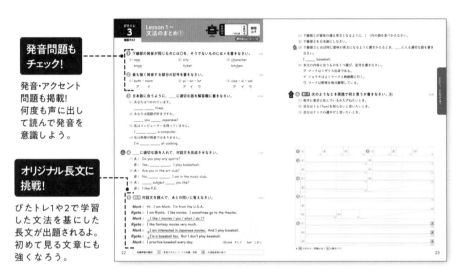

4技能マークに注目!

4技能に対応!
このマークがついている
問題は要チェック!

※「聞く」問題は,巻末のリ
スニングに掲載していま
す。

繰り返し練習しよう!

ポイントとなる問題は繰り
返し練習して, テストでも
解けるようにしよう!

学習メソッド

STEP1 ぴたトレ3を解く
テスト本番3日前になったら時間を計って解いてみよう。

STEP2 解答解説を読む
英作文には採点ポイントが示されているよ。
できなかった部分をもう一度見直そう。

STEP3 定期テスト予想問題を解く
巻末にあるテスト対策問題を解いて最後のおさらいをしよう。

STEP4 出題傾向を読んで, 苦手な箇所をおさらいしよう
定期テスト予想問題の解答解説には出題傾向が載っているよ。
テストでねらわれやすい箇所をもう一度チェックしよう。

ぴたトレ3には
「観点別評価」
も示されるよ!
これなら内申点
も意識できるね!

ピー助

定期テスト予想問題

定期テスト直前に解くことを意識した, 全5回の実力テスト問題です。

● 長文問題を解くことを通して, 解答にかかる時間のペースを意識しましょう。

観点別評価

本書では,

「言語や文化についての知識・技能」

「外国語表現の能力」

の2つの観点を取り上げ, 成績に結び付く
ようにしています。

リスニング

文法ごとにその学年で扱われやすい
リスニング問題を掲載しています。
どこでも聞けるアプリに対応!

● リスニング問題はくりかえし
聞いて, 耳に慣れるようにして
おきましょう。

※一部標準的な問題を出題している箇所
があります(教科書非準拠)。

※リスニングには「ポケットリスニング」の
アプリが必要です。
(使い方は表紙の裏をご確認ください。)

英作文

やや難易度の高い英作文や,
表やグラフなどを見て必要な情報を
英文で説明する問題を掲載しています。

● 学年末や, 入試前の対策に
ぴったりです。

● 難しいと感じる場合は, 解答解説
の 英作力 UP♪ を読んでから挑戦して
みましょう。

[ぴたトレが支持される**3**つの理由!!]

1

35年以上続く
超ロングセラー商品

昭和59年の発刊以降, 教科
書改訂にあわせて教材の質
を高め, 多くの中学生に使用
されてきた実績があります。

2

教科書会社が制作する
唯一の教科書準拠問題集

教科書会社の編集部が問題
集を作成しているので, 授業
の進度にあわせた予習・復習
にもぴったり対応しています。

3

日常学習~定期テスト
対策まで完全サポート

部活などで忙しくても効率的
に取り組むことで, テストの点
数はもちろん, 成績・内申点
アップも期待できます。

Starter 1　英語の文字と音

教科書 pp.8〜9

1 次の小文字を大文字に書きかえなさい。

☐(1) b → ＿＿＿＿＿＿＿＿

☐(2) l → ＿＿＿＿＿＿＿＿

☐(3) p → ＿＿＿＿＿＿＿＿

☐(4) y → ＿＿＿＿＿＿＿＿

☐(5) r → ＿＿＿＿＿＿＿＿

☐(6) u → ＿＿＿＿＿＿＿＿

2 次の大文字を小文字に書きかえなさい。

☐(1) F → ＿＿＿＿＿＿＿＿

☐(2) H → ＿＿＿＿＿＿＿＿

☐(3) Q → ＿＿＿＿＿＿＿＿

☐(4) T → ＿＿＿＿＿＿＿＿

☐(5) A → ＿＿＿＿＿＿＿＿

☐(6) G → ＿＿＿＿＿＿＿＿

☐(7) J → ＿＿＿＿＿＿＿＿

☐(8) V → ＿＿＿＿＿＿＿＿

3 アルファベット順になるように，空欄に適するアルファベットを(1)，(2)は大文字で，(3)，(4)は小文字で書きなさい。

☐(1) I → J → ＿＿＿＿＿＿

☐(2) V → ＿＿＿＿＿＿ → X

☐(3) c → ＿＿＿＿＿＿ → e

☐(4) ＿＿＿＿＿＿ → n → o

4 空欄に共通するアルファベットを入れ，単語のしりとりを完成させなさい。ただし，(1)は大文字で，(2)は小文字で書くこと。

☐(1) APPL①＿＿＿＿ → ①＿＿＿＿GG → ②＿＿＿＿OOD

☐(2) lunc①＿＿＿＿ → ①＿＿＿＿orse → ②＿＿＿＿vening

Starter 2
コミュニケーションを楽しもう(1)

教科書 pp.10～11

単語 右の日本語に合う英語を，それぞれの頭文字に続けて書きなさい。

《月》

□(1) F＿＿＿＿＿＿〔2月〕　　□(2) M＿＿＿＿＿＿〔3月〕

□(3) J＿＿＿＿＿＿〔7月〕　　□(4) N＿＿＿＿＿＿〔11月〕

《カレンダー》

□(1) f＿＿＿＿＿＿〔1日〕　　□(2) t＿＿＿＿＿＿〔3日〕

□(3) f＿＿＿＿＿＿〔5日〕　　□(4) t＿＿＿＿＿＿〔12日〕

《曜日》

□(1) T＿＿＿＿＿＿〔火曜日〕　　□(2) W＿＿＿＿＿＿〔水曜日〕

□(3) F＿＿＿＿＿＿〔金曜日〕　　□(4) S＿＿＿＿＿＿〔土曜日〕

《教科》

□(1) s＿＿＿＿＿＿〔理科〕　　□(2) m＿＿＿＿＿＿〔数学〕

□(3) m＿＿＿＿＿＿〔音楽〕　　□(4) J＿＿＿＿＿＿〔国語〕

《習いごと》

□(1) c＿＿＿＿＿＿〔料理〕　　□(2) t＿＿＿＿＿＿〔テニス〕

□(3) p＿＿＿＿＿＿〔ピアノ〕　　□(4) s＿＿＿＿＿＿〔水泳〕

Starter 3
コミュニケーションを楽しもう(2)

教科書 pp.12〜13

単語 右の日本語に合う英語を，それぞれの頭文字に続けて書きなさい。

《私の1日》

□(1) g_____ u_____ 〔起きる〕

□(2) e_____ b_____ 〔朝食を食べる〕

□(3) l_____ h_____ 〔家を出る〕

□(4) e_____ l_____ 〔昼食を食べる〕

□(5) g_____ h_____ 〔帰宅する〕

□(6) d_____ my h_____ 〔宿題をする〕

□(7) t_____ a b_____ 〔入浴する〕

□(8) g_____ to b_____ 〔寝る〕

《町》

□(1) s_____ 〔神社，神宮〕　　□(2) g_____ 〔体育館〕

□(3) p_____ 〔公園〕　　□(4) z_____ 〔動物園〕

□(5) p_____ s_____ 〔警察署〕

□(6) p_____ o_____ 〔郵便局〕

□(7) j_____ h_____ s_____ 〔中学校〕

ぴたトレ
2
練習

Starter 1 〜 3

時間 **20**分
解答 p.2

教科書 pp.8 〜 13

Starter 1 〜 3

① 次の左側のアルファベットの小文字を選び，線で結びなさい。

□(1) D・　　　　　　　　　　　　　・q
□(2) Q・　　　　　　　　　　　　　・i
□(3) I・　　　　　　　　　　　　　・b
□(4) R・　　　　　　　　　　　　　・r
□(5) B・　　　　　　　　　　　　　・d

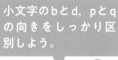
小文字のbとd，pとq
の向きをしっかり区
別しよう。

② 次の単語の意味を下の▢内から選び，記号で答えなさい。

□(1) flower　　　（　　　　　）　　□(2) social studies　　（　　　　　）

□(3) calligraphy　（　　　　　）　　□(4) police station　（　　　　　）

□(5) August　　（　　　　　）　　□(6) Thursday　　　（　　　　　）

□(7) umbrella　（　　　　　）　　□(8) art　　　　　　（　　　　　）

ア 美術　　イ 書写　　ウ 4月　　エ 8月　　オ 火曜日　　カ 木曜日　　キ 花
ク 音楽　　ケ 社会科　　コ かさ　　サ 寺院　　シ 警察署

③ 絵が表す単語を下の▢内から選んで書きなさい。

□(1)

_____

□(2)
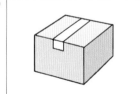
_____

□(3)
_____

□(4)

_____

cooking　　box　　ninth　　horse　　swimming　　eighth　　nurse

ヒント　② (6)「火曜日」と「木曜日」はどちらもTから始まるので注意。

　　　　③ (3)日付は「…番目(の)」の形で表す。

Lesson 1 About Me (Part 1)

教科書の
重要ポイント | **be動詞（am / are）・一般動詞の肯定文** 教科書 pp.16〜21

I am Tanaka Hana. 〔私は田中花です。〕

You are a dancer. 〔あなたはダンサーです。〕

「…です」を表すamやareをbe動詞と言う。be動詞は主語によって使い分ける。

「私は…です。」＝主語（I）＋be動詞（am）....　「あなたは…です。」＝主語（You）＋be動詞（are）....

主語	be動詞
I	am
you	are

I amを短縮した形はI'm,
you areを短縮した形は
you'reと表すよ。

肯定文 I　am　Tanaka Hana. 〔私は田中花です。〕
「私は」「です」「田中花」 ↪人の名前は，姓も名前も大文字で書き始める

You　are　a dancer. 〔あなたはダンサーです。〕
「あなたは」「です」「ダンサー」

ナルホド！

I play tennis. 〔私はテニスをします。〕

You like sports. 〔あなたはスポーツが好きです。〕

動作や状態について言うときは，〈主語＋一般動詞 ....〉で表す。

「私は［あなたは］…をします（…です）。」＝主語＋一般動詞 ....

肯定文 I　play　tennis. 〔私はテニスをします。〕
「私は」「します」「テニスを」

You　like　sports. 〔あなたはスポーツが好きです。〕
「あなたは」「好きです」「スポーツが」

ナルホド！

Words & Phrases　次の英語は日本語に，日本語は英語にしなさい。

☐(1) turtle （　　　　　　　）　☐(5) のどのかわいた ＿＿＿＿＿＿＿

☐(2) comic （　　　　　　　）　☐(6) 今は ＿＿＿＿＿＿＿

☐(3) every day （　　　　　　　）　☐(7) 住んでいる ＿＿＿＿＿＿＿

☐(4) very much （　　　　　　　）　☐(8) 市 ＿＿＿＿＿＿＿

1 日本語に合うように，（　）内から適切な語を選び，記号を〇で囲みなさい。

テストによく出る!

be動詞の使い分け

1 (1)(2)be動詞は主語によって使い分ける。

□(1) 私はスキーヤーです。

I (ア am　イ are) a skier.

□(2) あなたはサッカー選手です。

You (ア am　イ are) a soccer player.

□(3) 私はピアノを演奏します。

I (ア play　イ like) the piano.

□(4) 私は1つのリンゴを持っています。

I have (ア a　イ an) apple.

⚠ミスに注意

1 (4)母音(ア, イ, ウ, エ, オの音)で始まる語を「1つの〜」と表すときは, 直前にanを置く。

2 例にならい，絵に合うように「私は…です」という英文を完成させなさい。

例	(1)	(2)
Takumi	a dancer	happy

例 **I am Takumi.**

□(1) ＿＿＿＿＿＿＿ ＿＿＿＿＿＿＿ a dancer.

□(2) ＿＿＿＿＿＿＿ ＿＿＿＿＿＿＿ ＿＿＿＿＿＿＿.

⚠ミスに注意

2 I「私は」はいつも大文字で書くよ。

3 日本語に合うように，（　）内の語句を並べかえなさい。

注目!

you areの短縮形

3 (1)you'reはyou areを短縮した形。

□(1) あなたは水泳選手です。

(a / you're / swimmer).

＿＿＿＿＿＿＿＿＿＿＿＿＿＿＿＿＿＿＿.

□(2) 私はバナナを食べます。

(eat / a banana / I).

＿＿＿＿＿＿＿＿＿＿＿＿＿＿＿＿＿＿＿.

□(3) あなたは音楽がとても好きです。

You (very / music / like / much).

You ＿＿＿＿＿＿＿＿＿＿＿＿＿＿＿＿.

ぴたトレ
1
要点チェック

Lesson 1 About Me (Part 2)

時間
15分

解答
p.2

〈新出語・熟語 別冊p.7〉

教科書の
重要ポイント **be動詞（am / are）・一般動詞の疑問文** 教科書 pp.22〜27

Are you a baseball fan**?** 〔あなたは野球のファンですか。〕

—Yes, I am. / No, I am not. 〔はい，そうです。／いいえ，そうではありません。〕

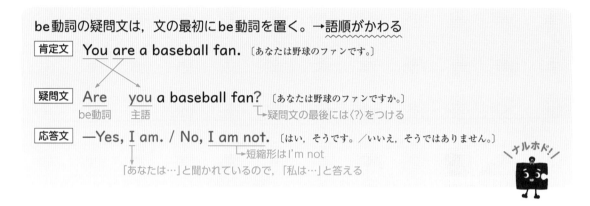

be動詞の疑問文は，文の最初にbe動詞を置く。→語順がかわる

肯定文 You are a baseball fan. 〔あなたは野球のファンです。〕

疑問文 Are　you a baseball fan? 〔あなたは野球のファンですか。〕
be動詞　主語
→疑問文の最後には〈?〉をつける

応答文 —Yes, I am. / No, I am not. 〔はい，そうです。／いいえ，そうではありません。〕
→短縮形はI'm not
「あなたは…」と聞かれているので，「私は…」と答える

ナルホド!

Do you play rock**?** 〔あなたはロックを演奏しますか。〕

—Yes, I do. / No, I do not. 〔はい，します。／いいえ，しません。〕

一般動詞の疑問文は，文の最初にDoを置く。→主語のあとの語順はかわらない

肯定文 ┊┄┄┄┐ You play rock. 〔あなたはロックを演奏します。〕

疑問文 Do you　play rock? 〔あなたはロックを演奏しますか。〕
主語　一般動詞
→疑問文の最後には〈?〉をつける

応答文 —Yes, I do. / No, I do not. 〔はい，します。／いいえ，しません。〕
答えの文でもdoを使う →短縮形はdon't

ナルホド!

Words & Phrases 次の英語は日本語に，日本語は英語にしなさい。

□(1) draw （　　　　　　　　）

□(2) kitchen （　　　　　　　　）

□(3) song （　　　　　　　　）

□(4) bathroom （　　　　　　　　）

□(5) ことば，単語 _____

□(6) しばしば，たびたび _____

□(7) 知っている _____

□(8) 絵画，絵，写真 _____

1 日本語に合うように，（　）内から適切な語句を選び，記号を〇で囲みなさい。

□(1) あなたはインド出身ですか。―はい，そうです。

（ ア Do　イ Are) you from India?

―Yes, (ア I do　イ I am).

□(2) あなたはイヌを飼っていますか。―いいえ，飼っていません。

（ ア Do　イ Are) you have a dog?

―No, I (ア am not　イ do not).

⚠ミスに注意

1 be動詞の疑問文は文の最初にbe動詞を，一般動詞の疑問文は文の最初にDoを置くよ。

2 例にならい，絵に合うように「あなたは…しますか(…ですか)」という英文を完成させなさい。

例	(1)	(2)
like music	take pictures	play soccer

テストによく出る!

一般動詞の疑問文

2 一般動詞の疑問文では，文の最初にDoを置く。そのあとは〈主語＋一般動詞〉の語順。

例 **Do you like music?　―Yes, I do.**

□(1) ＿＿＿＿＿＿ you take pictures?　―Yes, I do.

□(2) ＿＿＿＿＿＿ ＿＿＿＿＿＿ play soccer?　―Yes, I do.

3 日本語に合うように，（　）内の語句や符号を並べかえなさい。

□(1) あなたはテニス部に入っていますか。

(are / in / you) the tennis club?

＿＿＿＿＿＿＿＿＿＿＿＿＿＿＿ the tennis club?

□(2) あなたは美術に興味がありますか。

(in / you / interested / are) art?

＿＿＿＿＿＿＿＿＿＿＿＿＿＿＿ art?

□(3) ((2)に答えて)いいえ，ありません。

(I'm / no / not / ,).

＿＿＿＿＿＿＿＿＿＿＿＿＿＿＿.

□(4) あなたはいくつかの歌を歌いますか。

(you / sing / do / any songs)?

＿＿＿＿＿＿＿＿＿＿＿＿＿＿＿?

注目!

重要表現に注意

3 (1)「…部に入っている」は be in the … club, (2)「…に興味がある」は be interested in …で表す。

13

ぴたトレ
1
要点チェック

Lesson 1 About Me (Part 3)

時間 **15分**

解答 p.2

〈新出語・熟語 別冊p.7〉

教科書の重要ポイント **be動詞(am / are)・一般動詞の否定文** 教科書 pp.28〜33

I am <u>not</u> good at the guitar. 〔私はギターが得意ではありません。〕

You are <u>not</u> in a band. 〔あなたはバンドに入っていません。〕

> I am not の短縮形は I'm not, you are not の短縮形は you're not と you aren't の2種類あるよ。

be動詞の否定文は，be動詞の後ろにnotを置く。

肯定文 I am 　　 good at the guitar. 〔私はギターが得意です。〕
be動詞

否定文 I am not good at the guitar. 〔私はギターが得意ではありません。〕
be動詞

\ナルホド!/

I <u>do not</u> play baseball. 〔私は野球をしません。〕

You <u>do not</u> go to theaters. 〔あなたは映画館へ行きません。〕

> do not の短縮形は don't だよ。主語が I のときでも you のときでも使えるよ。

一般動詞の否定文は，一般動詞の前にdo notを置く。

肯定文 I 　　 play baseball. 〔私は野球をします。〕
一般動詞

否定文 I do not play baseball. 〔私は野球をしません。〕
一般動詞

\ナルホド!/

Words & Phrases 次の英語は日本語に，日本語は英語にしなさい。

□(1) theater 　(　　　　　　　　)　　　□(7) 来る 　_____

□(2) character 　(　　　　　　　　)　　　□(8) (演芸・映画など)ショー 　_____

□(3) need 　(　　　　　　　　)　　　□(9) 使う 　_____

□(4) excited 　(　　　　　　　　)　　　□(10) ときどき 　_____

□(5) action 　(　　　　　　　　)　　　□(11) 中国人，中国語 　_____

□(6) hobby 　(　　　　　　　　)　　　□(12) 切符，チケット 　_____

1 日本語に合うように，（ ）内から適切な語句を選び，記号を〇で囲みなさい。

☐(1) 私は納豆が好きではありません。

I （ ア am not　イ do not ）like *natto*.

☐(2) 私は野球のファンではありません。

I （ ア am not　イ do not ）a baseball fan.

☐(3) 私は眠くありません。

（ ア I'm not　イ I don't ）sleepy.

2 例にならい，絵に合うように「私は…ではありません」という英文を完成させなさい。

例　**I am not hungry.**

☐(1) I ＿＿＿＿＿＿＿＿＿ ＿＿＿＿＿＿＿＿＿ tired.

☐(2) I'm ＿＿＿＿＿＿＿＿＿ ＿＿＿＿＿＿＿＿＿ pianist.

3 日本語に合うように，（ ）内の語を並べかえなさい。

☐(1) 私はコンピューターを持っていません。

I （ have / do / not ）a computer.

I ＿＿＿＿＿＿＿＿＿＿＿＿＿＿＿＿＿＿＿＿＿＿ a computer.

☐(2) 私はマキを知りません。

（ Maki / know / I / not / do ）.

＿＿＿＿＿＿＿＿＿＿＿＿＿＿＿＿＿＿＿＿＿＿＿＿＿ .

☐(3) 私はフランス語を話しません。

（ French / I / speak / don't ）.

＿＿＿＿＿＿＿＿＿＿＿＿＿＿＿＿＿＿＿＿＿＿＿＿＿ .

☐(4) そのショーを見に来てください。

（ and / come / see ）the show.

＿＿＿＿＿＿＿＿＿＿＿＿＿＿＿＿＿＿＿＿ the show.

テストによく出る!

否定文の作り方

1 be動詞の否定文はbe動詞の後ろにnotを，一般動詞の否定文は一般動詞の前にdo notを置く。

Lesson 1

⚠ミスに注意

2 (2)pianist「ピアニスト」の前にはaが入るよ。

注目!

一般動詞の否定文

3 一般動詞の否定文は，一般動詞の前にdo notを置く。don'tはdo notの短縮形。

15

ぴたトレ
1
要点チェック

Get Plus 1
Word Bank

時 間
15分

解答
p.3

〈新出語・熟語 別冊p.7〉

教科書の
重要ポイント 〈**What＋名詞**〉ではじまる一般動詞の疑問文 教科書 pp.34〜35

<u>**What**</u> **food** <u>**do you**</u> **like?** 〔あなたはどんな食べ物が好きですか。〕

—**I like rice balls.** 〔私はおにぎりが好きです。〕

「あなたはどんな…を〜ですか。」＝ What ＋ 名詞 ＋ do ＋ 主語 ＋ 動詞 〜?

一般動詞の疑問文 Do you like rice balls ? 〔あなたはおにぎりが好きですか。〕

「どんな食べ物」が好きかをたずねたいとき
→文の最初に What food を置く

〈What ＋名詞〉の疑問文 What food do you like? 〔あなたはどんな食べ物が好きですか。〕

応答文 —I like rice balls. 〔私はおにぎりが好きです。〕
YesやNoではなく，具体的なものを答える。

What foodのあとは疑問文
の語順を続けよう。

「おにぎり（という食べ物）が好きです」
と言いたいときは，rice ballsのように
複数形で表すよ。

ナルホド!

Words & Phrases 次の英語は日本語に，日本語は英語にしなさい。

□(1) ball （　　　　　　）

□(2) comedy （　　　　　　）

□(3) romance （　　　　　　）

□(4) documentary （　　　　　　）

□(5) fantasy （　　　　　　）

□(6) folk （　　　　　　）

□(7) horror （　　　　　　）

□(8) 教科

□(9) 番組(表), プログラム

□(10) 報道；知らせ

□(11) 小説, 創作；作り話

□(12) クイズ

□(13) アニメの

□(14) ドラマ

1 日本語に合うように，（　）内から適切な語句を選び，記号を○で囲みなさい。

(1) あなたはどんな映画を見ますか。

（ ア What movies　イ What ）do you watch?

(2) あなたはどんなテレビ番組が好きですか。

What TV programs （ ア you like　イ do you like ）？

(3) あなたはどんな食べ物を持っていますか。

（ ア What　イ What food ）do you have?

2 日本語に合うように，＿＿＿に適切な語を書きなさい。

(1) あなたはどんなスポーツをしますか。

＿＿＿＿＿＿＿＿＿＿ do you play?

(2) （(1)に答えて）私は野球をします。

I ＿＿＿＿＿＿ baseball.

(3) あなたはどんな色が好きですか。

＿＿＿＿＿ color ＿＿＿＿＿ you like?

(4) （(3)に答えて）私は青がとても好きです。

I ＿＿＿＿＿ blue very ＿＿＿＿＿ .

3 日本語に合うように，（　）内の語を並べかえなさい。

(1) あなたはどんな音楽が好きですか。

(like / you / music / do / what)?

＿＿＿＿＿＿＿＿＿＿＿＿＿＿＿＿＿＿＿＿？

(2) あなたはどんな教科を勉強しますか。

(you / subject / do / what / study)?

＿＿＿＿＿＿＿＿＿＿＿＿＿＿＿＿＿＿＿＿？

(3) （(2)に答えて）私は数学を勉強します。

(study / I / math).

＿＿＿＿＿＿＿＿＿＿＿＿＿＿＿＿＿＿＿＿ .

⚠ ミスに注意

1「どんな…」は〈What ＋名詞〉で表すよ。 What do you watch movies?とは言わないことに注意！

注目!

〈What＋名詞〉で始まる疑問文の答え方

2(2)(4)YesやNoではなく，具体的なものを〈主語＋動詞 ....〉の形で表す。

テストによく出る!

〈What＋名詞〉で始まる疑問文

3「どんな…を〜ですか。」は〈What＋名詞〉の後ろに一般動詞の疑問文の語順で表す。

文法のまとめ①

| 教科書の重要ポイント | be動詞（am / are）・一般動詞 | 教科書 p.36 |

①be動詞は主語によって使い分ける。

「…は〜です。」＝主語＋be動詞 〜.

主語	be動詞
I	am
you	are

肯定文　I am Tanaka Hana. 〔私は田中花です。〕

　　　　You are a dancer. 〔あなたはダンサーです。〕

疑問文　Are you a baseball fan? 〔あなたは野球のファンですか。〕
　　　　└→文の最初にbe動詞を置く

応答文　—Yes, I am. / No, I am not. 〔はい，そうです。／いいえ，そうではありません。〕
　　　　　　└→答えの文でもbe動詞を使う

否定文　I am not good at the guitar. 〔私はギターが得意ではありません。〕
　　　　　　└→be動詞の後ろにnotを置く

　　　　You are not in a band. 〔あなたはバンドに入っていません。〕

I am notの短縮形はI'm notだよ。

もとの形	短縮形
I am	I'm
you are	you're
are not	aren't

②動作や状態を表す動詞を一般動詞と言う。

「…は〜します（〜です）。」＝主語＋一般動詞 〜.

be動詞以外のすべての動詞が一般動詞だよ。

肯定文　I play tennis. 〔私はテニスをします。〕

　　　　You like sports. 〔あなたはスポーツが好きです。〕

疑問文　Do you play rock? 〔あなたはロックを演奏しますか。〕
　　　　└→文の最初にDoを置く

応答文　—Yes, I do. / No, I do not. 〔はい，します。／いいえ，しません。〕
　　　　　　　└→答えの文でもdoを使う

否定文　I do not play baseball. 〔私は野球をしません。〕
　　　　　　└→一般動詞の前にdo notを置く

　　　　You do not go to theaters.

〔あなたは映画館へ行きません。〕

もとの形	短縮形
do not	don't

※自分や相手をさすことば

日本語　「私は」「ぼくが」「あなたが」「きみは」などいろいろ。

英語　自分のことはI，相手のことはyouで表す。

ナルホド!

1 日本語に合うように，（ ）内から適切な語句を選び，記号を〇で囲みなさい。

□(1) 私は美術部に入っています。

I (ア am イ are) in the art club.

□(2) 私は浴室をそうじしません。

I (ア am not イ do not) clean the bathroom.

□(3) あなたは怒っていますか。―いいえ，怒っていません。

(ア Are イ Do) you angry?

―No, (ア I'm not イ I don't).

□(4) あなたは野球をしますか。―はい，します。

(ア Are イ Do) you play baseball?

―Yes, (ア I do イ I am).

⚠ミスに注意

1(2)(3)（ ）のあとに一般動詞があればdoを，なければbe動詞を使うよ。

2 日本語に合うように，＿＿に入る適切な語を右から選び，書きなさい。

□(1) 私はオーストラリア出身です。

I ＿＿＿＿＿＿ ＿＿＿＿＿＿ Australia.

□(2) あなたは中国語を話しますか。

＿＿＿＿＿＿ you ＿＿＿＿＿＿ Chinese?

□(3) あなたはピアニストではありません。

＿＿＿＿＿＿ ＿＿＿＿＿＿ a pianist.

| from |
| speak |
| am |
| you |
| do |
| aren't |

注目!

「…出身である」

2(1)「…出身である」は〈be動詞＋from …〉で表す。「…」の部分には国名や都市名などを入れる。

3 日本語に合うように，（ ）内の語を並べかえなさい。

□(1) 私は毎日英語を勉強します。

I (day / study / every / English).

I ＿＿＿＿＿＿＿＿＿＿＿＿＿＿＿＿ .

□(2) あなたは数学が得意です。

(at / you / math / good / are).

＿＿＿＿＿＿＿＿＿＿＿＿＿＿＿＿＿ .

□(3) 私は理科に興味があります。

(in / science / I / interested / am).

＿＿＿＿＿＿＿＿＿＿＿＿＿＿＿＿＿ .

テストによく出る!

2語以上の単語からなることば（熟語）

3(1)「毎日」はevery day。

(2)「…が得意（上手）である」はbe good at …。

(3)「…に興味がある」はbe interested in …。

19

❶ （　）に入る適切な語句を選び，記号を○で囲みなさい。

☐(1) I （　　　） Yuna.

　　ア am　　イ are　　ウ have　　エ play

☐(2) I （　　　） breakfast every day.

　　ア am　　イ are　　ウ eat　　エ like

☐(3) （　　　） you a swimmer?

　　ア Am　　イ Are　　ウ Do　　エ What

☐(4) I （　　　） drink coffee.

　　ア not　　イ am not　　ウ aren't　　エ don't

be動詞の文か，一般動詞の文かを，しっかり見分けよう。

❷ 日本語に合うように，＿＿＿に適切な語を書きなさい。

☐(1) 私は英語の先生です。

　　I ＿＿＿＿＿＿＿＿ ＿＿＿＿＿＿＿＿ English teacher.

☐(2) 私は東京出身ではありません。

　　＿＿＿＿＿＿＿＿ ＿＿＿＿＿＿＿＿ from Tokyo.

☐(3) 私はしばしば公園で写真をとります。

　　I ＿＿＿＿＿＿＿＿ ＿＿＿＿＿＿＿＿ pictures in the park.

☐(4) あなたはどんな日本食が好きですか。

　　＿＿＿＿＿＿＿＿ Japanese food ＿＿＿＿＿＿＿＿ you ＿＿＿＿＿＿＿＿?

❸ 英文を（　）内の指示にしたがって書きかえなさい。

☐(1) You are a baseball fan. （否定文に）

☐(2) You like social studies. （疑問文に）

☐(3) You study science every day. （下線部をたずねる文に）

ヒント　❸(3)「何を勉強するのか」をたずねる疑問文にする。

4 読む 英文を読んで，あとの問いに答えなさい。

Hi. I am Lucy Brown. I am from London. ①I (   ) (   ) Wakaba City now.
②I like animals very much. I have a turtle and an iguana at home.

□(1) 下線部①が「私は今，わかば市に住んでいます。」という意味になるように，（　）に入る適切な語を書きなさい。

_____ _____

□(2) 下線部②を日本語にしなさい。

私は（   ）。

□(3) 本文の内容に合うように，次の問いに英語3語で答えなさい。ただし，ルーシーの立場で答えること。

Are you from London?

_____

5 話す 次の文を声に出して読み，問題に答え，答えを声に出して読んでみましょう。 アプリ

Chen:　Look at this picture. This is chicken rice. It's a popular food in Singapore.
Sora:　Oh, I like chicken very much.
Chen:　Let's make it together someday.
Sora:　But I'm not good at cooking.
Chen:　Don't worry. I'm a good cook.

(注)chicken rice　チキンライス　　popular　人気のある　　Singapore　シンガポール　　chicken　とり肉
together　いっしょに　　someday　いつか　　but　しかし　　Don't worry.　心配しないで。　　cook　料理人

□(1) What is chicken rice?

—_____

□(2) Is Sora good at cooking?　（heで答える）

—_____

□(3) Is Chen good at cooking?　（heで答える）

—_____

ヒント　　**4** (3)from ...は「…出身の」という意味。　**5** (2)(3)YesまたはNoで答える。

Lesson 1 ～ 文法のまとめ①

ぴたトレ
3
確認テスト

Lesson 1 〜
文法のまとめ①

時間 30分 ／100点 　合格 70点 　解答 p.4

教科書 pp.15 〜 36

❶ 下線部の発音が同じものには〇を，そうでないものには×を書きなさい。 6点

(1) <u>n</u>ow
　<u>kn</u>ow

(2) <u>c</u>ity
　<u>t</u>icket

(3) <u>ch</u>aracter
　<u>k</u>itchen

❷ 最も強く発音する部分の記号を書きなさい。 6点

(1) bath – room
　ア　　イ

(2) pi – an – ist
　ア　　イ　　ウ

(3) clas – si – cal
　ア　　イ　　ウ

❸ 日本語に合うように，＿＿に適切な語を解答欄に書きなさい。 20点

(1) あなたはつかれています。

　＿＿＿＿ ＿＿＿＿ tired.

(2) あなたは国語が好きですか。

　＿＿＿＿ you ＿＿＿＿ Japanese?

(3) 私はコンピューターを持っていません。

　I ＿＿＿＿ ＿＿＿＿ a computer.

(4) 私は料理が得意ではありません。

　I'm ＿＿＿＿ ＿＿＿＿ at cooking.

よく出る ❹ ＿＿に適切な語を入れて，対話文を完成させなさい。 15点

(1) **A :** Do you play any sports?

　B : Yes, ＿＿＿＿ ＿＿＿＿. I play basketball.

(2) **A :** Are you in the art club?

　B : No, ＿＿＿＿ ＿＿＿＿. I am in the music club.

(3) **A :** ＿＿＿＿ subject ＿＿＿＿ you like?

　B : I like P.E.

❺ 読む 対話文を読んで，あとの問いに答えなさい。 29点

Mark : Hi. I am Mark. I'm from the U.S.A.

Ryota : I am Ryota. I like movies. I sometimes go to the theater.

Mark : ①(like / movies / you / what / do)?

Ryota : I like fantasy movies very much.

Mark : ②I am interested in Japanese movies. And I play baseball.

Ryota : ③I'm a baseball fan. But I don't play baseball.

Mark : I practice baseball every day.

(注)and　そして　　but　しかし

(1) 下線部①が意味の通る英文となるように，（　）内の語を並べかえなさい。

(2) 下線部②を日本語にしなさい。

 (3) 下線部③とほぼ同じ意味の英文になるように書きかえるとき，＿＿に入る適切な語を書きなさい。

I ＿＿＿＿ baseball.

(4) 本文の内容に合うものを1つ選び，記号を書きなさい。

ア　マークはイギリス出身である。

イ　リョウタはよくマークと映画館に行く。

ウ　マークは野球を毎日練習している。

点UP　❻　書く✍　次のようなとき英語で何と言うか書きなさい。 表　24点

(1) 相手に東京に住んでいるかたずねたいとき。

(2) 自分はトム(Tom)を知らないと言いたいとき。

(3) 自分はテニスの選手だと言いたいとき。

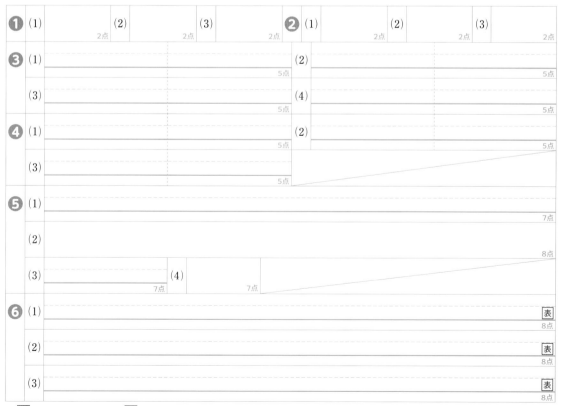

▶ 表 の印がない問題は全て 知 の観点です。

Lesson 2 English Camp (Part 1)

教科書の重要ポイント	**canの文（肯定文・否定文）**	教科書 pp.38〜41

I <u>can</u> make pudding.　〔私はプリンを作ることができます。〕

I <u>cannot</u> bake cookies.　〔私はクッキーを焼くことができません。〕

できることについて言うときは，助動詞canを使う。

「…は〜できます。」＝主語＋ can ＋動詞 〜.

| 肯定文 | I ☐ make pudding.　〔私はプリンを作ります。〕 |

| canの肯定文 | I can make pudding.　〔私はプリンを作ることができます。〕 |
| | 主語　　動詞 |

「…は〜できません。」＝主語＋ cannot ＋動詞 〜.

| canの否定文 | I cannot bake cookies.　〔私はクッキーを焼くことができません。〕 |
| | 主語　　　動詞 |

cannotを置く位置は do not[don't]を置く位置と同じだね。

ナルホド！

Words & Phrases　次の日本語は英語に，英語は日本語にしなさい。

☐(1) far　（　　　　　　　）　　☐(3) 彼の _____

☐(2) quickly　（　　　　　　　）　　☐(4) 切る _____

1　日本語に合うように，（　）内から適切な語句を選び，記号を〇で囲みなさい。

☐(1) 私は中国語を話すことができます。

I（ ア speak　イ can speak ）Chinese.

☐(2) 私はピアノを演奏することができません。

I（ ア cannot play　イ do not play ）the piano.

2　日本語に合うように，_____に適切な語を書きなさい。

☐(1) マキは上手に絵をかくことができます。

Maki _____ draw pictures well.

☐(2) 彼は泳ぐことができません。

He _____ _____.

⚠ミス に 注意

2(2)cannotは1語。can notと書かないようにしよう。

Lesson 2 English Camp (Part 2)

教科書の重要ポイント | **canの文（疑問文）** | 教科書 pp.42〜45

<u>Can</u> you dance? 〔あなたは踊ることができますか。〕

—Yes, I <u>can</u>. / No, I <u>cannot</u>. 〔はい，できます。／いいえ，できません。〕

canの疑問文は，文の最初にCanを置く。→語順がかわる

「…は〜できますか。」＝ Can＋主語＋動詞 〜?

肯定文　You can dance. 〔あなたは踊ることができます。〕

疑問文　Can you dance? 〔あなたは踊ることができますか。〕
　　　　　主語　動詞

応答文　—Yes, I can. / No, I cannot. 〔はい，できます。／いいえ，できません。〕

cannotの短縮形はcan'tだよ。

ナルホド!

Words & Phrases 　次の日本語は英語に，英語は日本語にしなさい。

☐(1) here　（　　　　　　　　　　）　　☐(4) 送る　＿＿＿＿＿＿＿＿＿＿＿

☐(2) catch　（　　　　　　　　　　）　　☐(5) 書く　＿＿＿＿＿＿＿＿＿＿＿

☐(3) sure　（　　　　　　　　　　）　　☐(6) ビデオテープ, 映像　＿＿＿＿＿＿＿

1 日本語に合うように，（　）内から適切な語句を選び，記号を〇で囲みなさい。

☐(1) あなたはコンピューターを使うことができますか。

　　（ ア Can you　イ Do you ）use a computer?

☐(2) ((1)に答えて)はい，できます。

　　Yes, （ ア I do　イ I can ）.

2 日本語に合うように，＿＿＿に適切な語を書きなさい。

☐(1) カイトは速く走ることができますか。

　　＿＿＿＿＿＿＿ Kaito run fast?

☐(2) ((1)に答えて)いいえ，できません。

　　＿＿＿＿＿＿＿, he ＿＿＿＿＿＿＿.

⚠ミス**に注意**

2(1)文の最初のcanは大文字で書き始めるよ。

Lesson 2

25

教科書の 重要ポイント	数をたずねる疑問文	教科書 pp.46～47

<u>How many</u> butterflies do you see? 〔あなたはチョウが何匹見えますか。〕

—I see six butterflies. 〔6匹見えます。〕

数をたずねるときは，〈How many＋名詞の複数形 ...?〉で表す。

「どのくらい…ですか。」＝ <u>How many</u> ＋ <u>名詞の複数形</u> ＋ <u>do</u> ＋ <u>主語</u> ＋ <u>動詞</u> ...?

↳2つ以上の人やものを表すときは，
名詞にsやesをつけて複数形にする。

| 一般動詞の疑問文 | Do you see | six butterflies |? 〔あなたはチョウが6匹見えますか。〕

「数」をたずねたいとき
→文の最初にHow many butterfliesを置く

| 数をたずねる疑問文 | How many butterflies | do you see? 〔あなたはチョウが何匹見えますか。〕
疑問文の語順

| 応答文 | —I see six butterflies. 〔6匹見えます。〕
↳YesやNoではなく，具体的な数を答える。

How manyのあとの名詞は
かならず複数形にしよう。

ナルホド！

| Words & Phrases | 次の英語は日本語に，日本語は英語にしなさい。 |

☐(1) nine （　　　　　）

☐(2) thirteen （　　　　　）

☐(3) thousand （　　　　　）

☐(4) elephant （　　　　　）

☐(5) hawk （　　　　　）

☐(6) some （　　　　　）

☐(7) horse （　　　　　）

☐(8) 3 (の) _____

☐(9) 15 (の) _____

☐(10) 40 (の) _____

☐(11) ウサギ _____

☐(12) カンガルー _____

☐(13) 100 (の) _____

☐(14) カメ _____

1 日本語に合うように，（　）内から適切な語句を選び，記号を○で囲みなさい。

□(1) あなたはイヌを何匹飼っていますか。―1匹飼っています。

（ ア What dog　イ How many dogs) do you have?

―I have one dog.

□(2) あなたは卵をいくつ使いますか。―5個使います。

How many (ア egg　イ eggs) do you use?

―I use five eggs.

□(3) あなたは何人の生徒が見えますか。―10人見えます。

（ ア How many students　イ How students) do you see?

―I see ten.

⚠ミスに注意

1(2)How many のあとの名詞はかならず複数形になるよ。

2 例にならい，絵に合うように「あなたは…をいくつ持っていますか」という文と答えの文を完成させなさい。

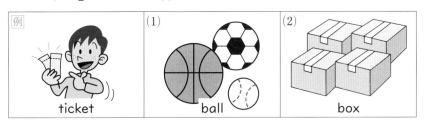

例	(1)	(2)
ticket	ball	box

例 **How many tickets do you have?　―I have two tickets.**

□(1) _____ many balls do you have?

―I have _____ balls.

□(2) _____ many _____ do you have?

―I have _____ _____.

注目!

box の複数形

2(2)box の複数形は es をつけて boxes と表す。

3 日本語に合うように，（　）内の語を並べかえなさい。

□(1) あなたはかさが何本必要ですか。

(many / umbrellas / how) do you need?

_____ do you need?

□(2) ((1)に答えて) 2本必要です。

I (two / umbrellas / need).

I _____ .

テストによく出る!

数をたずねる疑問文

3(1)「いくつの…を～ですか。」は〈How many＋名詞の複数形＋do＋主語＋動詞 ...?〉の形で表す。

文法のまとめ②

教科書の
重要ポイント | **canの文，数えられる名詞と数えられない名詞** 教科書 p.48

①can

「…は〜することができます。」＝〈主語＋can＋動詞 〜.〉

> 主語が何であっても〈can＋動詞〉の形は変わらないよ。

肯定文　I can make pudding.〔私はプリンを作ることができます。〕

　　　　She can run fast.〔彼女は速く走ることができます。〕

疑問文　Can you dance?〔あなたは踊ることができますか。〕
　　　　└→Canを主語の前に置く

応答文　—Yes, I can. / No, I cannot.〔はい，できます。／いいえ，できません。〕
　　　　　　　　　　　　　└→短縮形はcan't

否定文　I cannot bake cookies.〔私はクッキーを焼くことができません。〕
　　　　└→動詞の前にcannot[can't]を置く　cannotは1語なので，can notと離して書かないこと

②名詞

英語では，ものの名前を言うときに，数えられるものと，数えられないものを区別します。

《数えられるもの》決まった形やまとまりのあるもの　例apple, egg, dog, guitar

・数えられる1つのものについて言うときは，名詞の前に冠詞(a / an)をつける。

・名詞が母音(ア，イ，ウ，エ，オの音)で始まるときにanをつける。例an apple

・2つ以上のものについて言うときは，名詞を複数形にする。

　　　I have a dog.〔私は1匹のイヌを飼っています。〕
　　　　└→あとの名詞dogが単数形なので，aをつける

　　　I have two dogs.〔私は2匹のイヌを飼っています。〕
　　　　└→前にtwo「2匹の」があるので，名詞dogを複数形にする

複数形の作り方		例
ほとんどの語	sをつける	ball〔ボール〕→ balls
s, x, sh, ch，〈子音字＋o〉で終わる語	esをつける	box〔箱〕→ boxes
〈子音字＋y〉で終わる語	yをiに変えてesをつける	city〔市；都市〕→ cities
f, feで終わる語	f, feをvに変えてesをつける	knife〔ナイフ〕→ knives
不規則に変化する語		foot〔足〕→ feet, child〔子ども〕→ children
単数形と複数形が同じ形		sheep〔羊〕→ sheep, fish〔魚〕→ fish

《数えられないもの》形が一定でないもの，素材や抽象的なもの　例water, paper, tennis, music

・数えられないものについて言うときは，冠詞(a / an)をつけない。

・容器に入れたり，かたまりにすると数えられる。

　　　a glass of water〔グラス1杯の水〕　　a piece of paper〔1枚の紙〕

ナルホド！

1 日本語に合うように，（ ）内から適切な語句を選び，記号を〇で囲みなさい。

☐(1) 私は木に登ることができます。

I can climb a (ア tree　イ trees).

☐(2) あなたは英語の先生です。

You are (ア a　イ an) English teacher.

☐(3) リクはサッカーをすることができますか。―いいえ，できません。

(ア Can　イ Do) Riku play soccer?

―No, he (ア do not　イ cannot).

2 例にならい，絵に合うように「私は…することができます」という英文を完成させなさい。

例	(1)	(2)
play	catch	cook

例 **I can play the piano.**

☐(1) I ＿＿＿＿＿＿＿ catch a ball.

☐(2) I ＿＿＿＿＿＿ ＿＿＿＿＿＿ *okonomiyaki*.

3 日本語に合うように，（ ）内の語や符号を並べかえなさい。

☐(1) マークは納豆を食べられません。

(can't / Mark / eat) *natto*.

＿＿＿＿＿＿＿＿＿＿＿＿＿＿＿ *natto*.

☐(2) あなたは上手に写真をとることができますか。

(you / pictures / can / take) well?

＿＿＿＿＿＿＿＿＿＿＿＿＿＿＿ well?

☐(3) ((2)に答えて)はい，できます。

(can / I / yes / ,).

＿＿＿＿＿＿＿＿＿＿＿＿＿＿＿.

① ( )に入る適切な語句を選び，記号を〇で囲みなさい。

☐(1) I ( ) skate.

　　ア am　　イ are　　ウ not　　エ can

☐(2) We ( ) play baseball here.

　　ア am not　　イ aren't　　ウ cannot　　エ not

☐(3) ( ) write *kanji*?

　　ア You are　　イ You can　　ウ Are you　　エ Can you

☐(4) ( ) many eggs do you need?

　　ア What　　イ How　　ウ Do　　エ Can

(3)は疑問文だから，語順に注意しよう。

② 日本語に合うように， ＿＿＿に適切な語を書きなさい。

☐(1) 彼は馬に乗ることができます。

＿＿＿＿＿＿＿＿ ＿＿＿＿＿＿＿＿ ride a horse.

☐(2) ケイトは料理をすることができますか。—はい，できます。

＿＿＿＿＿＿＿ Kate ＿＿＿＿＿＿＿？ —Yes, she ＿＿＿＿＿＿＿.

☐(3) 写真をとってもらえませんか。

＿＿＿＿＿＿＿ you ＿＿＿＿＿＿＿ a picture?

③ 英文を( )内の指示にしたがって書きかえなさい。

☐(1) She can touch snakes. （否定文に）

☐(2) You can write French. （疑問文に）

☐(3) You have five balls. （下線部をたずねる疑問文に）

❹ 読む🔊 大学生のジェーンが書いた，友だちの礼とジェーン自身の紹介（しょうかい）文を読んで，あとの問いに答えなさい。

Rei and I are the teachers of the cooking activity. Rei is the main teacher. ①He can cut vegetables quickly. I cannot use a knife well. I am his assistant. Enjoy the activity.

Jane

☐(1) 下線部①を日本語にしなさい。
（　　　　　　　　　　　　　　　　　　　　　　　　　　　　　　　　）

☐(2) ジェーンは何をすることができませんか。具体的に日本語で答えなさい。
（　　　　　　　　　　　　　　　　　　　　　　　　　　　　　）こと。

☐(3) 本文の内容に合うように，次の問いに英語で答えなさい。ただし，ジェーンの立場で答えること。

Are you the main teacher?

_____

_____

☐(4) ジェーンは何の先生ですか。本文中から英語3語で答えなさい。

_____

_____

Lesson 2 ～ 文法のまとめ②

❺ 話す🔊 次の文を声に出して読み，問題に答え，答えを声に出して読んでみましょう。 アプリ

　　Aoi :　Oh, you have a guitar. Can you play it?

Emily :　Yes, I can. How about you, Aoi?

　　Aoi :　I can't play the guitar, but I can play the sax.

Emily :　Great. Let's play music together.

(注)How about you?　あなたはどうですか。　　but　しかし　　sax　サックス　　Great.　いいですね。
　　Let's ... together.　いっしょに…しましょう。

☐(1) Can Aoi play the guitar?　（sheで答える）

　—_____

☐(2) Can you play music?　（自分自身の立場で答える）

　—_____

ヒント　❹(3)be動詞の疑問文には，be動詞を使って答える。(4)「先生」を表す英語はteacher。
　　　　❺(1)(2)YesまたはNoで答える。

31

ぴたトレ 3
確認テスト

Lesson 2 〜
文法のまとめ②

時間 30分　／100点　合格 70点　解答 p.7

教科書 pp.37〜48

❶ 下線部の発音が同じものには〇を，そうでないものには×を書きなさい。　6点

(1) b<u>a</u>ke　　　　　　(2) c<u>u</u>t　　　　　　(3) th<u>ou</u>sand

　　sk<u>a</u>te　　　　　　　　c<u>a</u>tch　　　　　　　t<u>ou</u>ch

❷ 最も強く発音する部分の記号を書きなさい。　6点

(1) bal – let　　　　　　(2) quick – ly　　　　　　(3) kan – ga – roo

　　ア　イ　　　　　　　　　ア　イ　　　　　　　　　ア　イ　ウ

❸ 日本語に合うように，＿＿に適切な語を解答欄に書きなさい。　20点

(1) 彼女は上手にスキーをすることができます。

　　She ＿＿＿ ＿＿＿ well.

(2) 私はスペイン語を話すことができません。

　　I ＿＿＿ ＿＿＿ Spanish.

(3) あなたは一輪車に乗ることができますか。

　　＿＿＿ ＿＿＿ ride a unicycle?

(4) ((3)に答えて)いいえ，できません。

　　No, ＿＿＿ ＿＿＿.

❹ ＿＿に適切な語を入れて，対話文を完成させなさい。　15点

(1) **A :**　＿＿＿ ＿＿＿ play the piano for me?

　　B :　Sure.

(2) **A :**　Can she swim?

　　B :　＿＿＿, she ＿＿＿. She can swim fast.

(3) **A :**　＿＿＿ ＿＿＿ turtles do you see?

　　B :　I see three turtles.

❺ 読む 対話文を読んで，あとの問いに答えなさい。　29点

Yumi :　Hi, Kate. ①(a song / can / well / you / very / sing).

Kate :　Thank you. I like music very much.

Yumi :　②Can you sing any Japanese songs?

Kate :　No. Can you sing any English songs?

Yumi :　Yes. I can sing "Yesterday" in English.

Kate :　I like the song. Let's sing together!

(注)"Yesterday"「イエスタデイ」(歌のタイトル)　　in English 英語で
　　Let's ... together. いっしょに…しましょう。

成績評価の観点　知…言語や文化についての知識・技能　　表…外国語表現の能力

(1) 下線部①が意味の通る英文となるように，（　）内の語句を並べかえなさい。

(2) 下線部②を日本語にしなさい。

(3) 本文の内容に合うように，次の問いに英語で答えなさい。ただし，ケイトの立場で答えること。

Do you know "Yesterday"?

(4) 本文の内容に合うものを1つ選び，記号を書きなさい。

ア ケイトは音楽が大好きである。

イ ケイトは日本語の歌を歌うことができる。

ウ ユミは英語の歌を歌うことができない。

⑥ 書く✎ **次のようなとき英語で何と言うか，（　）内の語数で書きなさい。** 表　　24点

(1) 自分はテニスをすることができると言いたいとき。（4語）

(2) カナ(Kana)はコーヒーを飲むことができないと言いたいとき。（4語）

(3) 相手にコンピューターを使うことができるかたずねたいとき。（5語）

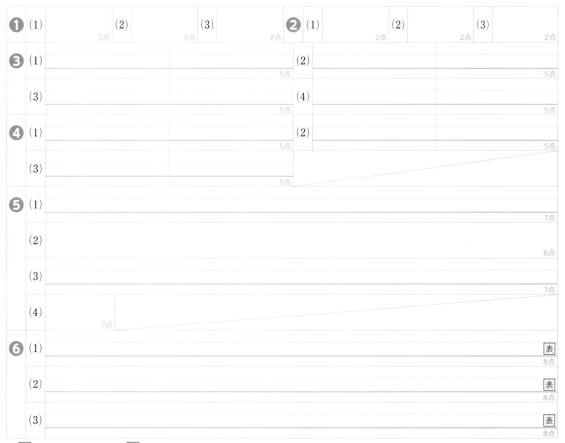

▶ 表 の印がない問題は全て 知 の観点です。

ぴたトレ
1
要点チェック

Lesson 3 Our New Friend (Part 1)

時間
15分

解答
p.8

〈新出語・熟語 別冊p.9〉

| 教科書の重要ポイント | **be動詞(is)の肯定文・否定文** | 教科書 pp.50〜53 |

This <u>is</u> a dress. 〔これはドレスです。〕

This <u>is not</u> a dress. 〔これはドレスではありません。〕

Iやyou以外の1人の人や1つのもの(単数)について,「〜は…(である)。」と言うときは,be動詞はisを使う。

「〜は…です。」＝主語(I, you以外の単数の人やもの)＋be動詞(is) ....

主語	be動詞
I	am
you	are
Iやyou以外の単数	is

> amやareはLesson 1で学習したね。今回は, 主語がIやyou以外の単数の場合の文を学習するよ。

例 I **am** fine. 〔私は元気です。〕

You <u>are</u> from China. 〔あなたは中国出身です。〕

English <u>is</u> easy. 〔英語は簡単です。〕

| 肯定文 | This | is | | a dress. | 〔これはドレスです。〕 |
| | 主語 | be動詞 | | | |

| 否定文 | This | is | not | a dress. | 〔これはドレスではありません。〕 |
| | 主語 | be動詞 | └ be動詞の後ろにnotを置く | | |

ナルホド!

| Words & Phrases | 次の英語は日本語に, 日本語は英語にしなさい。 |

☐(1) usually （   ）

☐(2) fox （   ）

☐(3) classmate （   ）

☐(4) taste （   ）

☐(5) radish （   ）

☐(6) 扇　_____

☐(7) 学ぶ, 習う　_____

☐(8) やさしい, 簡単な　_____

☐(9) 親愛なる…　_____

☐(10) あなたのもの　_____

1 日本語に合うように，（ ）内から適切な語句を選び，記号を〇で囲みなさい。

□(1) あれは私のギターです。

（ ア I am　イ That is ）my guitar.

□(2) こちらは私の友達のリクです。彼は看護師です。

This is my friend, Riku.（ ア He is　イ She is ）a nurse.

□(3) これはテニスボールではありません。

（ ア This not is　イ This is not ）a tennis ball.

2 例にならい，絵に合うように「これ[あれ]は…です」という英文を完成させなさい。

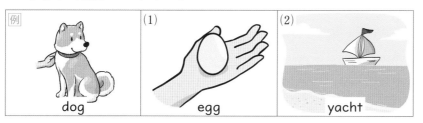

例	(1)	(2)
dog	egg	yacht

例 **This is my dog.**

□(1) _____ _____ an egg.

□(2) _____ _____ a yacht.

3 日本語に合うように，（ ）内の語句を並べかえなさい。

□(1) あちらは私の同級生です。

(my / is / that / classmate).

_____.

□(2) 彼はテニス部に入っています。

(the tennis club / is / in / he).

_____.

□(3) 彼女はサッカー選手ではありません。

(not / she / a / is / soccer player).

_____.

注目!

sheとhe

1(2)すでに話題にのぼった人を説明するとき

女性→she

男性→he　を使う。

テストによく出る!

be動詞の否定文

1(3)be動詞が何であっても，否定文のときはbe動詞のあとにnotを置く。

⚠ミスに注意

2近くのものはthis，遠くのものはthatを使うよ。

⚠ミスに注意

3(3)a は soccer player の前につけるよ。

Lesson 3

| 教科書の重要ポイント | be動詞(is)の疑問文，What ～？の文 | 教科書 pp.54～57 |

Is this Wakaba Shrine? 〔これはわかば神社ですか。〕

—Yes, it is. **/ No,** it is not. 〔はい，そうです。／いいえ，そうではありません。〕
　　　　　　　　　　　↳短縮形を使ってit isn'tまたはit's notでもよい

What is this? 〔これは何ですか。〕

—It is a library. 〔それは図書館です。〕
　　　　↳短縮形はit's

be動詞の疑問文は，文の最初にbe動詞を置く。→語順がかわる

「～は…ですか。」＝be動詞(is)＋主語(I, you以外の単数の人やもの) …?

肯定文　This is Wakaba Shrine. 〔これはわかば神社です。〕

疑問文　Is　this Wakaba Shrine? 〔これはわかば神社ですか。〕
　　　be動詞　主語

応答文　—Yes, it is. / No, it is not. 〔はい，そうです。／いいえ，そうではありません。〕
　　　　　　↳答えの文ではitを使う

> 主語がthisやthatの疑問文に答えるときは，itを主語に使うよ。

「…は何ですか。」＝What＋be動詞＋主語？

Whatの疑問文　What is this? 〔これは何ですか。〕
　　　　　　　「何」　　↳疑問文の語順〈be動詞＋主語〉

応答文　—It　is　a library. 〔それは図書館です。〕
　　　主語　be動詞　　↳具体的なものを答える

ナルホド！

Words & Phrases　次の英語は日本語に，日本語は英語にしなさい。

□(1) wish　（　　　　　　　　）　　□(7) こんでいる

□(2) popular　（　　　　　　　）　　□(8) 彼(女)らの

□(3) hotel　（　　　　　　　　）　　□(9) 人々，人たち

□(4) guess　（　　　　　　　　）　　□(10) 手紙

□(5) floor　（　　　　　　　　）　　□(11) (裏表などの)面

□(6) souvenir　（　　　　　　　）　　□(12) 有名な

1 日本語に合うように，（　）内から適切な語句を選び，記号を〇で囲みなさい。

□(1) あれはジェット機ですか。—はい，そうです。

　　（ ア That is　イ Is that) a jet?

　　—(ア Yes, it is　イ Yes, that is).

□(2) これは何ですか。—それは郵便ポストです。

　　（ ア What this is　イ What is this ）?

　　—(ア It　イ This) is a postbox.

⚠ミスに注意

1(1)thisやthatが主語の疑問文に，Yes, this is.やYes, that is.と答えない！

2 例にならい，絵に合うように「これ[あれ]は何ですか」という英文を完成させなさい。

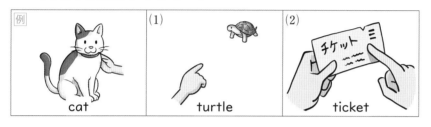

例	(1)	(2)
cat	turtle	ticket

テストによく出る！

Whatで始まる疑問文

2what「何」は文の最初に置き，そのあとに疑問文の語順を続ける。

　例 **What is this?** —It is a cat.

□(1) ＿＿＿＿＿＿ is ＿＿＿＿＿＿?

　　—It is a turtle.

□(2) ＿＿＿＿＿＿ ＿＿＿＿＿＿ ＿＿＿＿＿＿?

　　—It is a ticket.

3 日本語に合うように，（　）内の語や符号を並べかえなさい。

□(1) これは美術館ですか。

　　（ this / is / a) museum?

　　＿＿＿＿＿＿＿＿＿＿＿＿＿＿＿ museum?

□(2) ((1)に答えて)いいえ，そうではありません。

　　（ is / it / not / no / ,).

　　＿＿＿＿＿＿＿＿＿＿＿＿＿＿＿.

□(3) ジェーンはオーストラリア出身ですか。

　　（ from / is / Jane) Australia?

　　＿＿＿＿＿＿＿＿＿＿＿＿＿＿＿ Australia?

注目！

コンマ(,)の位置

3(2)YesやNoで答えるときは，YesやNoのあとにコンマ(,)を置く。

ぴたトレ
1
要点チェック

Lesson 3 Our New Friend (Part 3)

時間 **15分**

解答 p.8

〈新出語・熟語 別冊p.9〉

教科書の重要ポイント **Who ～?の文，代名詞（him / her）** 教科書 pp.58～61

This is Wakaba-kun. I like him. 〔こちらはわかばくんです。私は彼が好きです。〕

Who is this woman? 〔この女性はだれですか。〕

—She is Makiko. 〔彼女は真紀子です。〕

「彼を [に]」= him，「彼女を [に]」= her

目的語で使われる代名詞は，「～を [に]」の形にする。動詞の目的語として使われる。

This is Wakaba-kun. I like him. 〔こちらはわかばくんです。私は彼が好きです。〕

動詞　目的語（前に出た「わかばくん」をさす）

※男性をさすときは him，女性をさすときは her を使う。

What is this?「これは何ですか。」と語順が同じだね。

「～はだれですか。」= Who + be動詞 + 主語？

Whoの疑問文　**Who is this woman?** 〔この女性はだれですか。〕

「だれ」　　疑問文の語順〈be動詞＋主語〉

応答文　**—She is Makiko.** 〔彼女は真紀子です。〕

主語　be動詞　具体的な人名などを答える

ナルホド！

Words & Phrases 次の英語は日本語に，日本語は英語にしなさい。

- [ ] (1) mother （　　　　　　　　）
- [ ] (2) entertainer （　　　　　　　　）
- [ ] (3) or （　　　　　　　　）
- [ ] (4) mascot （　　　　　　　　）
- [ ] (5) funny （　　　　　　　　）
- [ ] (6) performer （　　　　　　　　）
- [ ] (7) cheerful （　　　　　　　　）
- [ ] (8) green （　　　　　　　　）

- [ ] (9) 兄，弟 ＿＿＿＿＿＿＿＿
- [ ] (10) 演じる ＿＿＿＿＿＿＿＿
- [ ] (11) 見知っている ＿＿＿＿＿＿＿＿
- [ ] (12) 彼を，彼に ＿＿＿＿＿＿＿＿
- [ ] (13) 彼女を，彼女に ＿＿＿＿＿＿＿＿
- [ ] (14) womanの複数形 ＿＿＿＿＿＿＿＿
- [ ] (15) 週末 ＿＿＿＿＿＿＿＿
- [ ] (16) かっこいい，おしゃれな ＿＿＿＿＿＿＿＿

1 日本語に合うように，（　）内から適切な語を選び，記号を
〇で囲みなさい。

□(1) こちらは私の母です。私は彼女が好きです。

This is my mother. I like (ア him　イ her).

□(2) あちらはケンタです。あなたは彼を知っていますか。

That is Kenta. Do you know (ア him　イ her)?

□(3) こちらはホワイト先生です。私は彼女をよく知っています。

This is Ms. White. I know (ア him　イ her) well.

□(4) あちらはだれですか。―彼は私の父です。

(ア What　イ Who) is that?

―(ア He　イ It) is my father.

テストによく出る！

whatとwhoの使い分け

1(4)whatは「何」ともの
をたずねるとき，who
は「だれ」と人をたずね
るときに使う。

2 例にならい，絵に合うように＿＿＿に適する代名詞(himかher)
を入れて，英文を完成させなさい。

例	(1)	(2)
Mr. Brown	? that woman	Shota

⚠ミスに注意

2「私を[に]」me
「あなたを[に]」you
「彼を[に]」him
「彼女を[に]」her
「それを[に]」it

例 **I like Mr. Brown.** → I like him.

□(1) I don't know that woman. → I don't know ＿＿＿＿＿＿.

□(2) Do you know Shota? → Do you know ＿＿＿＿＿＿?

3 日本語に合うように，（　）内の語を並べかえなさい。

□(1) こちらの先生はだれですか。

(teacher / is / who / this)?

＿＿＿＿＿＿＿＿＿＿＿＿＿＿＿＿＿＿＿？

□(2) ((1)に答えて)彼女は佐々木先生です。

(is / Sasaki / Ms. / she).

＿＿＿＿＿＿＿＿＿＿＿＿＿＿＿＿＿＿＿．

□(3) 私は彼女がとても好きです。

(like / much / her / I / very).

＿＿＿＿＿＿＿＿＿＿＿＿＿＿＿＿＿＿＿．

注目！

「…がとても好き」

3(3)「…がとても好き」は
like … very muchで
表す。

Lesson 3

ぴたトレ 1
要点チェック

Take Action! Listen 1
Take Action! Talk 1

時間 **15分**　解答 p.9

〈新出語・熟語 別冊p.9〉

教科書の重要ポイント　会話を始めたり，あいづちを打つときの表現　教科書 pp.62〜63

▼ 会話を始めるときの表現

・**Guess what!**〔ちょっと聞いて。〕
　└→「あのね」や「ねえ」のように話を切り出すときに使う

・**You know what?**〔ねえ知ってる？〕

・**Listen.**〔聞いて。〕

▼ あいづちを打つときの表現

・**Really?**〔ほんと？〕
　└→相手のことばに対してあいづちを打つときに使う
　　軽い驚き・疑い・興味などを表す

・**Me, too.**〔私も。〕
　└→相手のことばに同意するときに使う

・**That's nice.**〔それはすてきですね。〕

・**That's great.**〔それはすばらしいですね。〕

That's は That is の短縮形だよ。

ナルホド！

Words & Phrases　次の英語は日本語に，日本語は英語にしなさい。

☐(1) character （　　　　　　）　　☐(9) 黒（の）　＿＿＿＿＿＿

☐(2) like （　　　　　　）　　☐(10) 鍵（かぎ）　＿＿＿＿＿＿

☐(3) color （　　　　　　）　　☐(11) ドル　＿＿＿＿＿＿

☐(4) red （　　　　　　）　　☐(12) 無料の　＿＿＿＿＿＿

☐(5) great （　　　　　　）　　☐(13) 同じ　＿＿＿＿＿＿

☐(6) chain （　　　　　　）　　☐(14) （じっと）聞く　＿＿＿＿＿＿

☐(7) favorite （　　　　　　）　　☐(15) 青　＿＿＿＿＿＿

☐(8) too （　　　　　　）　　☐(16) ほんと，へえー　＿＿＿＿＿＿

1 日本語に合うように，（ ）内から適切な語句を選び，記号を○で囲みなさい。

☐(1) 私はブラウン先生を知っています。―私も。

I know Ms. Brown. ―(ア My イ Me), too.

☐(2) 私たちはそのショーを楽しみます。―それはすてきですね。

We enjoy the show. ―(ア Listen イ That's nice).

☐(3) ねえ知ってる？

(ア You know what? イ That's great.)

☐(4) 私は数学が好きです。―ほんと？

I like math. ―(ア Really イ You know what)?

⚠ミスに注意

1(2)Me, too.は相手が言った肯定文の内容に対して「私も」と言うときに使うよ。否定文のときは使えないので注意しよう。

2 日本語に合うように，＿＿に適切な語を書きなさい。

☐(1) ちょっと聞いて。

＿＿＿＿＿＿ what!

☐(2) 私は落語が好きです。―ほんと？

I like *rakugo*. ―＿＿＿＿＿＿?

☐(3) これは私の新しいボールです。それは5ドルです。

This is my new ball.

＿＿＿＿＿＿ five ＿＿＿＿＿＿.

注目!

It isの短縮形

2(3)「それは…です。」はIt isを短縮してIt's ....で表すことができる。

3 日本語に合うように，＿＿に適切な語を書きなさい。

☐(1) 聞いて。私はギターを2本持っています。

＿＿＿＿＿＿. I have two guitars.

☐(2) あなたはそれを無料で使うことができます。

You can use it ＿＿＿＿＿＿ ＿＿＿＿＿＿.

☐(3) 私は同じかさを持っています。

I have ＿＿＿＿＿＿ ＿＿＿＿＿＿ umbrella.

☐(4) これは私のお気に入りのキーホルダーです。

This is ＿＿＿＿＿＿ ＿＿＿＿＿＿

＿＿＿＿＿＿ ＿＿＿＿＿＿.

テストによく出る!

same

3(3)sameは前にtheをつける。

ぴたトレ **1**
要点チェック

文法のまとめ③

時間 **15分**
解答 p.9

〈新出語・熟語 別冊p.9〉

| 教科書の重要ポイント | be動詞(is)の文・命令文・いろいろな疑問文① | 教科書 p.64 |

①主語がIやyou以外の単数のとき，be動詞はisを使う。

主語	be動詞
I	am
you	are
Iやyou以外の単数	is

肯定文 She is a teacher. 〔彼女は先生です。〕

疑問文 Is she a teacher? 〔彼女は先生ですか。〕
→文の最初にbe動詞を置く

応答文 —Yes, she is. / No, she is not. 〔はい，そうです。／いいえ，そうではありません。〕
→短縮形はisn't

否定文 She is not a teacher. 〔彼女は先生ではありません。〕
→be動詞の後ろにnotを置く

②「…しなさい。」＝動詞 ....　※相手に指示をする文

Play the guitar. 〔ギターを演奏しなさい。〕
→動詞で文を始める

「…してはいけません。」＝Don't＋動詞 ....　※禁止を表す文

Don't play the guitar. 〔ギターを演奏してはいけません。〕
→Don'tで文を始め，動詞を続ける

「〜しましょう。」＝Let's＋動詞 ....　※相手を誘う文

Let's take a picture. 〔写真をとりましょう。〕

命令文には主語がないよ。

③いろいろな疑問文①

Whatの疑問文 What is this? 〔これは何ですか。〕 —It is a library. 〔それは図書館です。〕
→短縮形はWhat's

What do you have in your hand? 〔あなたは手に何を持っていますか。〕
疑問文の語順

—I have a book. 〔私は本を持っています。〕

What food do you like? 〔あなたはどんな食べ物が好きですか。〕
〈What＋名詞〉 疑問文の語順

—I like rice balls. 〔私はおにぎりが好きです。〕

Howの疑問文 How many butterflies do you see? 〔あなたはチョウが何匹見えますか。〕
〈How many＋名詞の複数形〉 疑問文の語順 ※数をたずねる文

—I see six butterflies. 〔6匹見えます。〕

〈その他の例〉 How much ...? 〔いくら〕　※値段をたずねる文

How long ...? 〔どのくらいの長さ〕 ※長さ・期間をたずねる文

How far ...? 〔どのくらいの遠さ〕 ※距離をたずねる文

How often ...? 〔どのくらいの頻度〕 ※頻度をたずねる文

ナルホド！

1 日本語に合うように，（　）内から適切な語句を選び，記号を〇で囲みなさい。

注目!

短縮形

he is → he's

she is → she's

it is → it's

that is → that's

is not → isn't

☐(1) あれは私のコンピューターです。

That（ ア are　イ is ）my computer.

☐(2) 彼はテニス選手ではありません。

He（ ア is　イ isn't ）a tennis player.

☐(3) この手紙を読みなさい。

（ ア Read　イ You read ）this letter.

☐(4) あなたは何匹のイヌを飼っていますか。

How many（ ア dog　イ dogs ）do you have?

2 日本語に合うように，＿＿に入る適切な語を右から選び，書きなさい。

⚠ミスに注意

2「…しなさい」は動詞で，「…してはいけません」はDon'tで，「…しましょう」はLet'sで文を始めるよ。

☐(1) 宿題をしなさい。

＿＿＿＿＿＿＿ your homework.

☐(2) この本を読みなさい。

＿＿＿＿＿＿＿ this book.

Read
Don't play
Do
Let's go

☐(3) ここでサッカーをしてはいけません。

＿＿＿＿＿＿ ＿＿＿＿＿＿ soccer here.

☐(4) 公園に行きましょう。

＿＿＿＿＿＿ ＿＿＿＿＿＿ to the park.

3 日本語に合うように，（　）内の語を並べかえなさい。

テストによく出る!

whatで始まる疑問文

3 whatのあとは，疑問文の語順になるよ。
(3)「どんな…」は
〈What＋名詞〉で表す点にも注意。

☐(1) これは何ですか。(this / is / what)?

＿＿＿＿＿＿＿＿＿＿＿＿＿?

☐(2) あなたは朝食に何を食べますか。

(do / what / eat / you) for breakfast?

＿＿＿＿＿＿＿＿＿ for breakfast?

☐(3) あなたはどんな教科が好きですか。

(you / subject / like / what / do)?

＿＿＿＿＿＿＿＿＿＿＿＿＿?

文法のまとめ③

Reading for Information 1
Project 1

教科書の重要ポイント | 絵を見せながら理想のロボットを発表する | 教科書 pp.65〜67

▼ 発表のための原稿を書くときは，次のような内容・順番でまとめる。

①冒頭（Opening）

《紹介するもの》 This is .... 〔これは…です。〕

> どんなことができるロボットがほしいかを考えてみよう。

②主文（Body）

《くわしい説明》 It can .... 〔それは…することができます。〕

It can also .... 〔それはまた…することもできます。〕

③結び（Closing）

《まとめ》 You can ... with 〜. 〔あなたは〜と…することができます。〕

▼ 原稿が書けたら，ペアで話してみよう。

What can your robot do? 〔あなたのロボットは何をすることができますか。〕

How about your robot? 〔あなたのロボットはどうですか。〕

ナルホド！

Words & Phrases 次の英語は日本語に，日本語は英語にしなさい。

□(1) well （　　　　　　　）

□(2) speak （　　　　　　　）

□(3) strong （　　　　　　　）

□(4) heavy （　　　　　　　）

□(5) fly （　　　　　　　）

□(6) quickly （　　　　　　　）

□(7) real （　　　　　　　）

□(8) also （　　　　　　　）

□(9) 料理する ＿＿＿＿＿＿＿＿

□(10) 夢 ＿＿＿＿＿＿＿＿

□(11) 走る ＿＿＿＿＿＿＿＿

□(12) そうじする ＿＿＿＿＿＿＿＿

□(13) 弱い ＿＿＿＿＿＿＿＿

□(14) …のように ＿＿＿＿＿＿＿＿

□(15) 言語 ＿＿＿＿＿＿＿＿

□(16) ロボット ＿＿＿＿＿＿＿＿

1 日本語に合うように，（　）内から適切な語を選び，記号を〇で囲みなさい。

⚠️ミスに注意

1(1)canには「…することができる」という意味があるよ。

(1) 私は小さなロボットを持っています。それは素早く動くことができます。

I have a small robot. It（ ア is　 イ can ）move quickly.

(2) あなたのロボットは何をすることができますか。

（ ア What　 イ Who ）can your robot do?

(3) そのネコ型ロボットは赤ちゃんと遊ぶことができます。

The cat robot can play（ ア in　 イ with ）babies.

2 日本語に合うように，＿＿＿に適切な語を書きなさい。

テストによく出る!

How about

2(2)「…はどうですか。」と相手に意見や説明を求める表現。

(1) これは私のノートです。

＿＿＿＿＿　＿＿＿＿＿ my notebook.

(2) あなたのイヌはどうですか。—それは速く走ることができます。

＿＿＿＿＿　＿＿＿＿＿ your dog?

—It can run fast.

(3) 彼女は中国語を話すことができます。

She ＿＿＿＿＿　＿＿＿＿＿ Chinese.

Reading for Information 1　Project 1

3 日本語に合うように，（　）内の語句を並べかえなさい。

注目!

with

3(3)〈with＋名詞〉で「…と，…に（対して）」という意味になる。
例 talk with Ken
「ケンと話す」

(1) このロボットは空を飛ぶことができます。

This robot（ in / fly / the sky / can ）.

This robot ＿＿＿＿＿＿＿＿＿＿＿＿.

(2) 彼は重いものを運ぶことができます。

He（ things / can / heavy / carry ）.

He ＿＿＿＿＿＿＿＿＿＿＿＿.

(3) 私はユリと友達です。

（ I / friends / with / am ）Yuri.

＿＿＿＿＿＿＿＿＿＿＿＿ Yuri.

(4) 私のイヌは朝，私を起こすことができます。

My dog can（ wake / up / me ）in the morning.

My dog can ＿＿＿＿＿＿＿＿＿＿ in the morning.

① ( )に入る適切な語句を選び，記号を〇で囲みなさい。

□(1) This ( ) my bag.
ア is　イ am　ウ are　エ do

□(2) ( ) is he? —He is Mr. Suzuki.
ア Can　イ Do　ウ What　エ Who

□(3) Do you know Ms. Brown? —Yes, I know ( ).
ア she　イ her　ウ he　エ him

□(4) That's ( ) a post office.
ア not　イ isn't　ウ aren't　エ don't

□(5) ( ) take a picture.
ア I am　イ Not　ウ Let's　エ My

文全体の意味をしっかりつかもう。空所の前後の語句にも注意しよう。

② 日本語に合うように，＿＿に適切な語を書きなさい。

□(1) これは私の大好きな漫画です。—なるほど。
This is my favorite comic. —I ＿＿＿＿＿＿.

□(2) あれはキツネですか。—はい，そうです。
＿＿＿＿ ＿＿＿＿ a fox? —Yes, ＿＿＿＿ is.

□(3) ここで野球をしてはいけません。
＿＿＿＿ ＿＿＿＿ ＿＿＿＿ here.

③ 英文を( )内の指示にしたがって書きかえなさい。

□(1) Do you know <u>my father</u>? （下線部を1語の代名詞にかえて）

□(2) This is a library. （否定文に）

□(3) That is <u>a library</u>. （下線部をたずねる疑問文に）

ヒント ②(2)答えの文の主語は，thatを使わずにitにする。(3)否定の命令文で表す。
③(1)my fatherは男性を表す語。(3)「何」であるかをたずねる疑問文にする。

46

4 読む📖 対話文を読んで，あとの問いに答えなさい。

Dinu : I'm at Wakaba Shrine. ①(　　　) this?

Kate : It's an *ema*. People write their wishes on one side.

Dinu : ②That's interesting. Is it a souvenir?

Kate : (　③　) People leave their *ema* at the shrine.

Dinu : I see.

☐(1) 下線部①が「これは何ですか。」という意味になるように，（　）に入る適切な語を書きなさい。

＿＿＿＿＿＿＿＿＿＿＿

☐(2) 下線部②がさしている内容を具体的に日本語で書きなさい。

（　　　　　　　　　　　　　　　　　　　　　　）こと。

☐(3) （　③　）に入る適切な文を1つ選び，記号を○で囲みなさい。

　　ア Yes, it is.　　イ No, it isn't.　　ウ I don't know.

☐(4) 本文の内容に合うものを1つ選び，記号を○で囲みなさい。

　　ア ディヌーはわかば駅にいる。

　　イ ケイトとディヌーは絵馬を土産物にした。

　　ウ ケイトはディヌーに絵馬は神社に置いていくと教えた。

5 話す🗨 次の文を声に出して読み，問題に答え，答えを声に出して読んでみましょう。🈂

Emily : This is a strange picture of a penguin.

Sora : I see two animals in the picture.

　　　　Look at the picture upside down.

Emily : Oh, now I see a cow.

　　　　Do you see two people's faces, too?

Sora : No, I don't.

三輪みわ「アソビディア」より

(注)strange 奇妙な　　penguin ペンギン　　upside down 逆さまに

☐(1) What animal do you see?　（Soraになったつもりでどちらか一方の動物を答える。）

＿＿＿＿＿＿＿＿＿＿＿＿＿＿＿＿＿＿＿＿

☐(2) Do you see two people's faces?　（あなた自身の答えを書く。）

＿＿＿＿＿＿＿＿＿＿＿＿＿＿＿＿＿＿＿＿

ヒント　　4(3)Is it a souvenir?に答える文を選ぶ。　　5(1)本文中にある動物を読み取る。

47

Lesson 3 ～ Project 1

❶ 下線部の発音が同じものには〇を，そうでないものには×を書きなさい。　6点

(1) <u>ea</u>sy　　　　　(2) w<u>o</u>men　　　　　(3) t<u>a</u>ste

　 p<u>eo</u>ple　　　　　 t<u>oo</u>　　　　　　　 s<u>a</u>me

❷ 最も強く発音する部分の記号を書きなさい。　6点

(1) base – ball　　　　(2) ho – tel　　　　(3) week – end

　 ア　　イ　　　　　　ア　　イ　　　　　　ア　　　イ

❸ 日本語に合うように，＿＿に適切な語を解答欄に書きなさい。　20点

(1) 彼女は音楽の先生です。

　 ＿＿＿＿ ＿＿＿＿ a music teacher.

(2) 私は彼をよく知っています。

　 I ＿＿＿＿ ＿＿＿＿ well.

差
がつく (3) これは遊園地ですか。―いいえ，そうではありません。

　 ＿＿＿＿ ＿＿＿＿ ＿＿＿＿ amusement park?　―No, ＿＿＿＿ not.

(4) あちらはだれですか。―彼はマコトです。

　 ＿＿＿＿ ＿＿＿＿ that?　―＿＿＿＿ Makoto.

よく
出る ❹ ＿＿に適切な語を入れて，対話文を完成させなさい。　15点

(1) **A :**　Is Mr. Tanaka an English teacher?

　 B :　No, he ＿＿＿＿ an English teacher.

(2) **A :**　Is that a police station?

　 B :　＿＿＿＿, it ＿＿＿＿.　It's a fire station.

(3) **A :**　＿＿＿＿ ＿＿＿＿ is this cap?

　 B :　It's twenty dollars.

❺ 読む 対話文を読んで，あとの問いに答えなさい。　29点

Yuka :　(　①　) is this woman in the picture?

Kate :　She is my favorite soccer player.　Her name is Lucy.

Yuka :　②(　　) she from Australia?

Kate :　Yes, she is.　We are from the same country.

Yuka :　That's nice.　Is she popular in Australia?

Kate :　Yes.　She is very popular.　She can run fast.　She is a great soccer player.

(注)country　国

成績評価の観点　知…言語や文化についての知識・技能　表…外国語表現の能力

(1) （ ① ）に入る適切な語を1つ選び，記号を書きなさい。

 ア What イ Who ウ What's エ Who's

(2) 下線部②の（ ）に適切な語を入れて，英文を完成させなさい。

(3) ルーシーについてまとめた次の文の（ ）に適切な日本語を入れて，文を完成させなさい。

 ルーシーはケイトの（ ⓐ ）で，オーストラリアでとても（ ⓑ ）。

(4) 本文の内容に合わないものを1つ選び，記号を書きなさい。

 ア ユカとケイトは写真を見ながら話している。

 イ ケイトはオーストラリア出身である。

 ウ ケイトは速く走ることができるすばらしいサッカー選手である。

6 書く！ **次のようなとき英語で何と言うか，（ ）内の語数で書きなさい。** 表 24点

(1) 目の前の友人に，となりにいる男の子を自分のクラスメイトだと紹介するとき。（4語）

(2) 遠くの建物をさして，中学校かどうかをたずねたいとき。（6語）

(3) 近くのものをさして，何なのかたずねたいとき。（3語）

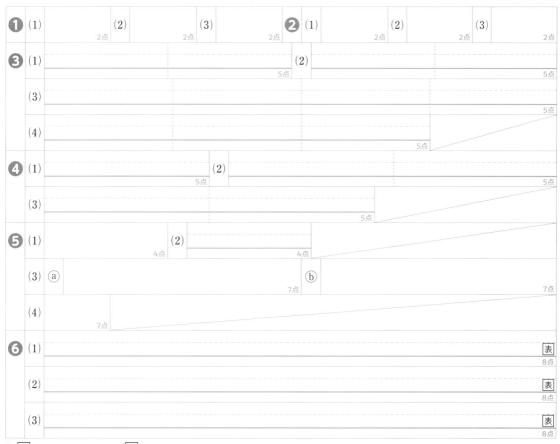

▶ 表 の印がない問題は全て 知 の観点です。

ぴたトレ
1
要点チェック

Lesson 4 My Family, My Hometown (GET Part 1)

時間 **15**分

解答 p.11

〈新出語・熟語 別冊p.10〉

| 教科書の 重要ポイント | ## 3人称単数現在の肯定文 | 教科書 pp.70〜71 |

Miki plays tennis. 〔美紀はテニスをします。〕

主語が3人称単数(I, you以外の単数)のとき, 一般動詞にsやesをつける。

I **play** tennis. 〔私はテニスをします。〕
1人称単数

肯定文 Miki play**s** tennis. 〔美紀はテニスをします。〕
3人称単数 └sをつける

3人称単数現在形の作り方		例
ほとんどの動詞	sをつける	play → plays like → likes
s, x, sh, ch,〈子音字＋o〉で終わる動詞	esをつける	teach → teaches go → goes
〈子音字＋y〉で終わる動詞	yをiに変えてesをつける	study → studies
不規則に変化する語	形を変える	have → has

ナルホド!

| Words & Phrases | 次の英語は日本語に, 日本語は英語にしなさい。

☐(1) time （　　　　　　）

☐(2) they （　　　　　　）

☐(3) street （　　　　　　）

☐(4) leave home （　　　　　　）

☐(5) hometown （　　　　　　）

☐(6) Scotland （　　　　　　）

☐(7) those （　　　　　　）

☐(8) What time …? （　　　　　　）

☐(9) How about you? （　　　　　　）

☐(10) ネコ ＿＿＿＿＿＿＿＿

☐(11) 家族 ＿＿＿＿＿＿＿＿

☐(12) 親 ＿＿＿＿＿＿＿＿

☐(13) (車を)運転する ＿＿＿＿＿＿＿＿

☐(14) そこに, そこで ＿＿＿＿＿＿＿＿

☐(15) 教える ＿＿＿＿＿＿＿＿

☐(16) 生徒, 学生 ＿＿＿＿＿＿＿＿

☐(17) これらのもの〔人〕 ＿＿＿＿＿＿＿＿

☐(18) doの3人称単数現在形 ＿＿＿＿＿＿＿＿

1 日本語に合うように，（　）内から適切な語を選び，記号を〇で囲みなさい。

テストによく出る！
主語の人称
1 主語が3人称単数（I，youや複数以外）のとき，一般動詞にsやesをつける。

□(1) 私は6時に起きます。

I（ア get　イ gets）up at six.

□(2) コウジは京都に住んでいます。

Koji（ア live　イ lives）in Kyoto.

□(3) カナとユキはサッカーをします。

Kana and Yuki（ア play　イ plays）soccer.

□(4) 私の兄は毎日朝食を作ります。

My brother（ア cook　イ cooks）breakfast every day.

2 例にならい，絵に合うように「…は〜します」という英文を完成させなさい。

⚠ミスに注意
2(1)chで終わる動詞はsではなくesをつける。
(2)haveは不規則に変化するので注意しよう。

例　**Kate likes music.**

□(1) Lucy ＿＿＿＿＿＿ TV every day.

□(2) ＿＿＿＿＿＿ ＿＿＿＿＿＿ a cat.

3 日本語に合うように，（　）内の語を並べかえなさい。

注目！
thisとthatの複数形
3(3)thisの複数形はthese，thatの複数形はthose。

□(1) マークは日本語を勉強します。

(studies / Japanese / Mark).

＿＿＿＿＿＿＿＿＿＿＿＿＿＿＿＿.

□(2) あなたはどうですか。

(you / how / about)?

＿＿＿＿＿＿＿＿＿＿＿＿＿＿＿＿?

□(3) あれらは私のかばんです。

(are / bags / those / my).

＿＿＿＿＿＿＿＿＿＿＿＿＿＿＿＿.

□(4) あなたは何時に寝ますか。

(to / you / what / bed / do / time / go)?

＿＿＿＿＿＿＿＿＿＿＿＿＿＿＿＿?

Lesson 4

51

ぴたトレ
1
要点チェック

**Lesson 4 My Family,
My Hometown**（GET Part 2）

時間 **15分**

解答 p.12

〈新出語・熟語 別冊p.10〉

教科書の重要ポイント | **3人称単数現在の疑問文・否定文** | 教科書 pp.72～73

<u>Does</u> **Miki play tennis?** 〔美紀はテニスをしますか。〕

—Yes, she <u>does</u>**. / No, she** <u>does not</u>**.** 〔はい，します。／いいえ，しません。〕

Miki <u>does not</u> **play tennis.** 〔美紀はテニスをしません。〕

主語が3人称単数のとき，「…は〜しますか。」は〈Does＋主語＋動詞の原形 〜?〉で表す。
答えの文でもdoesを使う。
「…は〜しません。」は〈主語＋does not＋動詞の原形 〜.〉で表す。

肯定文 [　] Miki plays tennis. 〔美紀はテニスをします。〕

疑問文 Does Miki play tennis? 〔美紀はテニスをしますか。〕
　　　 文の最初にDoes　　動詞は原形（もとの形）にする

応答文 —Yes, she does. / No, she does not. 〔はい，します。／いいえ，しません。〕
　　　　　　　　　　　　　　　短縮形はdoesn't

　　　　　　　　動詞の前にdoes notを置く
否定文 Miki does not play tennis. 〔美紀はテニスをしません。〕
　　　　　　　　　　動詞は原形（もとの形）にする

ナルホド!

Words & Phrases 次の英語は日本語に，日本語は英語にしなさい。

☐(1) walk （　　　　　　　）　　☐(9) 飲む _____

☐(2) want （　　　　　　　）　　☐(10) ペット _____

☐(3) traditional （　　　　　　　）　　☐(11) 大学 _____

☐(4) bagpipes （　　　　　　　）　　☐(12) ページ _____

☐(5) instrument （　　　　　　　）　　☐(13) くつ _____

☐(6) cricket （　　　　　　　）　　☐(14) 早く；早めに _____

☐(7) belong to … （　　　　　　　）　　☐(15) …を見る _____

☐(8) at school （　　　　　　　）　　☐(16) 彼（女）らを〔に〕 _____

1 日本語に合うように，（　）内から適切な語を選び，記号を〇で囲みなさい。

☐(1) 私は朝食を食べません。

I（ ア do　イ does ）not eat breakfast.

☐(2) カナはピアノを演奏しません。

Kana（ ア do　イ does ）not play the piano.

☐(3) あなたは私の姉を知っていますか。―はい，知っています。

（ ア Do　イ Does ）you know my sister?

―Yes, I（ ア do　イ does ）.

☐(4) 佐々木先生は数学を教えますか。―いいえ，教えません。

（ ア Do　イ Does ）Mr. Sasaki（ ア teach　イ teaches ）math?

―No, he（ ア don't　イ doesn't ）.

2 例にならい，絵に合うように「…は～しますか」という英文を完成させなさい。

Jun / practice　　Kumi / clean　　Taku / swim

例 **Does Jun practice judo?　—Yes, he does.**

☐(1) ＿＿＿＿＿＿＿ Kumi ＿＿＿＿＿＿＿ the bathroom?

　—Yes, she ＿＿＿＿＿＿＿.

☐(2) ＿＿＿＿＿＿＿ Taku ＿＿＿＿＿＿＿ well?

　—No, he ＿＿＿＿＿＿＿.

3 日本語に合うように，（　）内の語句を並べかえなさい。

☐(1) サトルは新聞を読みますか。

(Satoru / read / does) newspapers?

＿＿＿＿＿＿＿＿＿＿＿＿＿＿＿ newspapers?

☐(2) この写真を見て。

(picture / look / this / at).

＿＿＿＿＿＿＿＿＿＿＿＿＿＿＿.

☐(3) 私の妹は音楽部に所属しています。

(to / my sister / belongs) the music club.

＿＿＿＿＿＿＿＿＿＿＿＿＿ the music club.

ぴたトレ
1
要点チェック

Lesson 4 My Family,
My Hometown (USE Read)

時間 **15分**

解答 p.12

〈新出語・熟語 別冊p.10〉

教科書の
重要ポイント | **3人称単数現在形** | 教科書 pp.74～75

Our city <u>has</u> a big library. 〔私たちの市には大きな図書館があります。〕

主語が3人称単数(I, you以外の単数)のとき, 一般動詞にsやesをつける。

Our city <u>has</u> a big library. 〔私たちの市には大きな図書館があります。〕
3人称単数 　　→haveの3人称単数現在形

	単数	複数
1人称	I	we, Ken and Iなど(Iを含む複数)
2人称	you	you, you and your brotherなど(youを含む複数)
3人称	he, she, it, Yumi, a dog など(I, you以外)	they, Ken and Yumi, two eggsなど(Iもyouも含まない複数)

→一般動詞にsやesをつけるのは, 主語が3人称単数のとき

※動詞によって, sやesがつかず不規則に変化するものもある。

例 have→has
　 do→does

不規則に変化する動詞は, これから
たくさん出てくるよ。原形(もとの
形)とセットで覚えよう。

ナルホド!

Words & Phrases 次の英語は日本語に, 日本語は英語にしなさい。

□(1) big 　　　(　　　　)

□(2) tall 　　　(　　　　)

□(3) summer 　(　　　　)

□(4) clock 　　(　　　　)

□(5) wear 　　 (　　　　)

□(6) another 　(　　　　)

□(7) tower 　　(　　　　)

□(8) statue 　　(　　　　)

□(9) some ..., other(s) ～ (　　)

□(10) 短い 　　　　　　＿＿＿＿＿＿

□(11) 小さい；狭い 　　＿＿＿＿＿＿

□(12) 持っている, 催す 　＿＿＿＿＿＿

□(13) 場所, 所；地域 　＿＿＿＿＿＿

□(14) 1時間, 60分 　　＿＿＿＿＿＿

□(15) 聞こえる, 聞く 　＿＿＿＿＿＿

□(16) 鈴, 鐘 　　　　　＿＿＿＿＿＿

□(17) メロディー, 旋律 　＿＿＿＿＿＿

□(18) 魔術の, 奇術の 　＿＿＿＿＿＿

1 日本語に合うように，（　）内から適切な語を選び，記号を〇で囲みなさい。

注目!

「…もいれば，～もいる」

1(5)「…もいれば，～もいる」はsome …, other(s) ～で表す。anotherは「別の」という意味。

(1) このイヌは速く走ります。

This dog (ア run　イ runs) fast.

(2) ケンと彼の兄は野球をします。

Ken and his brother (ア play　イ plays) baseball.

(3) 北海道には有名な動物園があります。

Hokkaido (ア have　イ has) a famous zoo.

(4) 私たちは図書館で勉強します。

We (ア study　イ studies) in the library.

(5) ロック音楽が好きな人もいれば，クラシック音楽が好きな人もいます。

Some people like rock music. (ア Others　イ Another) like classical music.

2 例にならい，絵に合うように「…は～します」という英文を完成させなさい。

⚠ ミスに注意

2(1)「私たちの学校は体育館を持っています。」→「私たちの学校には体育館があります。」と訳すと自然な日本語になるよ。

Lesson 4

| 例 こんにちは Mr. Brown / speak | (1) our school / have | (2) Ken / go |

例 **Mr. Brown speaks Japanese.**

(1) Our school ＿＿＿＿＿＿＿ a gym.

(2) ＿＿＿＿＿＿＿ ＿＿＿＿＿＿＿ to the library.

3 日本語に合うように，（　）内の語句を並べかえなさい。

テストによく出る!

主語が3人称の文

3(1)は主語が複数なので，動詞にsやesはつけない。(2)は主語が3人称単数なので，動詞にsやesをつける。

(1) カンガルーは高く跳びます。

(high / kangaroos / jump).

＿＿＿＿＿＿＿＿＿＿＿＿＿＿＿＿＿＿＿ .

(2) 私たちの町は毎年夏にお祭りを催します。

(holds / our town / a festival) every summer.

＿＿＿＿＿＿＿＿＿＿＿＿＿＿＿ every summer.

(3) この美術館には多くの有名な絵があります。

(famous / this museum / many / has) pictures.

＿＿＿＿＿＿＿＿＿＿＿＿＿＿＿ pictures.

Lesson 4 My Family, My Hometown (USE Write ~ USE Speak)

時間 15分　解答 p.13

〈新出語・熟語 別冊p.10〉

教科書の重要ポイント　申込書（もうしこみしょ）を英語で書いてみよう　教科書 p.76

▼ 各項目の意味を理解して，それぞれの項目に正しく答える。

・名前は，名字・名前の最初の文字を大文字で書く。

例 Yamamoto Kumi 〔山本久美〕
　大文字　大文字

Tokyo Station（東京駅）などの特定の場所を表す名詞も大文字で書くよ。

・学校名は，「中学校」の部分も各単語の最初の文字を大文字で書く。

例 Sakura Junior High School 〔さくら中学校〕

・誕生日など，日付は〈月＋日〉の順で書く。

例 March 12 〔3月12日〕

・好きなものなどを答えるとき，そのものの総称を表すときは複数形にする。ただし，数えられない名詞はそのまま。

例 I like dogs. 〔私はイヌが好きです。〕（~~a dog~~）　I like math. 〔私は数学が好きです。〕（数えられない名詞）

ナルホド!

教科書の重要ポイント　英語で人物を紹介（しょうかい）しよう　教科書 p.77

▼ 自分との関係を説明しよう。

例 Kenta is my classmate. 〔ケンタは私の同級生です。〕

例 Our English teacher, Mr. Brown, ... 〔私たちの英語の先生のブラウン先生は…。〕
　→コンマを使って説明を加える

▼ その人の好きなものや得意なことなどを説明しよう。

▼ 人を紹介するときは，主語が3人称単数になるので，動詞の形に気をつけよう。be動詞はis，一般動詞にはsやesをつける。

ナルホド!

Words & Phrases　次の英語は日本語に，日本語は英語にしなさい。

□(1) morning (　　　　　)　　□(5) 誕生日 ＿＿＿＿＿＿

□(2) homeroom (　　　　　)　　□(6) 水準 ＿＿＿＿＿＿

□(3) low (　　　　　)　　□(7) 年齢 ＿＿＿＿＿＿

□(4) neighbor (　　　　　)　　□(8) 夕方，晩 ＿＿＿＿＿＿

1 日本語に合うように，（ ）内から適切な語句を選び，記号を○で囲みなさい。

☐(1) 私の名前は佐藤賢人です。

My name（ ア am　 イ is ）Sato Kento.

☐(2) 彼女の誕生日は 6 月10日です。

Her birthday is（ ア June 10　 イ 10 June ）.

☐(3) 私の姉は音楽が好きです。

My sister（ ア like　 イ likes ）music.

☐(4) 彼は週末にテニスをします。

He plays tennis（ ア on　 イ in ）weekends.

注目!

時を表す前置詞

1(4)「週末に」はon weekendsで表す。「平日に」はon weekdays。inはin 2020「2020年に」やin (the) summer「夏に」などのように使う。

2 表の内容に合うように，＿＿＿＿に適切な語を書きなさい。

名前	あゆみ
関係	友達
ペット	1 匹のイヌと 1 羽のウサギ
毎日すること	イヌを散歩させる
できること	バレーボールが上手にできる

Ayumi is my friend.

☐(1) She ＿＿＿＿＿＿＿＿ a dog and a rabbit.

☐(2) She ＿＿＿＿＿＿＿＿ her dog every day.

☐(3) She ＿＿＿＿＿＿＿＿ ＿＿＿＿＿＿＿＿ volleyball well.

⚠ ミスに注意

2(3)「…できる」は〈can＋動詞〉で表すよ。主語が何であっても，この形は変わらないんだ。

3 日本語に合うように，（ ）内の語句や符号を並べかえなさい。

☐(1) 私の兄のマークは毎朝コーヒーを飲みます。

(Mark / coffee / my brother / drinks / , / ,) every morning.

＿＿＿＿＿＿＿＿＿＿＿＿＿＿＿＿ every morning.

☐(2) カホはみどり中学校に通っています。

(Midori Junior High School / Kaho / to / goes).

＿＿＿＿＿＿＿＿＿＿＿＿＿＿＿＿.

☐(3) 私の母はスペイン語を読むことができます。

(read / my mother / Spanish / can).

＿＿＿＿＿＿＿＿＿＿＿＿＿＿＿＿.

☐(4) 私の父は毎週日曜日にジョギングに行きます。

(goes / Sunday / my father / every / jogging).

＿＿＿＿＿＿＿＿＿＿＿＿＿＿＿＿.

テストによく出る!

「…に通う[行く]」

3(2)「…に通う」はgo to …で表す。goの 3 人称単数現在形はesをつけてgoesとする。

Lesson 4

ぴたトレ
1

要点チェック

Take Action! Listen 2
Take Action! Talk 2

時間 **15分**

解答 p.13

〈新出語・熟語 別冊p.10〉

教科書の重要ポイント 　**会話を終えるときやあいづちを打つときの表現**　教科書 pp.78～79

▼ 会話を終えるときの表現

・**Talk to you later.** 〔あとで話します。〕

・**I have to go.** 〔行かなければなりません。〕

・**Time to go.** 〔行く時間です。〕

▼ あいづちを打つときの表現

・**Really?** 〔ほんと？〕
　　→軽い驚き・疑い・興味などを表すことができる

・**Uh-huh.** 〔うんうん。なるほど。〕

・**I see.** 〔わかりました。なるほど。〕
　　→相手の説明などを理解したときに使う

Really?はいろいろな意味を表すことができるので，そのときの感情を込めて言ってみよう。

ナルホド!

Words & Phrases 　次の日本語は英語に，英語は日本語にしなさい。

☐(1) during ... (　　　　　　　　　)

☐(2) today (　　　　　　　　　)

☐(3) plan (　　　　　　　　　)

☐(4) 話す，しゃべる ＿＿＿＿＿＿＿＿＿

☐(5) …時(じ) ＿＿＿＿＿＿＿＿＿

☐(6) 始める；始まる ＿＿＿＿＿＿＿＿＿

1 日本語に合うように，（　）内から適切な語句を選び，記号を○で囲みなさい。

☐(1) お知らせがあります。

　（ ア Here is a reminder　イ Here you are ）.

☐(2) きょうの彼の予定は何ですか。

　What（ ア is　イ are ）his plans today?

⚠ミスに注意

1(1)Here is[are] ....は「ここに…があります。」という意味。be動詞は「…」の部分の数に合わせるよ。

2 日本語に合うように，＿＿＿に適切な語を書きなさい。

☐(1) この活動の間，英語を話してはいけません。

　Don't speak English ＿＿＿＿＿＿＿ this activity.

☐(2) ピアノのレッスンは5時半に始まります。

　The piano lesson ＿＿＿＿＿＿＿ ＿＿＿＿＿＿＿ five thirty.

☐(3) あなたはいつでもこのピアノが使えます。

　You can use this piano at ＿＿＿＿＿＿＿ ＿＿＿＿＿＿＿.

ぴたトレ **1**
要点チェック

GET Plus 3
Word Bank

時間 **15分**　解答 p.13

〈新出語・熟語 別冊p.10〉

教科書の重要ポイント　「AとB，どちらが…ですか。」の文　教科書 pp.80〜81

Which do you want, strawberry or lemon? 〔いちご味とレモン味，どちらがほしいですか。〕

—I want lemon. 〔レモンがほしいです。〕

「AとB，どちらが…ですか。」＝ Which ＋ do[does] ＋主語＋動詞の原形, A or B?

Whichで始まる疑問文　Which do you want, strawberry or lemon?
└→疑問文の語順　　　〔いちご味とレモン味，どちらがほしいですか。〕

応答文　　　—I want lemon. 〔レモン味がほしいです。〕
└→2つの選択肢のうち，どちらかを答える。

Whichは選択肢がある中から「どちら，どれ」とたずねるときに使うよ。

Take Action! ~ Word Bank

Words & Phrases　次の日本語は英語に，英語は日本語にしなさい。

☐(1) shaved ice（　　　　　）　　☐(4) (液体などが)薄い　＿＿＿＿＿

☐(2) crisp（　　　　　）　　☐(5) クリームのような　＿＿＿＿＿

☐(3) sticky（　　　　　）　　☐(6) (肉が)生焼けの　＿＿＿＿＿

1 日本語に合うように，（　）内から適切な語を選び，記号を〇で囲みなさい。

☐(1) イヌとネコ，どちらが好きですか。—イヌが好きです。
（ ア What　イ Which ）do you like, dogs（ ア or　イ and ）cats? —I like dogs.

2 日本語に合うように，＿＿＿に適切な語を書きなさい。

☐(1) ケンはサッカーと野球，どちらをしますか。—野球をします。
＿＿＿＿＿ ＿＿＿＿＿ Ken play, soccer or baseball?
—He plays baseball.

⚠ミスに注意
2(1)主語がKenで3人称単数なので，疑問文はdoesを使うよ。

文法のまとめ④

| 教科書の重要ポイント | **3人称単数現在形・人称代名詞** | 教科書 p.82 |

①主語が3人称で単数のときは，一般動詞にsやesをつけて，3人称単数現在形にする。

[肯定文] Miki plays tennis. 〔美紀はテニスをします。〕
　　　　　　└→sをつける

[疑問文] Does Miki play tennis? 〔美紀はテニスをしますか。〕
　　　　　　　　　└→動詞は原形

> 疑問文や否定文ではdoの3人称単数現在形のdoesを使うよ。

[応答文] —Yes, she does. / No, she does not. 〔はい，します。／いいえ，しません。〕
　　　　　　　　　　　　　　　　　└→短縮形はdoesn't

[否定文] Miki does not play tennis. 〔美紀はテニスをしません。〕
　　　　　　　　　　　　└→動詞は原形

3人称単数現在形の作り方		例
ほとんどの動詞	sをつける	play → plays　like → likes
s, x, ch, sh, 〈子音字＋o〉で終わる動詞	esをつける	watch → watches wash → washes
〈子音字＋y〉で終わる動詞	yをiに変えてesをつける	study → studies
不規則に変化する動詞	形を変える	have → has

②1人称：話し手や書き手，2人称：聞き手や読み手，3人称：それ以外のように使い分ける。

	単数	複数
1人称	I	we, Ken and Iなど(Iを含む複数)
2人称	you	you, you and your brotherなど(youを含む複数)
3人称	he, she, it, Yumi, a dogなど(I, you以外)	they, Ken and Yumi, two eggsなど(Iもyouも含まない複数)

└→一般動詞にsやesをつけるのは，主語が3人称単数のとき

③同じ人・ものをさす代名詞でも，文中の位置によって形が違う。

[例]「あなた」の場合

You are tall. 〔あなたは背が高いです。〕

Your mother is an English teacher. 〔あなたのお母さんは英語の先生です。〕

I like you. 〔私はあなたが[を]好きです。〕

[例]「彼」の場合

He is a junior high school student. 〔彼は中学生です。〕

His name is Kenta. 〔彼の名前は健太です。〕

I know him. 〔私は彼を知っています。〕

> 代名詞(人称代名詞)は，英語ではとても大切な役割をするものだよ。しっかり覚えよう。

ナルホド！

1 日本語に合うように，（　）内から適切な語を選び，記号を〇で囲みなさい。

▲ミスに注意

1(1)の主語は3人称単数で，(2)の主語は複数だね。一般動詞にsやesをつけるのは，主語が3人称単数のときだけだよ。

□(1) 私の父は毎朝コーヒーを作ります。

My father (ア make　イ makes) coffee every morning.

□(2) ジュンタと私は中国語を話します。

Junta and I (ア speak　イ speaks) Chinese.

□(3) 彼らは上手にテニスをします。

They (ア plays　イ play) tennis well.

□(4) ユナはコンピューターを使いません。

Yuna does not (ア use　イ uses) a computer.

□(5) 彼はタクシーを運転しますか。—はい，します。

(ア Do　イ Does) he drive a taxi?

—Yes, he (ア do　イ does).

2 （　）内の指示にしたがって書きかえた文になるように，＿＿＿に適切な語を書きなさい。

注目!

人称代名詞

2人称代名詞は，文中での役割によって形がかわる。主語は「…は」の形，動詞のあとは「…を」（目的語）の形。

□(1) Ms. Brown draws pictures well.　（下線部を代名詞にかえて）

＿＿＿＿＿＿ draws pictures well.

□(2) I don't know the boy.　（下線部を代名詞にかえて）

I don't know ＿＿＿＿＿.

□(3) My sister and I can run fast.　（下線部を代名詞にかえて）

＿＿＿＿＿＿ can run fast.

□(4) This is my brother's ball.　（下線部を代名詞にかえて）

This is ＿＿＿＿＿ ball.

□(5) He studies English every day.　（下線部を複数形にかえて）

＿＿＿＿＿＿ ＿＿＿＿＿ English every day.

3 日本語に合うように，（　）内の語句を並べかえなさい。

テストによく出る!

副詞の位置

3(2)often「しばしば」のような頻度を表す副詞はふつう一般動詞の前，be動詞のあとに置く。

□(1) サトシは上手に写真をとりますか。

(take / Satoshi / pictures / does) well?

＿＿＿＿＿＿＿＿＿＿＿＿＿＿＿＿ well?

□(2) 彼はしばしば山に登ります。

(a mountain / he / climbs / often).

＿＿＿＿＿＿＿＿＿＿＿＿＿＿＿＿.

□(3) リエは金曜日にテニスを練習しません。

(tennis / not / Rie / does / practice) on Friday.

＿＿＿＿＿＿＿＿＿＿＿＿＿ on Friday.

① ( )に入る適切な語を選び，記号を〇で囲みなさい。

□(1) My sister ( ) fast.

ア am　　イ are　　ウ run　　エ runs

□(2) My brothers ( ) to music every day.

ア listen　　イ listens　　ウ hear　　エ hears

□(3) Yuka does not ( ) breakfast.

ア drink　　イ drinks　　ウ eat　　エ eats

□(4) ( ) Kate like basketball?

ア Is　　イ Do　　ウ Does　　エ Are

主語をよく見て，人称に注意しよう。

② 日本語に合うように，＿＿＿に適切な語を書きなさい。

□(1) タクは毎日テレビを見ます。

Taku ＿＿＿＿＿＿＿＿ TV every day.

□(2) あなたはうどんとそば，どちらを食べますか。

＿＿＿＿＿＿＿＿ do you eat, *udon* ＿＿＿＿＿＿＿＿ *soba*?

□(3) あなたのお母さんは何時に起きますか。

＿＿＿＿＿＿＿＿ time ＿＿＿＿＿＿＿＿ your mother get up?

③ 英文を( )内の指示にしたがって書きかえなさい。

□(1) I have a new bag. （下線部をMy sisterにかえて）

＿＿＿＿＿＿＿＿＿＿＿＿＿＿＿＿＿＿＿＿＿＿＿

□(2) Mark likes rock music. （否定文に）

＿＿＿＿＿＿＿＿＿＿＿＿＿＿＿＿＿＿＿＿＿＿＿

□(3) Mr. Sato swims well. （疑問文にしてYesで答える）

＿＿＿＿＿＿＿＿＿＿＿＿＿＿＿＿＿＿＿＿＿＿＿

＿＿＿＿＿＿＿＿＿＿＿＿＿＿＿＿＿＿＿＿＿＿＿

④ 日本語を英語になおしなさい。

□(1) ルーシー(Lucy)はピアノを演奏します。

＿＿＿＿＿＿＿＿＿＿＿＿＿＿＿＿＿＿＿＿＿＿＿

□(2) ケイタ(Keita)はその先生を知っていますか。

＿＿＿＿＿＿＿＿＿＿＿＿＿＿＿＿＿＿＿＿＿＿＿

ヒント　❷ (3)「何時に」はWhat timeで文を始める。
　　　　❹ (1)楽器名の前にはかならずtheを置く。

5 読む 英文を読んで，あとの問いに答えなさい。

London has many famous places.　My favorite place is this tall clock tower.　①It holds four small bells and one big bell, Big Ben.　The bells play a short melody every hour.　You hear ②it at school every day.

Edinburgh holds many famous festivals in the summer.　One festival has traditional music concerts.　Performers wear kilts and play the bagpipes.

At another festival, you can enjoy new art.　Some street performers do magic tricks.　③Others dress up as statues.　Edinburgh is a great place.

□(1) 下線部①がさすものを具体的に日本語で書きなさい。

（　　　　　　　　　　　　　　　　　　　　　　　　　　　　　　　）

□(2) 下線部②がさすものを文中のひと続きの英語3語で答えなさい。

_____　_____　_____

□(3) 下線部③を日本語にしなさい。

（　　　　　　　　　　　　　　　　　　　　　　　　　　　　　　　）

□(4) 本文の内容に合うものを1つ選び，記号を○で囲みなさい。

　ア　エジンバラでは，春に有名なお祭りが催される。

　イ　あるお祭りでは，演者がキルトを身につけ，バグパイプを演奏する。

　ウ　あるお祭りでは，新しい料理を楽しむことができる。

6 話す 次の文を声に出して読み，問題に答え，答えを声に出して読んでみましょう。 アプリ

Emily :　Does your grandfather grow other fruits?

Sora :　No.　He doesn't grow other fruits.　But he grows rice.

Emily :　Do you help your grandfather?

Sora :　No, I don't.　But I want to grow cherries with him someday.

(注)grandfather　おじいさん　　grow　栽培する　　other　ほかの　　fruit　果物　　but　しかし　　help　手伝う
want to ...　…したい　　cherry　サクランボ　　with ...　…といっしょに　　someday　いつか

□(1) Does Sora help his grandfather?　（heで答える）

　　—

□(2) What does Sora's grandfather grow?

　　—

ヒント　**5** (3)some ..., others ～「…もいれば，～もいる」(4)第2・3段落の内容をよく読む。
　　　6 (2)ソラの最初の発言に注目。

Lesson 4 ～ 文法のまとめ④

63

ぴたトレ
3
確認テスト

Lesson 4 ～
文法のまとめ④

時間 30分　／100点　合格 70点　解答 p.14

教科書 pp.69 ～ 82

❶ 下線部の発音が同じものには〇を，そうでないものには×を書きなさい。　9点

(1) <u>a</u>ge　　　　　　　(2) l<u>ow</u>　　　　　　　(3) f<u>a</u>mily

l<u>a</u>ter　　　　　　　　t<u>al</u>k　　　　　　　　c<u>o</u>llege

❷ 最も強く発音する部分の記号を書きなさい。　9点

(1) mo - bile　　　　　　(2) eve - ning　　　　　　(3) in - stru - ment

　ア　イ　　　　　　　　ア　イ　　　　　　　　ア　イ　ウ

❸ 日本語に合うように，＿＿＿に適切な語を解答欄に書きなさい。　16点

(1) その男の子は新しい帽子がほしいです。

The boy ＿＿＿＿＿ a new cap.

差がつく (2) ユミは美術部に所属しています。

Yumi ＿＿＿＿＿ ＿＿＿＿＿ the art club.

(3) 私の兄はときどき図書館に行きます。

My brother sometimes ＿＿＿＿＿ ＿＿＿＿＿ the library.

(4) 彼女はネコを1匹も飼っていません。

She ＿＿＿＿＿ ＿＿＿＿＿ any cats.

❹ 日本語に合うように，（　）内の語句を並べかえなさい。　15点

(1) ケイトは上手に歌を歌います。

(a song / Kate / well / sings).

(2) あなたは何時に家を出ますか。

(leave / you / time / home / do / what)?

(3) ケンは朝に宿題をしますか。

(Ken / his homework / do / does) in the morning?

❺ 読む📖 対話文を読んで，あとの問いに答えなさい。　27点

Ryo : Hi, Mark. Do you have any brothers?

Mark : No, I don't. I have a sister. Her name is Jane.

Ryo : Does she live in Japan?

Mark : (　①　) She lives in Australia.

Ryo : Is she a student?

Mark : Yes, she is. She is a college student and ②(study) music.

Ryo : What does she play?

Mark : She plays the violin very well. (　③　) Do you have any brothers or sisters?

成績評価の観点　知…言語や文化についての知識・技能　表…外国語表現の能力

Ryo : Yes, I do. I have two brothers. They are good at baseball. I often play it
with them.

Mark : That's great.

(1) （ ① ）に入る適切な文を英語3語で書きなさい。

(2) 下線部②の（　）内の語を適切な形にしなさい。

(3) （ ③ ）に入る適切な文を1つ選び，記号を書きなさい。

ア Who is she?　　　イ What is that?

ウ How about you?　　エ Do you play the violin?

(4) 本文の内容に合わないものを1つ選び，記号を書きなさい。

ア ジェーンはマークの姉である。

イ ジェーンはバイオリンを演奏するのがとても上手である。

ウ リョウには兄が1人いて，よくいっしょに野球をする。

❻ 書く✐ **次のようなとき英語で何と言うか，（　）内の語数で書きなさい。** 表　24点

(1) サキ(Saki)はフランス語を話すと伝えたいとき。（3語）

(2) 自分の母親は英語を教えていると伝えたいとき。（4語）

(3) ケンジ(Kenji)はどんなスポーツが好きかたずねたいとき。（5語）

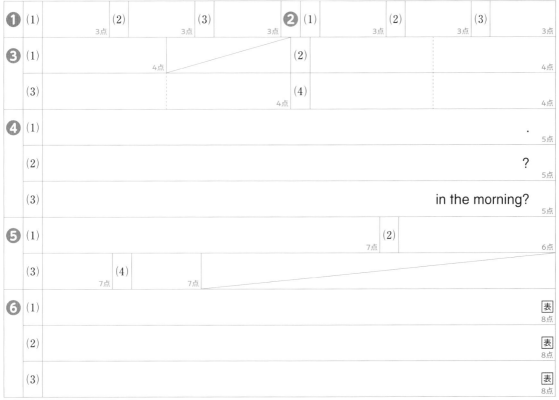

▶ 表 の印がない問題は全て 知 の観点です。

Lesson 5
School Life in the U.S.A. (GET Part 1)

教科書の重要ポイント	現在進行形の肯定文	教科書 pp.84 〜 85

Tom is studying math now. 〔トムは今, 数学を勉強しています。〕

現在進行形は, 現在動作をしている最中だと言うときに使う。〈be動詞(am, is, are)＋動詞の-ing形〉で表す。

「〜は(今)…しています。」＝〈主語＋be動詞(am, is, are)＋動詞の-ing形 ....〉

Tom | studies | math every day. 〔トムは毎日, 数学を勉強します。〕

肯定文 Tom | is studying | math now. 〔トムは今, 数学を勉強しています。〕
└→ingをつける

動詞の-ing形の作り方	例
ingをつける	play → playing watch → watching read → reading study → studying
最後のeをとってingをつける	make → making use → using dance → dancing write → writing
最後の子音字を重ねてingをつける	run → running swim → swimming cut → cutting get → getting

yをiにかえてingをつけるルールはないから気をつけてね。

【注意】状態を表す動詞は, 進行形にすることができない。

○ I know your father. 〔私はあなたのお父さんを知っています。〕

× I am knowing your father.

《状態を表す動詞》

like(…が好きである) have(持っている)

know(知っている) want((…が)ほしい)

belong to ...(…に所属している)など

ナルホド!

| Words & Phrases | 次の英語は日本語に, 日本語は英語にしなさい。 |

☐(1) own （   ）

☐(2) different （   ）

☐(3) sleep （   ）

☐(4) schedule （   ）

☐(5) flute （   ）

☐(6) 女の子, 少女 _____

☐(7) 生活, 暮らし _____

☐(8) 選ぶ, 選択する _____

☐(9) 授業 _____

☐(10) 持っている, 運ぶ _____

1 日本語に合うように，（　）内から適切な語句を選び，記号を○で囲みなさい。

⚠️ミスに注意

1(4)have「飼っている」やknow「知っている」，want「(…が)ほしい」のような状態を表す動詞は進行形にできないので注意しよう。

(1) 彼は今，テレビを見ています。

He（ ア is watching　イ watches ）TV now.

(2) 私たちは今，サッカーをしています。

We（ ア play　イ are playing ）soccer now.

(3) 私は今，本を読んでいます。

I（ ア am reading　イ read ）a book now.

(4) 私は2匹のイヌを飼っています。

I（ ア am having　イ have ）two dogs.

2 例にならい，絵に合うように「…は今，～しています」という英文を完成させなさい。

注目!

be動詞の使い分け

2be動詞は主語によって使い分ける。

I → am

you，複数 → are

3人称単数 → is

例	(1)	(2)
I / eat	Ayako / dance	they / swim

例 **I am eating lunch now.**

(1) Ayako _____ _____ now.

(2) _____ _____ _____ now.

3 日本語に合うように，（　）内の語句を並べかえなさい。

テストによく出る!

runの-ing形

3(3)runの-ing形はnを重ねてrunningと表す。

(1) 私は今，手紙を書いています。

(a letter / am / I / writing) now.

_____ now.

(2) 私の兄は今，お風呂に入っています。

(a bath / my brother / taking / is) now.

_____ now.

(3) 私たちは今，公園で走っています。

(are / in the park / running / we) now.

_____ now.

(4) エリは今，夕食を作っています。

(making / is / dinner / Eri) now.

_____ now.

Lesson 5
School Life in the U.S.A. (GET Part 2)

教科書の重要ポイント | **現在進行形の疑問文** | 教科書 pp.86 ~ 87

<u>Is</u> Tom <u>studying</u> math now? 〔トムは今，数学を勉強していますか。〕

—**Yes, he <u>is</u>. / No, he <u>is not</u>.** 〔はい，しています。／いいえ，していません。〕

「…は(今)〜していますか。」は〈be動詞(am, is, are)＋主語＋動詞の-ing形 ...?〉で表す。答えの文でもbe動詞を使う。

| 肯定文 | Tom | is | studying math now. 〔トムは今，数学を勉強しています。〕 |

| 疑問文 | Is | Tom | studying math now? 〔トムは今，数学を勉強していますか。〕
→文の最初にbe動詞を置く

| 応答文 | —Yes, he is. / No, he is not. 〔はい，しています。／いいえ，していません。〕
→短縮形はisn't

| whatを使った疑問文 | What | is Tom doing now? 〔トムは今，何をしていますか。〕
→疑問文の語順

| 応答文 | —He is studying math now. 〔彼は今，数学を勉強しています。〕
→具体的にしていることを答える

> 疑問文のとき，動詞は-ing形のままだよ。原形にしないので注意しよう。

ナルホド!

Words & Phrases 次の英語は日本語に，日本語は英語にしなさい。

☐(1) Mexico （ 　　　　　　　 ）　　☐(6) 買う ＿＿＿＿＿＿＿＿＿

☐(2) poster （ 　　　　　　　 ）　　☐(7) (物を)持ってくる ＿＿＿＿＿＿＿＿＿

☐(3) taco （ 　　　　　　　 ）　　☐(8) ラジオ ＿＿＿＿＿＿＿＿＿

☐(4) look at … （ 　　　　　　　 ）　　☐(9) カフェテリア ＿＿＿＿＿＿＿＿＿

☐(5) talk with … （ 　　　　　　　 ）　　☐(10) …を聞く ＿＿＿＿＿＿＿＿＿

1 日本語に合うように，（　）内から適切な語を選び，記号を
〇で囲みなさい。

⚠ミスに注意

1(3)「知っている」は状態を表す動詞だから，-ing形にはできないよ。

☐(1) あなたは今，宿題をしていますか。―はい，しています。

（ ア Do　イ Are) you doing your homework now?

―Yes, I (ア do　イ am).

☐(2) アキトは今，ギターを演奏していますか。

―いいえ，演奏していません。

Is Akito (ア play　イ playing) the guitar now?

―No, he (ア isn't　イ doesn't).

☐(3) あなたは加藤先生を知っていますか。―はい，知っています。

（ ア Do　イ Are) you (ア know　イ knowing) Ms. Kato?

―Yes, I (ア am　イ do).

2 例にならい，絵に合うように「…は今，〜していますか」という英文を完成させなさい。

テストによく出る！

useの-ing形

2(2)useの-ing形は最後のeをとってusingと表す。

例	(1)	(2)
Ken / read	you / listen	Yuri / use

例 **Is Ken reading a book? ―Yes, he is.**

☐(1) ＿＿＿＿＿＿ you ＿＿＿＿＿＿ to the radio?

―Yes, I am.

☐(2) ＿＿＿＿＿＿ ＿＿＿＿＿＿ ＿＿＿＿＿＿ a computer?

―Yes, she is.

3 日本語に合うように，（　）内の語句や符号を並べかえなさい。

注目！

whatで始まる現在進行形の疑問文

3(3)「何」とたずねるwhatで文を始めて，疑問文の形〈be動詞＋主語＋動詞の-ing形…?〉を続ける。

☐(1) あなたのお母さんは今，料理していますか。

(your mother / cooking / is) now?

＿＿＿＿＿＿＿＿＿＿＿＿＿＿＿＿＿ now?

☐(2) ((1)の答え)いいえ，していません。

(is / no / not / she / ,).

＿＿＿＿＿＿＿＿＿＿＿＿＿＿＿＿＿ .

☐(3) あなたは今，何をしていますか。

(you / are / what / doing) now?

＿＿＿＿＿＿＿＿＿＿＿＿＿＿＿＿＿ now?

Lesson 5

ぴたトレ
1
要点チェック

Lesson 5
School Life in the U.S.A. (USE Read)

時間 **15分**　解答 p.15

〈新出語・熟語 別冊p.11〉

教科書の重要ポイント	現在進行形	教科書 pp.88〜89

現在進行形は「〜は(今)…しています。」＝〈主語＋<u>be動詞(am, is, are)</u>＋<u>動詞の-ing形</u> ....〉で表す。

【現在形と現在進行形の違い】

《現在形》

Tom studies math every day.

現在の習慣など，日常的に行っていること

《現在進行形》

Tom is studying math now.

現在行っている最中の動作

ナルホド!

Words & Phrases 次の英語は日本語に，日本語は英語にしなさい。

☐(1) volunteer （　　　　　　） ☐(5) 子どもたち ＿＿＿＿＿＿＿

☐(2) work （　　　　　　） ☐(6) 投げる ＿＿＿＿＿＿＿

☐(3) lovely （　　　　　　） ☐(7) チーム ＿＿＿＿＿＿＿

☐(4) after school （　　　　　） ☐(8) 次の，今度の ＿＿＿＿＿＿＿

1 日本語に合うように，（ ）内から適切な語句を選び，記号を〇で囲みなさい。

☐(1) 私は今，テニスをしています。

I (ア play　イ am playing) tennis now.

☐(2) 私は毎日，テニスをしています。

I (ア play　イ am playing) tennis every day.

2 日本語に合うように，＿＿＿に適切な語を書きなさい。

☐(1) 私の姉は毎朝公園で走っています。

My sister ＿＿＿＿＿＿ in the park every morning.

☐(2) 私の姉は今，公園で走っています。

My sister ＿＿＿＿＿ ＿＿＿＿＿ in the park now.

⚠ミスに注意

1 2 「(いつも)…している」と習慣を表すときは現在形，「(今)…している」と今している最中の動作を表すときは現在進行形を使おう。

Lesson 5
学校生活や行事を紹介するメールを書こう(USE Write)

教科書の重要ポイント	学校生活や行事を紹介しよう	教科書 pp.90～91

▼ 学校生活や行事について，写真などを使って紹介するメールを書こう。

①冒頭(Opening)

《紹介すること》 This is a picture of .... 〔これは…の写真です。〕

②主文(Body)

《くわしい説明》 〈主語＋be動詞＋動詞の-ing形 ....〉〔～は…しています。〕
　　　　　　　　└写真に写っている人物がしていることを説明しよう

　　　　　　　　〈主語＋be動詞＋....〉〔～は…です。〕

　　　　　　　　〈主語＋一般動詞＋....〉〔～は…します。〕
　　　　　　　　└学校生活や行事について説明しよう

③結び(Closing)

《感想など》 I like ... very much. 〔私は…がとても好きです。〕
　　　　　　 I enjoy .... 〔私は…を楽しみます。〕

> 学校生活や行事について何を紹介したいか考えてみよう。

ナルホド!

Words & Phrases 次の英語は日本語に，日本語は英語にしなさい。

☐(1) thing （　　　　　　　　　）　　☐(3) カレー料理 _____

☐(2) same （　　　　　　　　　）　　☐(4) だれでも，みんな _____

1 日本語に合うように，（　）内から適切な語を選び，記号を○で囲みなさい。

☐(1) これは私たちのそうじの時間の写真です。

This is a picture (ア of　イ for) our cleaning time.

☐(2) 私たちの学校には制服があります。

Our school (ア wears　イ has) a school uniform.

> ⚠ミスに注意
>
> **1**(2)「私たちの学校には制服がある」→「私たちの学校は制服を持っている」と考えよう。

2 日本語に合うように，____ に適切な語を書きなさい。

☐(1) 数人の生徒がサッカーを練習しています。

Some students _____ _____ soccer.

☐(2) みなさん，歌を歌いましょう。

_____, let's _____ a song.

☐(3) 私は理科の授業がとても好きです。

I like science class _____ _____.

ぴたトレ **1**

要点チェック

Take Action! Listen 3
Take Action! Talk 3

時間 **15分**

解答 p.16

〈新出語・熟語 別冊p.11〉

教科書の重要ポイント 提案する表現や，好みを伝える表現 教科書 pp.92 〜 93

▼ 提案する表現

・**How about this blue T-shirt?** 〔この青いTシャツはいかがですか。〕
　　└→「…はどうですか。」

・**I suggest that small one.** 〔私はあの小さいものを提案します。〕
　　　　　　└→前に出た名詞と同じ種類のものの1つをさす

買い物をするときなどに使える表現だね！

▼ 好みを伝える表現

・**I don't like the color.** 〔私はその色が好きではありません。〕
　　└→「…が好きではありません。」

・**It's too small.** 〔それはあまりに小さいです。〕
　　└→「それはあまりに…です。」

Words & Phrases 次の英語は日本語に，日本語は英語にしなさい。

☐(1) then （　　　　　　　　　）　　☐(4) 力 _____

☐(2) problem （　　　　　　　　）　　☐(5) いっしょに _____

☐(3) suggest （　　　　　　　　）　　☐(6) 手伝う，助ける _____

1 日本語に合うように，（　）内から適切な語を選び，記号を〇で囲みなさい。

☐(1) いらっしゃいませ。

　（ア May　イ Do）I help you?

☐(2) 私は赤い帽子をさがしています。

　I'm looking（ア at　イ for）a red cap.

2 日本語に合うように，____に適切な語を書きなさい。

☐(1) このかばんはいかがですか。

　_____ _____ this bag?

☐(2) それはあまりに大きいです。

　_____ _____ big.

☐(3) 彼らはいっしょに多くの問題を解決します。

　They _____ many problems _____.

注目！

May I help you?
への返答

1(1)店員にMay I help you?と言われて，相談したいときはYes, please.「はい，お願いします。」などと答える。

GET Plus 4
Word Bank

教科書の重要ポイント 「だれの…ですか。」とたずねる文 教科書 pp.94〜95

<u>Whose</u> **key is this?** 〔これはだれの鍵ですか。〕

—It's Riku's. 〔陸のものです。〕

「だれの…ですか。」と持ち主をたずねるときは〈Whose＋名詞＋be動詞＋主語?〉で表す。

| Whoseで始まる疑問文 | Whose | key is this? 〔これはだれの鍵ですか。〕 |

名詞 ↳疑問文の語順

| 応答文 | —It's Riku's. 〔陸のものです。〕 |

↳「…のもの」を表す語。

Whoseは「だれの」と持ち主をたずねるときに使うよ。

「…のもの」を表すことば（所有代名詞）			
私のもの	mine	私たちのもの	ours
あなたのもの	yours	あなたたちのもの	yours
彼のもの	his	彼ら[彼女ら / それら]のもの	theirs
彼女のもの	hers		

※「（人名など）のもの」は〈...'s〉で表す。

例「ケンのもの」Ken's，「私の弟のもの」my brother's

ナルホド!

Words & Phrases 次の英語は日本語に，日本語は英語にしなさい。

☐(1) mine （　　　　　　　） ☐(4) 私たちのもの _____

☐(2) workbook （　　　　　　　） ☐(5) びん _____

☐(3) textbook （　　　　　　　） ☐(6) 辞書，辞典 _____

1 日本語に合うように，（　）内から適切な語句を選び，記号を〇で囲みなさい。

☐(1) あれはだれのかさですか。―彼女のものです。

（ ア Whose umbrella　イ What umbrella ）is that?

—It's（ ア her　イ hers ）.

⚠️ミスに注意

2(1)「（名詞）のもの」は名詞に's をつけるよ。アポストロフィ(')を忘れないようにしよう。

2 日本語に合うように，＿＿に適切な語を書きなさい。

☐(1) これはだれの本ですか。―私の母のものです。

_____ _____ is this?

—It's my _____.

ぴたトレ
1
要点チェック

文法のまとめ⑤

時間 **15**分

解答 p.16

〈新出語・熟語 別冊p.11〉

教科書の重要ポイント	現在進行形・いろいろな疑問文②	教科書 p.96

①現在, 動作をしている最中だと言うときは, 現在進行形〈be動詞(am, is, are)＋動詞の-ing形〉で表す。

[肯定文] Tom is studying math now. 〔トムは今, 数学を勉強しています。〕
└→ingをつける

[疑問文] [Is] Tom studying math now? 〔トムは今, 数学を勉強していますか。〕
└→文の最初にbe動詞を置く

[応答文] —Yes, he is. / No, he is not. 〔はい, しています。／いいえ, していません。〕
└→短縮形はisn't

[否定文] Tom is [not] studying math now. 〔トムは今, 数学を勉強していません。〕
└→be動詞の後ろにnotを置く

[whatを使った疑問文] [What] is Tom doing now? 〔トムは今, 何をしていますか。〕
└→疑問文の語順

[応答文] —He is studying math now. 〔彼は今, 数学を勉強しています。〕
└→具体的にしていることを答える

②いろいろな疑問文②

> 今までに習った疑問文の作り方を復習しよう。

[be動詞の疑問文]

Are you a teacher? 〔あなたは先生ですか。〕 —Yes, I am. 〔はい, そうです。〕

Is this your pencil? 〔これはあなたの鉛筆ですか。〕 —No, it isn't. 〔いいえ, 違います。〕
＝is not

[canの疑問文]

Can you swim? 〔あなたは泳げますか。〕 —No, I cannot. 〔いいえ, 泳げません。〕
└→主語が何であってもCanを使う └→cannotで1語。短縮形はcan't

[一般動詞の疑問文]

Do you like music? 〔あなたは音楽が好きですか。〕 —Yes, I do. 〔はい, 好きです。〕

Does she like music? 〔彼女は音楽が好きですか。〕
└→主語が3人称単数

—No, she doesn't. 〔いいえ, 好きではありません。〕
＝does not

[現在進行形の疑問文]

Are you playing tennis? 〔あなたはテニスをしていますか。〕

—Yes, I am. 〔はい, しています。〕

Is your brother reading a book? 〔あなたのお兄さんは本を読んでいますか。〕

—No, he isn't. 〔いいえ, 読んでいません。〕
＝is not

ナルホド!

1 日本語に合うように，（　）内から適切な語句を選び，記号を〇で囲みなさい。

⚠ミスに注意

1(3)(4)現在進行形は be動詞，現在形は do[does]を使うよ。

□(1) サチは今，クッキーを焼いています。

Sachi（ ア bakes　イ is baking ）cookies now.

□(2) 私は今，テレビを見ていません。

I'm not（ ア watch　イ watching ）TV now.

□(3) 彼女たちは今，夕食を食べていますか。—はい，食べています。

（ ア Are　イ Do ）they eating dinner now?

—Yes, they（ ア do　イ are ）.

□(4) 彼はテニスをしますか。—いいえ，しません。

（ ア Does　イ Is ）he（ ア playing　イ play ）tennis?

—No, he（ ア isn't　イ doesn't ）.

2（　）内の指示にしたがって書きかえた文になるように，＿＿＿に適切な語を書きなさい。

テストによく出る!

いろいろな疑問文

2 be動詞の文・一般動詞の文・can の文それぞれの疑問文の作り方をしっかり復習しておくこと。

□(1) This is Yuka's dictionary.　（疑問文にしてYesで答える）

＿＿＿＿＿＿　＿＿＿＿＿＿ Yuka's dictionary?

—Yes, it ＿＿＿＿＿＿ .

□(2) Ken and Taku practice soccer every day.

（疑問文にしてNoで答える）

＿＿＿＿＿＿ Ken and Taku ＿＿＿＿＿＿ soccer every day?

—No, they ＿＿＿＿＿＿ .

□(3) The dog can jump high.　（疑問文にしてNoで答える）

＿＿＿＿＿＿ the dog ＿＿＿＿＿＿ high?

—No, it ＿＿＿＿＿＿ .

3 日本語に合うように，（　）内の語句を並べかえなさい。

注目!

習慣を表す現在形

3(2)「教えていますか」という日本文だが，日常的に行っていることなので，現在進行形ではなく現在形で表す。

□(1) あなたは今，このコンピューターを使っていますか。

(you / this computer / are / using) now?

＿＿＿＿＿＿＿＿＿＿＿＿ now?

□(2) 佐藤先生は理科を教えていますか。

(teach / Ms. Sato / does) science?

＿＿＿＿＿＿＿＿＿＿＿＿ science?

□(3) あなたは英語で手紙を書くことができますか。

(a letter / you / can / write) in English?

＿＿＿＿＿＿＿＿＿＿＿＿ in English?

文法のまとめ⑤

Lesson 5 ～ 文法のまとめ⑤

① （　）に入る適切な語句を選び，記号を〇で囲みなさい。

☐(1) I (　　　) your brother well.

　　ア know　　イ knows　　ウ am knowing　　エ knowing

☐(2) He is (　　　) his teeth.

　　ア brush　　イ brushing　　ウ cleans　　エ clean

☐(3) Ken and I (　　) talking on the phone.

　　ア am　　イ are　　ウ is　　エ am not

☐(4) What (　　) your sister eating now?

　　ア do　　イ does　　ウ is　　エ are

> 進行形にできない動詞に注意しよう。

② 日本語に合うように，＿＿に適切な語を書きなさい。

☐(1) 私は赤いかさをさがしています。

　　I'm ＿＿＿＿＿＿ ＿＿＿＿＿＿ a red umbrella.

☐(2) ケイタは今，顔を洗っています。

　　Keita ＿＿＿＿＿＿ ＿＿＿＿＿＿ his face now.

☐(3) これはだれの教科書ですか。—それは私のものです。

　　＿＿＿＿＿＿ textbook is this? —It's ＿＿＿＿＿＿.

③ 英文を（　）内の指示にしたがって書きかえなさい。

☐(1) My sister watches TV <u>every day</u>. （下線部をnowにかえて現在進行形の文に）

＿＿＿＿＿＿＿＿＿＿＿＿＿＿＿＿＿＿＿＿＿＿＿＿＿＿＿＿＿＿

☐(2) He doesn't take a picture. （「…していません」という現在進行形の否定文に）

＿＿＿＿＿＿＿＿＿＿＿＿＿＿＿＿＿＿＿＿＿＿＿＿＿＿＿＿＿＿

☐(3) Kate and her mother are <u>making lunch</u> now. （下線部をたずねる疑問文に）

＿＿＿＿＿＿＿＿＿＿＿＿＿＿＿＿＿＿＿＿＿＿＿＿＿＿＿＿＿＿

④ 日本語を英語になおしなさい。

☐(1) このかばんはあなたのものですか。

＿＿＿＿＿＿＿＿＿＿＿＿＿＿＿＿＿＿＿＿＿＿＿＿＿＿＿＿＿＿

☐(2) 彼女は今，眠っていますか。—はい，眠っています。

＿＿＿＿＿＿＿＿＿＿＿＿＿＿＿＿＿＿＿＿＿＿＿＿＿＿＿＿＿＿

—＿＿＿＿＿＿＿＿＿＿＿＿＿＿＿＿＿＿＿＿＿＿＿＿＿＿＿＿＿

ヒント　②(3)「だれの…」は〈Whose＋名詞〉で文を始める。
　　　　④(1)「あなたのもの」はyoursで表す。

5 読む📖 **英文を読んで，あとの問いに答えなさい。**

Dear friends,

　　Here are pictures of my friend and me.　We do many things after school.

　　I am in the first picture.　I am working as a volunteer.　I am reading a book with a child.　①She is lovely.

　　My friend, Kevin, is in the next two pictures.　In one picture, he is throwing a football.　In the other picture, he is ②(run) a sprint.　He is on the football team in the fall.　In the spring, he is on the track and field team.　He likes sports.

　　What do you do after school in Japan?　Please send an e-mail to me.

Your friend,

Lisa

□(1) 下線部①がさすものを文中のひと続きの英語2語で答えなさい。

　　　　　　　　　　　　　　　　　　　　　　　　　　_____　_____

□(2) 下線部②の（　）内の語を適切な形にしなさい。　　　　　　　　　　　　_____

□(3) 本文の内容に合うように，次の問いに英語で答えなさい。

　　What does Kevin like?

　　_____

6 話す🗨 **次の文を声に出して読み，問題に答え，答えを声に出して読んでみましょう。**

Chen :　Look at this picture.　This is an event in France.

Aoi :　What are they doing?

Chen :　They're posing in costumes.

Aoi :　Wow!　This woman is wearing a costume from "Sailor Moon."　These men are wearing costumes from "Naruto."

Chen :　Anime and manga are popular around the world.

（注）event　行事　　France　フランス　　pose　ポーズをとる　　(in) costume(s)　衣装（を着て）
　　　"Sailor Moon"「セーラームーン」　　men　man「男性」の複数形　　"Naruto"「ナルト」
　　　manga　漫画　　around 〜　〜じゅうで

□(1) What is the woman wearing?

　　— _____

□(2) Are anime and manga popular around the world?

　　— _____

ヒント　**5** (2)前にbe動詞がある点に注目。　**6** (1)アオイの2番目の発言に注目。

ぴたトレ
3
確認テスト

Lesson 5 〜
文法のまとめ⑤

時間 30分 ／100点 ／ 合格 70点 ／ 解答 p.17

教科書 pp.83 〜 96

❶ 下線部の発音が同じものには〇を，そうでないものには×を書きなさい。 9点

(1) li<u>f</u>e

ch<u>i</u>ld

(2) ch<u>oo</u>se

fl<u>u</u>te

(3) r<u>a</u>dio

<u>a</u>fter

❷ 最も強く発音する部分の記号を書きなさい。 9点

(1) sched - ule

　ア 　イ

(2) Mex - i - co

　ア 　イ 　ウ

(3) vol - un - teer

　ア 　イ 　ウ

❸ 日本語に合うように，＿＿に適切な語を解答欄に書きなさい。 16点

(1) 私は今，ピアノを練習しています。

＿＿＿＿ ＿＿＿＿ the piano now.

(2) タカオは今，音楽を聞いていません。

Takao ＿＿＿＿ ＿＿＿＿ to music now.

(3) 数人の男の子が泳いでいます。

Some boys ＿＿＿＿ ＿＿＿＿.

(4) ユカは今，田中先生を手伝っていますか。―はい，手伝っています。

＿＿＿＿ Yuka ＿＿＿＿ Mr. Tanaka now? ―Yes, she ＿＿＿＿.

❹ ＿＿に適切な語を入れて，対話文を完成させなさい。 15点

(1) *A :* Are you and your father climbing a mountain now?

　　B : Yes, ＿＿＿＿ ＿＿＿＿.

(2) *A :* ＿＿＿＿ ＿＿＿＿ help you?

　　B : Yes, please. I'm looking for a bag.

(3) *A :* ＿＿＿＿ pencil case is this? Is it ＿＿＿＿?

　　B : Yes, it is mine. Thank you.

❺ 読む 対話文を読んで，あとの問いに答えなさい。 27点

Aki : Hi, Kate. ①(are / what / doing / you) now?

Kate : I am reading an e-mail from my friend in Australia, Mark. Look at these pictures. In this picture, he is singing a song on the stage. He sings very well.

Aki : In that picture, he is talking with many children.

Kate : He works at a library. He sometimes reads a book to them.

Aki : That's great. (②) is this girl in this picture?

Kate : She is Mark's sister. She and I are the same age. We are good friends.

成績評価の観点　知 …言語や文化についての知識・技能　表 …外国語表現の能力

Aki :　I see.

Kate :　Aki, look at this picture. I will send this picture to him.

Aki :　Oh, I am in the picture.

Kate :　Yes. In this picture, we are dancing to music at the summer festival. I will
　　　　write an e-mail about the summer festival.

(注)stage　ステージ，舞台　　will ...　…するつもりである

(1) 下線部①が意味の通る英文となるように，（　）内の語を並べかえなさい。

(2) （　②　）に入る適切な語を1つ選び，記号を書きなさい。

　　ア What　　イ Which　　ウ Whose　　エ Who

(3) ケイトはどんな写真を送ろうとしていますか。日本語で答えなさい。

(4) 本文の内容に<u>合わないもの</u>を1つ選び，記号を書きなさい。

　　ア マークは歌がとてもうまい。

　　イ マークは幼稚園で働いている。

　　ウ マークの妹とケイトは同い年である。

❻ 書く✐ 次のようなとき英語で何と言うか書きなさい。 表　　　　　　24点

(1) 自分は今，体育館でバスケットボールをしていると伝えたいとき。

(2) このギターは兄のものだと伝えたいとき。

(3) マーク(Mark)が今，コンピューターを使っているかたずねたいとき。

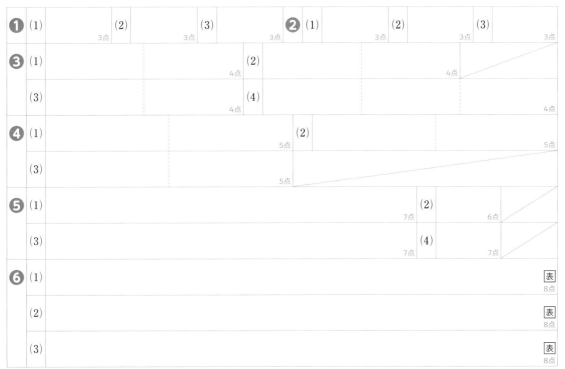

▶ 表 の印がない問題は全て 知 の観点です。

Lesson 5 〜 文法のまとめ⑤

Lesson 6
Discover Japan (GET Part 1)

| 教科書の重要ポイント | 一般動詞の過去形の肯定文 | 教科書 pp.98～99 |

Amy <u>enjoyed</u> **karaoke last Sunday.** 〔エイミーはこの前の日曜日にカラオケを楽しみました。〕

Amy <u>went</u> **to Hiroshima last year.** 〔エイミーは昨年，広島へ行きました。〕

過去の動作や状態を言うときは，動詞の「過去形」を使う。一般動詞には，規則動詞と不規則動詞がある。

「～は…しました。」＝〈主語＋一般動詞の過去形 ....〉

Amy enjoys karaoke every Sunday. 〔エイミーは毎週日曜日にカラオケを楽しみます。〕
　　　規則動詞

過去形 Amy enjoyed karaoke last Sunday. 〔エイミーはこの前の日曜日にカラオケを楽しみました。〕
　　　　　　enjoyはenjoyedに

規則動詞の過去形の作り方	例
dをつける	use→ used　live→ lived　like→liked
edをつける	play→played　watch→watched　cook→cooked
yをiにかえてedをつける	study→studied　carry→carried　try→tried
子音字を重ねてedをつける	stop→stopped

Amy goes to Hiroshima every year. 〔エイミーは毎年，広島へ行きます。〕
　　　不規則動詞

過去形 Amy went to Hiroshima last year. 〔エイミーは昨年，広島へ行きました。〕
　　　　　goはwentに

不規則動詞の過去形の例			
原形	過去形	原形	過去形
go	went	see	saw
eat	ate	have	had
buy	bought		

不規則動詞の過去形は原形とセットで覚えよう。

ナルホド！

| Words & Phrases | 次の英語は日本語に，日本語は英語にしなさい。

☐(1) wallet　（　　　　　　　　）

☐(2) picnic　（　　　　　　　　）

☐(3) drop　（　　　　　　　　）

☐(4) discover（　　　　　　　　）

☐(5) history　（　　　　　　　　）

☐(6) (時間的に)この前の　＿＿＿＿＿＿

☐(7) 参加する，加わる　＿＿＿＿＿＿

☐(8) 出来事；行事　＿＿＿＿＿＿

☐(9) 体験，経験　＿＿＿＿＿＿

☐(10) 景色　＿＿＿＿＿＿

1 日本語に合うように，（　）内から適切な語を選び，記号を〇で囲みなさい。

⚠ **ミスに注意**

1 一般動詞の過去形は，主語が何であっても同じ形だよ。

□(1) 私たちは教室をそうじしました。

　　We （ ア clean　イ cleaned) our classroom.

□(2) ブラウン先生はロンドンに住んでいました。

　　Mr. Brown （ ア lived　イ lives) in London.

□(3) 私は図書館でエリに会いました。

　　I （ ア saw　イ see) Eri in the library.

□(4) 私は今朝，サンドウィッチを食べました。

　　I （ ア eat　イ ate) a sandwich this morning.

2 例にならい，絵に合うように「…はこの前の日曜日に～しました」という英文を完成させなさい。

テストによく出る!

規則動詞の過去形の作り方

2(1)studyは規則動詞。過去形はyをiに変えてedをつける。

例 I / visit　(1) Yuki / study　(2) Taku / buy

例 **I visited Kyoto last Sunday.**

□(1) Yuki _____ English last Sunday.

□(2) Taku _____ a cap _____ Sunday.

3 日本語に合うように，（　）内の語句を並べかえなさい。

注目!

場所や時を表す語句

3「公園で」のように場所を表す語句や「今朝」のように時を表す語句は文の最後に置くことが多い。どちらも置くときは，「場所」→「時」の順に並べる。

□(1) 彼女は友達がたくさんいました。

　　(had / many friends / she).

　　_____.

□(2) 彼らは公園でサッカーをしました。

　　(soccer / they / played) in the park.

　　_____ in the park.

□(3) 私は今朝，ラジオを聞きました。

　　I (to / the radio / listened) this morning.

　　I _____ this morning.

□(4) 私は先月，美術館に行きました。

　　(to / I / the museum / went) last month.

　　_____ last month.

Lesson 6

Lesson 6
Discover Japan（GET Part 2）

教科書の
重要ポイント　**一般動詞の過去形の疑問文・否定文**　教科書 pp.100～101

Did Amy enjoy karaoke last Sunday?〔エイミーはこの前の日曜日にカラオケを楽しみましたか。〕

—**Yes, she did. / No, she did not.**〔はい，楽しみました。／いいえ，楽しみませんでした。〕

Amy did not enjoy karaoke last Sunday.
〔エイミーはこの前の日曜日にカラオケを楽しみませんでした。〕

「～は…しましたか。」は〈Did＋主語＋動詞の原形 ...?〉で表す。答えの文でもdidを使う。

肯定文　　　Amy enjoyed karaoke last Sunday.
　　　　　　　↓動詞は原形にする　　　　　〔エイミーはこの前の日曜日にカラオケを楽しみました。〕

疑問文　Did Amy enjoy　karaoke last Sunday?
文の最初にDidを置く　　　　　〔エイミーはこの前の日曜日にカラオケを楽しみましたか。〕

応答文　—Yes, she did. / No, she did not.〔はい，楽しみました。／いいえ，楽しみませんでした。〕
　　　　　　　　　　　　　　↳短縮形はdidn't

否定文　　　Amy did not enjoy karaoke last Sunday.
動詞の前にdid notを置く　↳動詞は原形　〔エイミーはこの前の日曜日にカラオケを楽しみませんでした。〕

whatを使った疑問文　What did Amy do last Sunday?
　　　　　　　　　　↳疑問文の語順　　　〔エイミーはこの前の日曜日に何をしましたか。〕

応答文　　　　　—She enjoyed karaoke.〔彼女はカラオケを楽しみました。〕
　　　　　　　　↳具体的にしたことを答える

ナルホド！

Words & Phrases　次の英語は日本語に，日本語は英語にしなさい。

☐(1) yesterday （　　　　　　　　　）　　☐(9) バス　＿＿＿＿＿＿＿

☐(2) week （　　　　　　　　　）　　☐(10) ブログ　＿＿＿＿＿＿＿

☐(3) sightseeing （　　　　　　　　　）　　☐(11) takeの過去形　＿＿＿＿＿＿＿

☐(4) hang （　　　　　　　　　）　　☐(12) かわいい，きれいな　＿＿＿＿＿＿＿

☐(5) match （　　　　　　　　　）　　☐(13) 勝つ，受賞する　＿＿＿＿＿＿＿

☐(6) scarf （　　　　　　　　　）　　☐(14) （今から）…前に　＿＿＿＿＿＿＿

☐(7) penguin （　　　　　　　　　）　　☐(15) 試合，競技　＿＿＿＿＿＿＿

☐(8) out （　　　　　　　　　）　　☐(16) doの過去形　＿＿＿＿＿＿＿

1 日本語に合うように，（　）内から適切な語句を選び，記号を〇で囲みなさい。

⚠ミスに注意

1 一般動詞の過去形の疑問文や否定文では，主語が何であってもdidを使うよ。あとの動詞はかならず原形にしよう。

☐(1) あなたはきのう宿題をしましたか。―はい，しました。

（ ア Did you　イ Do you) do your homework yesterday?

―(ア Yes, I do　イ Yes, I did).

☐(2) 彼女は今朝，早く起きませんでした。

（ ア She doesn't　イ She didn't) get up early this morning.

☐(3) あなたはきのう何を食べましたか。

―私はきのうピザを食べました。

What (ア do　イ did) you (ア eat　イ ate) yesterday?

―I (ア ate　イ eat) pizza yesterday.

2 例にならい，絵に合うように「…はきのう～しましたか」という英文を完成させなさい。

テストによく出る!

一般動詞の過去形の疑問文

〈Did＋主語＋動詞の原形 …?〉の語順にする。〈Yes, 主語＋did.〉または〈No, 主語＋did not [didn't].〉で答える。

例	(1)	(2)
Ryota / use	Mako / cook	Lucy / go

例 **Did Ryota use a computer yesterday? —Yes, he did.**

☐(1) ＿＿＿＿＿＿＿ Mako ＿＿＿＿＿＿＿ dinner yesterday?

　　—Yes, she did.

☐(2) ＿＿＿＿＿＿ ＿＿＿＿＿＿ ＿＿＿＿＿＿ to the aquarium

　　yesterday? —No, she didn't. She went to the zoo.

3 日本語に合うように，（　）内の語句を並べかえなさい。

注目!

「なんと…！」

3(1)「なんと…！」とおどろきを表すときは，〈What(＋a[an])＋形容詞＋名詞!〉で表す。

例 What a big cake!
「なんと大きいケーキだろう！」

☐(1) なんと美しい絵だろう！

（ beautiful / a / what / picture)!

＿＿＿＿＿＿＿＿＿＿＿＿＿＿＿＿＿＿＿＿＿＿＿！

☐(2) 私は2日前，バスに乗りませんでした。

I (not / take / a bus / did) two days ago.

I ＿＿＿＿＿＿＿＿＿＿＿＿＿＿＿＿ two days ago.

☐(3) あなたは何の教科を勉強しましたか。

（ did / what / study / you / subject)?

＿＿＿＿＿＿＿＿＿＿＿＿＿＿＿＿＿＿＿＿＿？

Lesson 6
Discover Japan (USE Read)

ぴたトレ
1
要点チェック

時間 **15分**　解答 p.19

〈新出語・熟語 別冊p.12〉

教科書の
重要ポイント ｜ **一般動詞の過去形** 　　教科書 pp.102〜103

My friend <u>said</u>, "I <u>visited</u> my grandmother yesterday."

〔私の友達が「私はきのう祖母を訪ねました」と言いました。〕

一般動詞の過去形には，規則動詞と不規則動詞がある。規則動詞の過去形はdまたはedを
つけ，不規則動詞の過去形は不規則に変化する。

　　　　　　　　　　┌→規則動詞visit→<u>visited</u>
My friend <u>said</u>, "I <u>visited</u> my grandmother yesterday."
　　　　└→不規則動詞say→<u>said</u>

〔私の友達が「私はきのう祖母を訪ねました」と言いました。〕

「Aが『…』と言った。」は〈A said, "...."〉で表すよ。
発言内容は" "の中に入れよう。

＼ナルホド！／

Words & Phrases 次の英語は日本語に，日本語は英語にしなさい。

☐(1) all 　　（　　　　　　　）　　☐(4) 死ぬ ＿＿＿＿＿＿＿

☐(2) remember （　　　　　　　）　　☐(5) 待つ ＿＿＿＿＿＿＿

☐(3) pray 　（　　　　　　　）　　☐(6) 平和 ＿＿＿＿＿＿＿

1 日本語に合うように，（　）内から適切な語句を選び，記号
を〇で囲みなさい。

☐(1) たくさんの人々が戦争で死にました。

　　Many people (ア died　イ die) in the war.

☐(2) その映画は私を感動させました。

　　The movie (ア took a trip　イ touched my heart).

☐(3) 私たちは平和のために祈ります。

　　We pray (ア for　イ in) peace.

2 日本語に合うように，＿＿＿に適切な語を書きなさい。

☐(1) 彼は「私は先週，北海道に行きました」と言いました。

　　He ＿＿＿＿＿, "I ＿＿＿＿＿ to Hokkaido last week."

☐(2) 私は彼に初めて会いました。

　　I saw him ＿＿＿＿＿ the ＿＿＿＿＿ time.

⚠ **ミスに注意**

2(1)goは不規則動詞。
過去形はwentで表す
よ。

84

Lesson 6
思い出を絵日記に書こう (USE Write)

教科書の重要ポイント | **思い出など，過去のできごとの書き方** 教科書 pp.104～105

▼ 思い出や過去のできごとの書き方

①規則動詞の過去形を使う。

I visited my cousin's house. 〔私はいとこの家を訪れました。〕
└→規則動詞visit→visited

《規則動詞の例》

visit→visited　play→played　enjoy→enjoyed

like→liked　practice→practiced

study→studied　try→tried

②不規則動詞の過去形を使う。

My father taught math to me. 〔私の父は私に数学を教えてくれました。〕
└→不規則動詞teach→taught

《不規則動詞の例》

say→said　take→took　go→went　see→saw

eat→ate　make→made　have→had

yをiにかえてedをつける動詞を覚えよう。

ナルホド!

Words & Phrases 　次の英語は日本語に，日本語は英語にしなさい。

☐(1) uncle （　　　　　　　　）　　　☐(3) teachの過去形 ＿＿＿＿＿＿＿

☐(2) cousin （　　　　　　　　）　　　☐(4) swimの過去形 ＿＿＿＿＿＿＿

1 日本語に合うように，（　）内から適切な語を選び，記号を〇で囲みなさい。

☐(1) 彼女は音楽会でピアノを演奏しました。

　　She （ ア played　イ plays ） the piano at the concert.

☐(2) 私はきのうスパゲッティを作りました。

　　I （ ア make　イ made ） spaghetti yesterday.

2 日本語に合うように，＿＿＿に適切な語を書きなさい。

☐(1) 私は先週，将棋を試しました。

　　I ＿＿＿＿＿＿＿ shogi last week.

☐(2) 彼らは花火大会をとても楽しみました。

　　They ＿＿＿＿＿＿＿ a fireworks festival very ＿＿＿＿＿＿＿.

⚠ミスに注意

playやenjoyの過去形はそのままedをつける。tryの過去形はyをiにかえてedをつける。makeの過去形は形がかわるよ。

Take Action! Listen 4
Take Action! Talk 4

| 教科書の 重要ポイント | 道順をたずねたり，説明したりする表現 | 教科書 pp.106 ～ 107 |

▼ 道順をたずねる表現

・<u>How can I get to</u> ABC cake shop? 〔ABCケーキ店へはどうやって行けばいいですか。〕
　　　 └→「…へはどうやって行けばいいですか」

・<u>Where's</u> ABC cake shop? 〔ABCケーキ店はどこにありますか。〕
　　 └→「…はどこですか[どこにありますか]」

▼ 道順を説明する表現

・<u>Go straight</u> on this street. 〔この通りをまっすぐ行ってください。〕
　　　 └→「まっすぐ行ってください」

・<u>Turn left[right] at</u> the second corner. 〔2番目の角を左[右]に曲がってください。〕
　　　 └→「…を左[右]に曲がってください」

・<u>It's on your right[left].</u> 〔それはあなたの右側[左側]にあります。〕

Where's は Where is の
短縮形だよ。

ナルホド!

Words & Phrases 次の英語は日本語に，日本語は英語にしなさい。

☐(1) straight　（　　　　　　　　）　　☐(8) カード・トランプの札　＿＿＿＿＿＿＿

☐(2) plate　（　　　　　　　　）　　☐(9) 茶わん，カップ　＿＿＿＿＿＿＿

☐(3) second　（　　　　　　　　）　　☐(10) 向きを変える，曲がる　＿＿＿＿＿＿＿

☐(4) where　（　　　　　　　　）　　☐(11) (曲がり)角，すみ　＿＿＿＿＿＿＿

☐(5) already　（　　　　　　　　）　　☐(12) 右へ；右，右側　＿＿＿＿＿＿＿

☐(6) charge　（　　　　　　　　）　　☐(13) 紙で作った，紙の　＿＿＿＿＿＿＿

☐(7) Excuse me.　（　　　　　　　　）　　☐(14) 左へ，左の方へ　＿＿＿＿＿＿＿

1 日本語に合うように，（　）内から適切な語句を選び，記号を○で囲みなさい。

⚠**ミス に注意**

1(2)「どこに」と場所をたずねるときはWhereで文を始めて，疑問文の語順を続けるよ。

☐(1) あさひ駅へはどうやって行けばいいですか。

（ ア What can I get to　イ How can I get to ）Asahi Station?

☐(2) 郵便局はどこにありますか。

（ ア Where is　イ Which is ）the post office?

☐(3) 2番目の角で右に曲がってください。

（ ア Turn right at　イ Turn right for ）the second corner.

☐(4) それはあなたの左側にあります。

（ ア It's at　イ It's on ）your left.

2 例にならい，絵に合うように「…へはどうやって行けばいいですか」という英文と道順を説明する英文を完成させなさい。

テストによく出る!

道順をたずねる表現

2 How can I get to …? は直訳すると「どのように…へ着くことができますか。」という意味。How can I go to …? ではなく，get toを使うのがふつう。

例	(1)	(2)
Library	ZOO	
● the library	● the zoo	● the park

例 **How can I get to the library?　—Turn left at the first corner.**

☐(1) ＿＿＿＿＿＿ can I get to the zoo?

—Turn ＿＿＿＿＿＿ at the third corner.

☐(2) ＿＿＿＿＿＿ can I get to the park?

—Turn ＿＿＿＿＿＿ at the ＿＿＿＿＿＿ corner.

3 日本語に合うように，（　）内の語句を並べかえなさい。

注目!

道案内のときの命令文

3(1)ていねいな命令文ではpleaseを文頭や文末につけるが，道案内のときはpleaseをつけない。

☐(1) この通りをまっすぐ行ってください。

(straight / on this street / go).

＿＿＿＿＿＿＿＿＿＿＿＿＿＿＿＿.

☐(2) 郵便局はあなたの右側にあります。

(the post office / your right / on / is).

＿＿＿＿＿＿＿＿＿＿＿＿＿＿＿＿.

☐(3) 鈴木先生はこのチームを受け持っています。

(in charge of / Mr. Suzuki / this team / is).

＿＿＿＿＿＿＿＿＿＿＿＿＿＿＿＿.

Take Action! Listen 4 / Talk 4

文法のまとめ⑥

教科書の重要ポイント　一般動詞の過去形・いろいろな疑問文③　教科書 p.108

①過去の動作や状態を言うときは，過去形を使う。

肯定文 Amy <u>enjoyed</u> karaoke last Sunday. 〔エイミーはこの前の日曜日にカラオケを楽しみました。〕
　　　　└規則動詞enjoy→enjoyed

Amy <u>went</u> to Hiroshima last year. 〔エイミーは昨年，広島へ行きました。〕
└不規則動詞go→went

疑問文 Did Amy <u>enjoy</u> karaoke last Sunday?
文の最初にDidを置く　　└動詞は原形　　　　　〔エイミーはこの前の日曜日にカラオケを楽しみましたか。〕

応答文 —Yes, she did. / No, she <u>did</u> not. 〔はい，楽しみました。／いいえ，楽しみませんでした。〕
　　　　　　　　　　　　　　└短縮形はdidn't

否定文 Amy did not enjoy karaoke last Sunday.
動詞の前にdid notを置く　　└動詞は原形　　　　〔エイミーはこの前の日曜日にカラオケを楽しみませんでした。〕

②いろいろな疑問文③

whatなどのあとは疑問文の語順になるよ。YesやNoではなく具体的に答えよう。

whoの疑問文　「だれ」とたずねる文

Who <u>is that boy?</u> 〔あの男の子はだれですか。〕　—He is Ken. 〔彼はケンです。〕
　　　└疑問文の語順〈be動詞＋主語〉　　　　　　　　　└人名や関係などを具体的に答える

whoseの疑問文　「だれの…」と持ち主をたずねる文

Whose shoe is this? 〔これはだれのくつですか。〕　—It's mine. 〔それは私のものです。〕
　　　　　　　　　　　　　　　　　　　　　　　　└持ち主を答える

How manyの疑問文　「いくつの…」と数をたずねる文

How many hats do you have? 〔あなたは帽子を何個持っていますか。〕
〈How many＋名詞の複数形〉　└疑問文の語順〈do[does]＋主語＋動詞の原形〉

—I have five. 〔5個持っています。〕
　　└数を答える

whatの疑問文　「何」，「どんな…」とたずねる文

What do you have? 〔あなたは何を持っていますか。〕

—I have <u>a book.</u> 〔私は本を持っています。〕　→持っているものを答える

What food do you like? 〔あなたはどんな食べ物が好きですか。〕

—I like <u>sushi.</u> 〔私はすしが好きです。〕　→食べ物を答える

whichの疑問文　「どちら」とたずねる文

Which do you want, this box or that box? 〔この箱とあの箱，どちらがほしいですか。〕

—I want <u>this box.</u> 〔私はこの箱がほしいです。〕　→ほしいほうを答える

whereの疑問文　「どこに」と場所をたずねる文

Where is he playing soccer now? 〔彼は今，どこでサッカーをしていますか。〕

—He is playing it <u>in the park.</u> 〔彼は公園でそれをしています。〕　→場所を答える

ナルホド！

1 日本語に合うように，（ ）内から適切な語を選び，記号を
〇で囲みなさい。

⚠️ **ミスに注意**

1 (2)～(4)一般動詞の過去
形の否定文や疑問文で
は，動詞は原形にする
よ。

☐(1) 私はきのう10時に寝ました。

I（ ア go　イ went ）to bed at ten yesterday.

☐(2) 私の姉は今朝，朝食を食べませんでした。

My sister didn't（ ア eat　イ ate ）breakfast this morning.

☐(3) あなたはブラウン先生と話しましたか。―はい，話しました。

（ ア Do　イ Did ）you talk with Mr. Brown?

―Yes, I（ ア did　イ do ）.

☐(4) 彼はお父さんを手伝いましたか。―いいえ，手伝いませんでした。

（ ア Does　イ Did ）he（ ア help　イ helped ）his father?

―No, he（ ア doesn't　イ didn't ）.

2 （ ）内の指示にしたがって書きかえた英文になるように，
＿＿＿に適切な語を書きなさい。

テストによく出る!

いろいろな疑問文

2 (2)～(4)何をたずねる文
にするか見極めよう。
「だれの」や「どこで」と
たずねる語で文を始め
て，あとに疑問文の語
順を続ける。

☐(1) Tom taught English to Kenji.　（疑問文にしてYesで答える）

＿＿＿＿＿＿＿ Tom ＿＿＿＿＿＿＿ English to Kenji?

―Yes, he ＿＿＿＿＿＿＿.

☐(2) That's Naoko's textbook.　（下線部をたずねる疑問文に）

＿＿＿＿＿＿＿ textbook ＿＿＿＿＿＿＿ that?

☐(3) Yumi wants five pencils.　（下線部をたずねる疑問文に）

＿＿＿＿＿＿＿ ＿＿＿＿＿＿＿ pencils ＿＿＿＿＿＿＿ Yumi

want?

☐(4) I bought this cap in Hawaii.　（下線部をたずねる疑問文に）

＿＿＿＿＿＿＿ ＿＿＿＿＿＿＿ you ＿＿＿＿＿＿＿ this cap?

3 日本語に合うように，（ ）内の語句を並べかえなさい。

注目!

lastを使った過去を
表す表現

last night「昨夜」

last week「先週」

last Sunday「この前の
日曜日」

last summer「昨年の夏」

☐(1) 私たちはこの前の金曜日，その博物館を訪れませんでした。

(we / the museum / not / visit / did) last Friday.

＿＿＿＿＿＿＿＿＿＿＿＿＿＿＿＿＿＿＿＿＿ last Friday.

☐(2) こちらの女性はだれですか。

(this / who / woman / is)?

＿＿＿＿＿＿＿＿＿＿＿＿＿＿＿＿＿＿＿＿＿?

☐(3) ((2)の答え)彼女は私たちの音楽の先生です。

(our / music teacher / she / is).

＿＿＿＿＿＿＿＿＿＿＿＿＿＿＿＿＿＿＿＿＿.

Reading for Information 2
Project 2

教科書の重要ポイント 　**おすすめの場所を紹介する表現**　　教科書 pp.109〜111

▼ おすすめの場所について英語で説明しよう

・**It is a very big park.** 〔それはとても大きな公園です。〕
　↳「それは…です。」と，そこが何なのかを説明する。

・**This shrine is famous for its good luck charms.** 〔この神社は幸運のお守りで有名です。〕
　↳「…で有名である」

・**You can enjoy many kinds of bread.** 〔多くの種類のパンを楽しむことができます。〕
　↳「…を楽しむことができる」

・**The store is open from ten to five.** 〔そのお店は10時から5時まで営業しています。〕
　↳「…時から〜時まで営業している」 〈from A to B〉「AからBまで」

・**Please visit it for lunch and delicious snacks.**
　↳「…してください」　　　　　　　　　　　　　　〔昼食とおいしい軽食のためにそこを訪れてください。〕

▼ その他の表現

・**Enjoy ....** 〔…を楽しんでください。〕

・**You can see ....** 〔…を見ることができます。〕

・**... have[has] 〜.** 〔…には〜があります。〕

・**Try it.** 〔それを試してみてください。〕

・**... is a good spot for 〜.** 〔…は〜にとってよい場所です。〕

・**You can only buy it here.** 〔ここでしか買うことができません。〕

> 自分の住んでいる町のおすすめのお店や場所について，友達と紹介しあってみよう。

ナルホド!

Words & Phrases　**次の英語は日本語に，日本語は英語にしなさい。**

☐(1) its 　（　　　　　　　　）　　☐(6) 魚 ＿＿＿＿＿＿＿＿

☐(2) kind 　（　　　　　　　　）　　☐(7) 内側に；…の内部に ＿＿＿＿＿＿＿＿

☐(3) local 　（　　　　　　　　）　　☐(8) 庭；庭園；畑；菜園 ＿＿＿＿＿＿＿＿

☐(4) charm 　（　　　　　　　　）　　☐(9) 穏やかな，静かな ＿＿＿＿＿＿＿＿

☐(5) blossom 　（　　　　　　　　）　　☐(10) パン店 ＿＿＿＿＿＿＿＿

1 日本語に合うように，（　）内から適切な語句を選び，記号を〇で囲みなさい。

⚠ **ミスに注意**

1(4)「ここでしか買えない」→「ここでだけ買える」と考えるよ。

☐(1) それはとても人気がある水族館です。

（ ア It　イ It's) a very popular aquarium.

☐(2) この寺は美しい庭園で有名です。

This temple (ア is famous for　イ is famous in) its beautiful garden.

☐(3) そのカフェは11時から7時まで営業しています。

The cafe is open (ア for　イ from) eleven to seven.

☐(4) ここでしか買うことができません。

You can (ア not　イ only) buy it here.

2 メモの内容に合うように，＿＿＿に適切な語を書きなさい。

注目！

おすすめの場所を紹介する表現

2(1)「そこには…がある」→「そこは…を持っている」と考える。(3)「…からのもの」→「…から来る」と考える。

おすすめの場所：かえでレストラン
・おいしいピザとスパゲッティがある
・有機農法（organic）の野菜を使ったスパゲッティを楽しめる
・その野菜は地元の農家からのもの
・そこのケーキもおいしい

Kaede Restaurant is a good spot for you.

☐(1) It ＿＿＿＿＿＿＿ delicious pizza and spaghetti.

☐(2) You ＿＿＿＿＿＿＿ ＿＿＿＿＿＿＿ spaghetti with organic vegetables.

☐(3) The vegetables ＿＿＿＿＿＿＿ from local farmers.

The cakes in the restaurant are also delicious.

3 日本語に合うように，（　）内の語句を並べかえなさい。

テストによく出る！

「…のとなりの」

3(2)「…のとなりの[に]」は next to … で表す。

☐(1) 私たちによい場所はどこですか。

(a good spot / where / for us / is)?

＿＿＿＿＿＿＿＿＿＿＿＿＿＿＿＿＿＿＿＿ ?

☐(2) 私は美術館のとなりのカフェでコーヒーを飲みます。

I drink coffee (a cafe / at / the museum / next to).

I drink coffee ＿＿＿＿＿＿＿＿＿＿＿＿＿＿ .

☐(3) ここでたくさんの種類の花を見ることができます。

You can (see / flowers / kinds / of / many) here.

You can ＿＿＿＿＿＿＿＿＿＿＿＿＿ here.

Reading for Information 2　Project 2

❶ ( )内に入る適切な語を選び，記号を〇で囲みなさい。

☐(1) I (   ) TV last night.

ア watch　イ watches　ウ watched　エ watching

☐(2) Kate did not (   ) a picnic last Sunday.

ア enjoy　イ enjoyed　ウ enjoys　エ enjoying

☐(3) (   ) your sister get up early yesterday?

ア Is　イ Does　ウ Do　エ Did

☐(4) Mark (   ) pizza at the restaurant last week.

ア eat　イ ate　ウ eats　エ eating

> last ...やyesterday
> など，過去を表す
> 語句に注意しよう。

❷ 日本語に合うように，＿＿に適切な語を書きなさい。

☐(1) 私はこの前の8月，沖縄で泳ぎました。

I ＿＿＿＿＿＿ in Okinawa ＿＿＿＿＿＿ August.

☐(2) 私の父は3日前に，イヌのために家を作りました。

My father ＿＿＿＿＿＿ a house for my dog three days ＿＿＿＿＿＿.

☐(3) ユキは初めてギターを買いました。

Yuki ＿＿＿＿＿＿ a guitar ＿＿＿＿＿＿ the first time.

❸ 英文を( )内の指示にしたがって書きかえなさい。

☐(1) I study math underline{every night}.　（下線部をlast nightにかえて）

_____

☐(2) The boy said hello to me.　（否定文に）

_____

☐(3) Mr. Brown saw the girl underline{at the station}.　（下線部をたずねる疑問文に）

_____

❹ 日本語を英語になおしなさい。

☐(1) なんとおもしろい本なのでしょう！

_____

☐(2) 彼はきのうラジオを聞きましたか。―はい，聞きました。

_____

ヒント　❸(3)場所をたずねる疑問文にする。
　　　　❹(1)〈What(＋a[an])＋形容詞＋名詞!〉の感嘆文で表す。「おもしろい」はinteresting

●「…しました」と言うときの文の形が問われるでしょう。
⇒規則動詞の過去形の作り方・不規則動詞の過去形をしっかり覚えましょう。
⇒疑問文〈Did＋主語＋動詞の原形 …?〉や否定文〈主語＋did not[didn't]＋動詞の原形 ….〉の形を
覚えましょう。

定期テスト
予報

5 読む📖 ケイトが書いたブログの英文を読んで，あとの問いに答えなさい。

I visited a friend in Nagaoka, Niigata. We went to a fireworks festival.

The festival started with three white fireworks. My friend said, "In August 1945, many people here died in the war. With ①these fireworks, we remember them and pray for peace." ②I didn't know that. The fireworks touched my heart.

☐(1) 下線部①がさすものを文中のひと続きの英語3語で答えなさい。

＿＿＿＿＿＿　＿＿＿＿＿＿　＿＿＿＿＿＿

☐(2) 下線部②を日本語にしなさい。

（　　　　　　　　　　　　　　　　　　　　　　　　　　　　　）

☐(3) 本文の内容に合うように，次の問いに英語で答えなさい。

Did Kate go to a fireworks festival with her family?

＿＿＿＿＿＿＿＿＿＿＿＿＿＿＿＿＿＿＿＿＿＿＿

☐(4) 本文の内容に合うものを1つ選び，記号を○で囲みなさい。

ア　ケイトには長野に住んでいる友達がいます。

イ　ケイトの友達は花火を見て，幸せを祈ります。

ウ　ケイトは花火を見て感動しました。

6 話す🗣 次の文を声に出して読み，問題に答え，答えを声に出して読んでみましょう。 アプリ

Sora :　Did you visit the 21st Century Museum?

Emily :　No, we didn't. We didn't have much time. But we enjoyed shopping at Kanazawa Station. It's a beautiful station.

Sora :　I want to go to Kanazawa.

(注)21st Century Museum　21世紀美術館　　much　多くの　　want to 〜　〜したい

☐(1) Did Emily visit the 21st Century Museum?　（Sheで答える）

—＿＿＿＿＿＿＿＿＿＿＿＿＿＿＿＿＿＿＿＿

☐(2) Where is the 21st Century Museum?

—＿＿＿＿＿＿＿＿＿＿＿＿＿＿＿＿＿＿＿＿

☐(3) Did Emily have much time?　（Sheで答える）

—＿＿＿＿＿＿＿＿＿＿＿＿＿＿＿＿＿＿＿＿

ヒント　5 (2)thatは「そのこと」。
　　　　6 (2)対話の内容から，21世紀美術館がどこにあるかを読み取る。

Lesson 6 〜 Project 2

❶ 下線部の発音が同じものには〇を，そうでないものには×を書きなさい。　9点

(1) b<u>ou</u>ght　　　　　(2) w<u>ee</u>k　　　　　(3) s<u>ai</u>d

　　ag<u>o</u>　　　　　　　　p<u>ea</u>ce　　　　　　w<u>ai</u>t

❷ 最も強く発音する部分の記号を書きなさい。　9点

(1) pen - guin　　　　(2) sight - see - ing　　　(3) re - mem - ber

　　ア　イ　　　　　　　ア　イ　ウ　　　　　　ア　イ　ウ

❸ 日本語に合うように，＿＿に適切な語を解答欄に書きなさい。　16点

(1) 私は放課後，友達とバスケットボールをしました。

　　I ＿＿＿＿ basketball with my friends ＿＿＿＿ school.

よく出る (2) 私はきょう，ジェーンと話しませんでした。

　　I ＿＿＿＿ ＿＿＿＿ with Jane today.

(3) 彼女は2年前，ネコを飼っていました。

　　She ＿＿＿＿ a cat two years ＿＿＿＿.

(4) あなたたちは教室をそうじしましたか。—はい，しました。

　　＿＿＿＿ you ＿＿＿＿ your classroom?　—Yes, we ＿＿＿＿.

❹ ＿＿に適切な語を入れて，対話文を完成させなさい。　15点

(1) *A :* ＿＿＿＿ you see Lucy yesterday?

　　B : No, I ＿＿＿＿. I ＿＿＿＿ her sister yesterday.

(2) *A :* ＿＿＿＿ time ＿＿＿＿ you take a bath last night?

　　B : I ＿＿＿＿ a bath at nine.

(3) *A :* ＿＿＿＿ ＿＿＿＿ you visit last Saturday?

　　B : I ＿＿＿＿ a museum with my brother.

❺ **読む📖** 対話文を読んで，あとの問いに答えなさい。　27点

> *Eri :*　Do you know the new bookstore?　It is next to the post office.
>
> *Kevin :*　Yes, I do.　I ①(go) there with my sister yesterday.
>
> *Eri :*　Oh, really?　That's good.
>
> *Kevin :*　The bookstore has many kinds of books.　It also has some English books.
>
> *Eri :*　Did you buy any books there?
>
> *Kevin :*　No, I didn't.　But my sister ②(buy) three books and a pencil case.
>
> *Eri :*　Does the store have stationery, too?
>
> *Kevin :*　(　③　)　It's a good store for students.

成績評価の観点　知…言語や文化についての知識・技能　表…外国語表現の能力

Eri : I see. I want a comic book and some pencils.

Kevin : You can buy both there. Let's go together.

(注)stationery　文房具　　both　両方とも

(1) 下線部①，②の（　）内の語を適切な形にしなさい。

(2) （　③　）に入る適切な文を1つ選び，記号を書きなさい。

　　ア Yes, we do.　　イ No, we don't.　　ウ Yes, it does.　　エ No, it doesn't.

(3) 新しい書店はどこにありますか。日本語で答えなさい。

(4) 本文の内容に合うものを1つ選び，記号を書きなさい。

　　ア ケビンはきのう，本を3冊買った。

　　イ 新しい書店は学生におすすめの場所である。

　　ウ エリは書店と文房具店の両方に行くつもりである。

⑥ **書く！** 次のようなとき英語で何と言うか，（　）内の語数で書きなさい。表　24点

(1) 自分が今朝，朝食を作ったと伝えたいとき。（5語）

(2) きのうは何をしたのかたずねたいとき。（5語）

(3) 自分はこの前の水曜日にピアノを練習しなかったと伝えたいとき。（8語）

❶	(1)		(2)		(3)		❷	(1)		(2)		(3)	
		3点		3点		3点			3点		3点		3点

❸	(1)		4点
	(2)		4点
	(3)		4点
	(4)		4点

❹	(1)		5点
	(2)		5点
	(3)		5点

❺	(1) ①		②		(2)	
		5点		5点		5点
	(3)			6点	(4)	6点

❻	(1)	表 8点
	(2)	表 8点
	(3)	表 8点

▶ 表 の印がない問題は全て 知 の観点です。

Lesson 7
Wheelchair Basketball (GET Part 1)

教科書の重要ポイント be動詞の過去形の肯定文 　　教科書 pp.114～115

My father <u>was</u> a soccer fan then. 〔私の父はその時サッカーのファンでした。〕

My parents <u>were</u> soccer players then. 〔私の両親はその時サッカー選手でした。〕

過去の状態について言うときは，be動詞の過去形(was, were)を使う。

「～は…でした。」＝〈主語＋<u>be動詞の過去形</u> ....〉

現在 My father is a soccer fan now. 〔私の父は今，サッカーのファンです。〕
　　　　　　　　↓ isを過去形にする
過去 My father was a soccer fan then. 〔私の父はその時サッカーのファンでした。〕
　　　　　　　isの過去形

現在 My parents are soccer players now. 〔私の両親は今，サッカー選手です。〕
　　　　　　　　　　↓ areを過去形にする
過去 My parents were soccer players then. 〔私の両親はその時サッカー選手でした。〕
　　　　　　　　　areの過去形

be動詞の活用		
原形	現在形	過去形
be	am	was
	is	
	are	were

be動詞の過去形はwasとwereの2つだけだよ。

ナルホド!

Words & Phrases 次の英語は日本語に，日本語は英語にしなさい。

☐(1) everybody （　　　　　　　　）

☐(2) court （　　　　　　　　）

☐(3) amazing （　　　　　　　　）

☐(4) boring （　　　　　　　　）

☐(5) teammate （　　　　　　　　）

☐(6) winter （　　　　　　　　）

☐(7) police officer （　　　　　　　　）

☐(8) シュートする ＿＿＿＿＿＿＿＿＿

☐(9) (8)の過去形 ＿＿＿＿＿＿＿＿＿

☐(10) 負ける ＿＿＿＿＿＿＿＿＿

☐(11) (10)の過去形 ＿＿＿＿＿＿＿＿＿

☐(12) getの過去形 ＿＿＿＿＿＿＿＿＿

☐(13) drawの過去形 ＿＿＿＿＿＿＿＿＿

☐(14) 難しい，困難な ＿＿＿＿＿＿＿＿＿

1 日本語に合うように，（　）内から適切な語を選び，記号を〇で囲みなさい。

⚠ ミスに注意

1(3)be動詞には，「…である」という意味のほかに「…にいる[ある]」という意味もあるよ。

□(1) 私の祖母はその時教師でした。

My grandmother（ ア is　イ was ）a teacher then.

□(2) 私たちは疲れていました。

We（ ア are　イ were ）tired.

□(3) 私は教室にいました。

I（ ア was　イ were ）in the classroom.

□(4) これらの本はとてもおもしろかったです。

These books（ ア was　イ were ）very interesting.

2 例にならい，絵に合うように「…は〜でした」という英文を完成させなさい。

テストによく出る!

was, were の使い分け

2be動詞の過去形はwasとwereの2つ。主語によって使い分ける。

主語がI，3人称単数
→was

主語がyou，複数
→were

例　angry　(1) boring　(2) teammates

例 **My mother was angry.**

□(1) The movie ＿＿＿＿＿＿ boring.

□(2) Kate and I ＿＿＿＿＿＿ teammates.

3 日本語に合うように，（　）内の語句を並べかえなさい。

注目!

exciting と excited

3(2)excitingは「(人・ものが)興奮させる」，excitedは「(人が)興奮した，わくわくした」を表す。

□(1) タクヤはその時空腹でした。

(was / hungry / Takuya) then.

＿＿＿＿＿＿＿＿＿＿＿＿＿＿＿＿＿ then.

□(2) その野球の試合は興奮しました。

(was / the baseball game / exciting).

＿＿＿＿＿＿＿＿＿＿＿＿＿＿＿＿＿.

□(3) 私の両親はその時台所にいました。

(the kitchen / my parents / in / were) then.

＿＿＿＿＿＿＿＿＿＿＿＿＿＿＿＿＿ then.

□(4) 私は科学部に入っていました。

(the science club / I / in / was).

＿＿＿＿＿＿＿＿＿＿＿＿＿＿＿＿＿.

Lesson 7

ぴたトレ
1
要点チェック

Lesson 7
Wheelchair Basketball (GET Part 2)

時間
15分

解答
p.22

〈新出語・熟語 別冊p.13〉

教科書の重要ポイント	過去進行形の肯定文	教科書 pp.116〜117

I was watching TV then. 〔私はその時テレビを見ていました。〕

「…していました」と過去のある時点で進行中の動作を言うときは，「過去進行形」を使う。

「〜は…していました。」＝〈主語＋be動詞の過去形(was, were)＋動詞の-ing形 ….〉

現在	I am watching TV now. 〔私は今，テレビを見ています。〕

amを過去形にする

過去	I was watching TV then. 〔私はその時テレビを見ていました。〕

amの過去形

動詞の-ing形の作り方	例
ingをつける	play→playing　watch→watching read→reading　eat→eating
eをとってingをつける	make→making　use→using dance→dancing　write→writing
子音字を重ねてingをつける	run→running　swim→swimming cut→cutting　get→getting

【注意】like, want, knowのように状態を表す動詞は，進行形にすることができない。

She wanted a bag. 〔彼女はかばんがほしいと思っていました。〕
　→was wanting

現在進行形〈am[is, are]＋動詞の-ing形〉のbe動詞を過去形にすると過去進行形になるよ。

ナルホド！

Words & Phrases	次の英語は日本語に，日本語は英語にしなさい。

☐(1) bench　（　　　　　　　　）

☐(2) work out　（　　　　　　　　）

☐(3) surf　（　　　　　　　　）

☐(4) jog　（　　　　　　　　）

☐(5) pajamas　（　　　　　　　　）

☐(6) What's up?　（　　　　　　　　）

☐(7) into　（　　　　　　　　）

☐(8) 機会を逃す　＿＿＿＿＿＿＿＿

☐(9) 取り替える，乗り換える　＿＿＿＿＿＿＿＿

☐(10) 電話(をすること)　＿＿＿＿＿＿＿＿

☐(11) 中心；…センター　＿＿＿＿＿＿＿＿

☐(12) (…に)聞こえる〔思える〕　＿＿＿＿＿＿＿＿

☐(13) すわる，すわっている　＿＿＿＿＿＿＿＿

☐(14) すまなく思って　＿＿＿＿＿＿＿＿

1 日本語に合うように，（　）内から適切な語句を選び，記号を○で囲みなさい。

⚠ ミスに注意

1(4)have「飼っている」は状態を表す動詞なので，進行形にすることはできないよ。「飼っていた」はhaveの過去形を使おう。

□(1) 私はその時昼食を食べていました。

I（ ア ate　イ was eating ）lunch then.

□(2) アヤはその時インターネットのサイトを見て回っていました。

Aya（ ア surfed　イ was surfing ）the Internet then.

□(3) 彼女たちは図書館で宿題をしていました。

They（ ア was doing　イ were doing ）their homework in the library.

□(4) ブラウン先生は 3 年前，イヌを飼っていました。

Mr. Brown（ ア had　イ was having ）a dog three years ago.

2 例にならい，絵に合うように「…はその時～していました」という英文を完成させなさい。

テストによく出る！

-ing形の作り方

2(1)takeの-ing形はeをとってingをつける。
(2)jogの-ing形はgを重ねてingをつける。

例	(1)	(2)
read	take	jog

例 **Maki was reading a book then.**

□(1) Ami ＿＿＿＿＿＿ ＿＿＿＿＿＿ some pictures then.

□(2) Shota and his brother ＿＿＿＿＿＿ ＿＿＿＿＿＿ then.

3 日本語に合うように，（　）内の語句を並べかえなさい。

注目！

「…のように思われる」

3(1)「…のように思われる」はsound like ...で表す。

□(1) おもしろそうですね。

(like / fun / sounds).

＿＿＿＿＿＿＿＿＿＿＿＿＿＿＿＿＿＿＿＿.

□(2) 2 匹のネコがベッドの上で眠っていました。

(sleeping / two cats / were) on the bed.

＿＿＿＿＿＿＿＿＿＿＿＿＿＿＿＿ on the bed.

□(3) その女の子はベンチにすわっていました。

(the girl / sitting / was) on the bench.

＿＿＿＿＿＿＿＿＿＿＿＿＿＿＿＿ on the bench.

□(4) 私は 8 時に風呂に入っていました。

(taking / I / a bath / was) at eight.

＿＿＿＿＿＿＿＿＿＿＿＿＿＿＿＿ at eight.

Lesson 7

Lesson 7
Wheelchair Basketball (USE Read)

教科書の重要ポイント | **be動詞の過去形の否定文** | 教科書 pp.118～119

I was not a basketball player. 〔私はバスケットボール選手ではありませんでした。〕

「～は…ではありませんでした。」＝〈主語＋be動詞の過去形(was, were)＋not ....〉

肯定文 I was a basketball player. 〔私はバスケットボール選手でした。〕

否定文 I was not a basketball player. 〔私はバスケットボール選手ではありませんでした。〕
↳be動詞の後ろにnotを置く

be動詞の現在の文のときと，作り方は同じだよ。

＼ナルホド！／

Words & Phrases 次の英語は日本語に，日本語は英語にしなさい。

□(1) realize （ 　　　　　　 ） □(4) …に対抗して ＿＿＿＿＿＿＿＿＿

□(2) always （ 　　　　　　 ） □(5) メッセージ ＿＿＿＿＿＿＿＿＿

□(3) national （ 　　　　　　 ） □(6) canの過去形 ＿＿＿＿＿＿＿＿＿

1 日本語に合うように，（ ）内から適切な語句を選び，記号を〇で囲みなさい。

□(1) エリはその時，庭にいませんでした。

Eri （ ア was not　イ did not ）in the garden then.

□(2) 私たちはその時，野球のファンではありませんでした。

We （ ア was not　イ were not ）baseball fans then.

2 日本語に合うように，＿＿＿に適切な語を書きなさい。

□(1) 田中さんは先生ではありませんでした。

Mr. Tanaka ＿＿＿＿＿＿ ＿＿＿＿＿＿ a teacher.

□(2) タクと私はテニス部に入っていませんでした。

Taku and I ＿＿＿＿＿＿ ＿＿＿＿＿＿ on the tennis team.

□(3) 何よりも，私は野球が大好きです。

＿＿＿＿＿＿ ＿＿＿＿＿＿, I love baseball.

⚠ミスに注意

2(2)主語は複数なので，be動詞の過去形に注意しよう。

Lesson 7
偉人を紹介しよう（USE Speak）

教科書の
重要ポイント　**好きな偉人について発表するスピーチ原稿を書こう**　教科書 pp.120 ～ 121

▼ 偉人を紹介する英文を書こう。

①冒頭（Opening）

《あいさつ》　　Hi.〔こんにちは。〕　　I'm ... from ～.〔私は～出身の…です。〕

《人物について》　だれについて紹介するのかを最初に示す。

　　　　　　　　... is a great person.〔…はすばらしい人です。〕

　　　　　　　　I respect ....〔私は…を尊敬しています。〕

②主文（Body）

《くわしい説明》　その人物の職業や経歴などについて具体的に説明する。

　　　　　　　　〈主語＋was＋....〉〔～は…でした。〕

　　　　　　　　〈主語＋一般動詞の過去形＋....〉〔～は…しました。〕

③結び（Closing）

《まとめ》　　　その人物をどう思っているのかなど自分の意見を述べる。

　　　　　　　　... is my hero.〔…は私のヒーローです。〕

ナルホド!

Words & Phrases　次の英語は日本語に，日本語は英語にしなさい。

☐(1) prize （　　　　　　　　　　）　　☐(3) 世紀，100年 ＿＿＿＿＿＿＿＿＿

☐(2) person （　　　　　　　　　　）　　☐(4) winの過去形 ＿＿＿＿＿＿＿＿＿

---

1 日本語に合うように，（　）内から適切な語を選び，記号を
〇で囲みなさい。

☐(1) 私はオーストラリア出身のケイトです。

　　I am Kate （ ア in　イ from ） Australia.

☐(2) 彼はすばらしい発明家です。

　　He （ ア is　イ was ） a great inventor.

2 日本語に合うように，＿＿＿に適切な語を書きなさい。

☐(1) その科学者はノーベル賞を受賞しました。

　　The scientist ＿＿＿＿＿＿＿＿ the Nobel Prize.

☐(2) 私は彼女を尊敬しています。

　　I ＿＿＿＿＿＿＿ ＿＿＿＿＿＿＿.

注目!

winの意味

2(1)winには「勝つ」という意味のほかに「受賞する」という意味もある。

ぴたトレ
1
要点チェック

Take Action! Listen 5
Take Action! Talk 5

時 間
15分

解答
p.22

〈新出語・熟語 別冊p.13〉

教科書の
重要ポイント **質問したり，情報をつけ加えたりする表現** 教科書 pp.122〜123

▼ 相手の好きなものに関して質問する表現

・**What ... do you like?** 〔あなたはどんな…が好きですか。〕
　└〈What＋名詞〉「どんな…」

・**Who's your favorite ...?** 〔あなたのお気に入りの…はだれですか。〕
　└Who isの短縮形

▼ 自分の好きなものに関して情報をつけ加える表現

・**I'm a big fan of ....** 〔私は…の大ファンです。〕
　└「…の大ファン」

・**I have the series in English.** 〔私は英語のそのシリーズ物を持っています。〕
　└「私は…を持っています。」

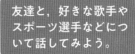
友達と，好きな歌手や
スポーツ選手などについて話してみよう。

\ナルホド!/

Words & Phrases　次の英語は日本語に，日本語は英語にしなさい。

□(1) depressed（　　　　　　　　　）　　□(4) 質問，問い　＿＿＿＿＿＿＿

□(2) cartoonist（　　　　　　　　　）　　□(5) シリーズ(物)　＿＿＿＿＿＿＿

□(3) Of course.（　　　　　　　　　）　　□(6) 聞き手　＿＿＿＿＿＿＿

1 日本語に合うように，（　）内から適切な語を選び，記号を
〇で囲みなさい。

□(1) あなたはどんな映画が好きですか。

　（ ア How　イ What) movies do you like?

□(2) あなたのお気に入りの歌手はだれですか。

　（ ア Who　イ What) is your favorite singer?

⚠ミスに注意

1「どんな…」は〈What
＋名詞〉，「だれ」は
Whoで文を始めるよ。

2 日本語に合うように，＿＿に適切な語を書きなさい。

□(1) 彼はその選手の大ファンです。

　He ＿＿＿＿＿＿ a ＿＿＿＿＿＿ fan of the player.

□(2) あなたのお姉さんはどんな本が好きですか。

　＿＿＿＿＿＿ ＿＿＿＿＿＿ does your sister like?

□(3) これらは私の友達からの質問です。

　These are ＿＿＿＿＿＿ ＿＿＿＿＿＿ my friend.

ぴたトレ
1
要点チェック

**GET Plus 5
Word Bank**

時間 **15**分

解答 p.23

〈新出語・熟語 別冊p.13〉

| 教科書の重要ポイント | 「…に見えます」を表す文 | 教科書 pp.124 ～ 125 |

You look happy. 〔あなたはうれしそうに見えます。〕

「A（の状態）に見えます。」＝〈主語＋look＋A.〉

You are happy. 〔あなたはうれしいです。〕

〈look＋A〉の文　**You look happy.** 〔あなたはうれしそうに見えます。〕

↳〈look＋A（形容詞）〉「Aに見える」

Aには形容詞が入ることが多いよ。

ナルホド!

Words & Phrases　次の英語は日本語に，日本語は英語にしなさい。

☐(1) nervous （　　　　　　　）　　　☐(4) 怒った，腹を立てた ＿＿＿＿＿＿＿＿

☐(2) bored （　　　　　　　）　　　☐(5) 忙しい ＿＿＿＿＿＿＿＿

☐(3) puppy （　　　　　　　）　　　☐(6) 驚いた ＿＿＿＿＿＿＿＿

1 日本語に合うように，（　）内から適切な語を選び，記号を〇で囲みなさい。

☐(1) あなたは眠そうに見えます。

　　You （ ア see　イ look) sleepy.

☐(2) その女の子は悲しそうに見えます。

　　The girl (ア looks　イ look) sad.

2 日本語に合うように，＿＿に適切な語を書きなさい。

☐(1) あなたは忙しそうに見えます。

　　You ＿＿＿＿＿＿＿ busy.

☐(2) ショウタは疲れているように見えます。

　　Shota ＿＿＿＿＿＿＿ ＿＿＿＿＿＿＿.

☐(3) 彼らは退屈そうに見えました。

　　They ＿＿＿＿＿＿＿ ＿＿＿＿＿＿＿.

☐(4) 彼女は本当に幸せそうに見えます。

　　She ＿＿＿＿＿＿＿ really ＿＿＿＿＿＿＿.

⚠ ミスに注意

1 2 lookは一般動詞だから，主語や文によってsをつけたり過去形にしたりするよ。

Take Action! ~ Word Bank

文法のまとめ⑦

| 教科書の重要ポイント | be動詞の過去形・過去進行形・look＋A・冠詞（かん） | 教科書 p.126 |

① 過去の状態について言うときは，be動詞の過去形（was，were）を使う。

肯定文 My father <u>was</u> a soccer fan then. 〔私の父はその時サッカーのファンでした。〕

My parents <u>were</u> soccer players then. 〔私の両親はその時サッカー選手でした。〕

疑問文 <u>Was</u> your father a soccer fan then? 〔あなたのお父さんはその時サッカーのファンでしたか。〕
　　　　　↳文の最初にbe動詞を置く

応答文 —Yes, he was. / No, he <u>was not</u>. 〔はい，そうでした。／いいえ，そうではありませんでした。〕
　　　　　　　　　　　　　　↳短縮形はwasn't

否定文 My father was <u>not</u> a soccer fan then. 〔私の父はその時サッカーのファンではありませんでした。〕
　　　　　　　　　　↳be動詞の後ろにnotを置く

> 疑問文や否定文の作り方は，be動詞の現在形，現在進行形と同じだよ。

② 「～は…していました。」＝〈主語＋be動詞の過去形（was, were）＋動詞の-ing形 ....〉

肯定文 I <u>was watching</u> TV then. 〔私はその時テレビを見ていました。〕

疑問文 <u>Were</u> you watching TV then? 〔あなたはその時テレビを見ていましたか。〕
　　　　　↳文の最初にbe動詞を置く

応答文 —Yes, I was. / No, I was not. 〔はい，見ていました。／いいえ，見ていませんでした。〕

否定文 I was <u>not</u> watching TV then. 〔私はその時テレビを見ていませんでした。〕
　　　　　　　↳be動詞の後ろにnotを置く

be動詞の活用		
原形	現在形	過去形
be	am	was
	is	
	are	were

③ 「～は…に見えます。」＝〈主語＋look＋A.〉

You look happy. 〔あなたはうれしそうに見えます。〕

④ 名詞（人やものの名前）の前に置くa / anやtheを冠詞と言う。

a / an 不特定の１つのもの，１人の人を表すとき，名詞の前にaまたはanをつける。

I have <u>a book</u>. 〔私は（1冊の）本を持っています。〕
　　　　　↳単に1冊の本を表す　※名詞がeggのように母音で始まるときは，aではなくanをつける。

the お互い（たが）にどれのことかわかる人やものについて言うときは，名詞の前にtheをつける。

I have <u>the book</u>. 〔私はその本を持っています。〕
　　　　　↳話し手と聞き手の両方がどの本かわかっている

※myやyourなどが名詞の前についているときは，冠詞は不要。

This is <u>my book</u>. 〔これは私の本です。〕
　　　　　↳~~a my book~~　~~my a book~~　~~the my book~~　~~my the book~~

ナルホド！

1 日本語に合うように，（　）内から適切な語句を選び，記号を〇で囲みなさい。

☐(1) 私はイヌを飼っています。そのイヌは白くて小さいです。

I have (ア a　イ an) dog. (ア A　イ The) dog is small and white.

☐(2) あなたは落ち込んでいるように見えます。

You (ア look　イ see) depressed.

☐(3) あなたはきのう東京にいましたか。—いいえ，いませんでした。

(ア Were you　イ Did you) in Tokyo yesterday?

—(ア No, I didn't　イ No, I wasn't).

☐(4) リナはその時夕食を作っていましたか。

—はい，作っていました。

(ア Was　イ Were) Rina (ア make　イ making) dinner then?

—Yes, she (ア was　イ were).

⚠️ ミスに注意

1(1)2文目のdogは1文目のdogをさしているよ。

2 （　）内の指示にしたがって書きかえた英文になるように，＿＿に適切な語を書きなさい。

☐(1) This is a lemon. （下線部をappleにかえて）

This is ＿＿＿＿＿＿ apple.

☐(2) Kanako is hungry. （「…に見えます」という英文に）

Kanako ＿＿＿＿＿＿ hungry.

☐(3) These books were interesting. （否定文に）

These books ＿＿＿＿＿＿ ＿＿＿＿＿＿ interesting.

☐(4) Ms. Saito was teaching math then. （疑問文に）

＿＿＿＿＿＿ Ms. Saito ＿＿＿＿＿＿ math then?

テストによく出る！

aとanの使い分け

2(1)名詞が母音（ア，イ，ウ，エ，オの音）で始まる場合，aではなくanをつける。

例 an egg,
an English teacher,
an umbrella

3 日本語に合うように，（　）内の語句を並べかえなさい。

☐(1) 私の父は10年前，野球選手でした。

(a baseball player / my father / was) ten years ago.

＿＿＿＿＿＿＿＿＿＿＿＿ ten years ago.

☐(2) 私たちはその時母を手伝っていました。

(our mother / helping / we / were) then.

＿＿＿＿＿＿＿＿＿＿＿＿ then.

☐(3) 彼らはとても驚いているように見えました。

(looked / surprised / they / very).

＿＿＿＿＿＿＿＿＿＿＿＿.

注目！

wasとwere

3be動詞の過去形は主語がyou以外の単数のときはwas，主語がyouや複数のときはwere。

Lesson 7 ～ 文法のまとめ⑦

① （　）に入る適切な語を選び，記号を〇で囲みなさい。

□(1) I (　　) a student now.

　　ア am　　イ is　　ウ was　　エ were

□(2) The baby (　　) sleepy then.

　　ア is　　イ doesn't　　ウ didn't　　エ looked

□(3) She (　　) eating breakfast then.

　　ア is　　イ did　　ウ was　　エ were

□(4) Taku and his brother (　　) in the library then.

　　ア are　　イ is　　ウ was　　エ were

> now や then など，時を表す語（句）に注意しよう。

② 日本語に合うように，＿＿に適切な語を書きなさい。

□(1) ユキはその時，手紙を書いていました。

　　Yuki ＿＿＿＿＿＿ ＿＿＿＿＿＿ a letter then.

□(2) クミと私は昨年テニス部に入っていました。

　　Kumi and I ＿＿＿＿＿＿ on the tennis team ＿＿＿＿＿＿ year.

□(3) あなたのお兄さんはきのう4時にバレーボールをしていましたか。

　　＿＿＿＿＿＿ your brother ＿＿＿＿＿＿ volleyball at four yesterday?

③ 英文を（　）内の指示にしたがって書きかえなさい。

□(1) I'm in the gym now.　（下線部を then にかえて過去の文に）

　　＿＿＿＿＿＿＿＿＿＿＿＿＿＿＿＿＿＿＿＿＿＿＿＿＿＿＿＿＿

□(2) They were my classmates.　（否定文に）

　　＿＿＿＿＿＿＿＿＿＿＿＿＿＿＿＿＿＿＿＿＿＿＿＿＿＿＿＿＿

□(3) Daiki was playing basketball.　（下線部をたずねる疑問文に）

　　＿＿＿＿＿＿＿＿＿＿＿＿＿＿＿＿＿＿＿＿＿＿＿＿＿＿＿＿＿

④ 日本語を英語になおしなさい。

□(1) 彼らは公園で走っていました。

　　＿＿＿＿＿＿＿＿＿＿＿＿＿＿＿＿＿＿＿＿＿＿＿＿＿＿＿＿＿

□(2) 彼女はその時疲れていましたか。—はい，疲れていました。

　　＿＿＿＿＿＿＿＿＿＿＿＿＿＿＿＿＿＿＿＿＿＿＿＿＿＿＿＿＿

　　—＿＿＿＿＿＿＿＿＿＿＿＿＿＿＿＿＿＿＿＿＿＿＿＿＿＿＿＿＿

ヒント　② (2)主語は複数。
④ (1)run の -ing 形は n を重ねて ing をつける。「公園で」は in the park.

定期テスト
予報

●「…でした」「…していました」と言うときの文の形が問われるでしょう。
⇒be動詞の過去形(am, is→was　are→were)と，過去進行形〈was[were]＋動詞の-ing形〉を覚えましょう。
⇒疑問文や否定文の作り方(be動詞の現在形，現在進行形と同じ)も覚えましょう。

5 読む マリが書いた英文を読んで，あとの問いに答えなさい。

　　Basketball （　①　） my life. I had a clubfoot, but I still played. At age thirteen, my foot's condition changed. I could not play basketball anymore. I was very sad. At the same time, I played wheelchair basketball, too. I did not like it very much. It was not really basketball to me.

　　At sixteen, our wheelchair basketball team played against Australian and US teams. Their players （　②　） fast, skillful, and full of energy. They always did their best. Above all, they really loved wheelchair basketball.

　　This changed my mind. I realized, "Wheelchair basketball is a real sport."

□(1)　（　①　），（　②　）に was，were のうち適切な語をそれぞれ答えなさい。

①＿＿＿＿＿＿＿＿＿＿　②＿＿＿＿＿＿＿＿＿＿

□(2)　本文の内容に合うように，次の問いに英語で答えなさい。

　　Did Mari like wheelchair basketball when she was thirteen?

＿＿＿＿＿＿＿＿＿＿＿＿＿＿＿＿＿＿＿＿＿＿＿＿＿＿＿＿＿＿＿＿＿＿＿＿＿＿＿

□(3)　本文の内容に合わないものを1つ選び，記号を○で囲みなさい。

　　ア　マリは13歳のときバスケットボールができなくなった。

　　イ　マリは最初，車いすバスケットボールは本当のバスケットボールではないと思った。

　　ウ　マリは16歳のときに車いすバスケットボールを始めた。

6 話す 次の文を声に出して読み，問題に答え，答えを声に出して読んでみましょう。 アプリ

Traveler :　Where's the library?
　　Aoi :　It's near here. Go straight on this street. Turn right at the park. It's on your left. You can't miss it.
Traveler :　OK. I see. Thanks.
　　Aoi :　You're welcome.

① police station
② post office　　④ bank　　③ hospital

（注）traveler　旅行者

□(1)　Where does the traveler go?　（he で答える）

　　─ ＿＿＿＿＿＿＿＿＿＿＿＿＿＿＿＿＿＿＿＿＿＿＿＿＿＿＿＿＿＿＿＿＿＿＿

□(2)　Please tell the way to the police station.

　　─ ＿＿＿＿＿＿＿＿＿＿＿＿＿＿＿＿＿＿＿＿＿＿＿＿＿＿＿＿＿＿＿＿＿＿＿

ヒント　　**5**(3)マリが13歳，16歳のときのできごとをまとめる。　**6**(1)旅行者がどこまでの道順をたずねているか読み取る。

107

Lesson7 ～文法のまとめ⑦

ぴたトレ
3
確認テスト

Lesson 7 ～
文法のまとめ⑦

時間 30分　／100点
合格 70点
解答 p.24

教科書 pp.113 ～ 126

❶ 下線部の発音が同じものには〇を，そうでないものには×を書きなさい。 9点

(1) am<u>a</u>zing

ch<u>a</u>nge

(2) sh<u>oo</u>t

f<u>oo</u>t

(3) w<u>o</u>n

p<u>u</u>ppy

❷ 最も強く発音する部分の記号を書きなさい。 9点

(1) pa - ja - mas

　ア　イ　ウ

(2) en - er - gy

　ア　イ　ウ

(3) re - al - ize

　ア　イ　ウ

❸ 日本語に合うように，＿＿に適切な語を解答欄に書きなさい。 16点

(1) 私の姉は今朝バイオリンを練習していました。

My sister ＿＿＿ ＿＿＿ the violin this morning.

(2) 私たちはその時，空腹ではありませんでした。

We ＿＿＿ ＿＿＿ then.

(3) その写真は古かったですか。

＿＿＿ the picture ＿＿＿?

(4) あなたはその時サンドウィッチを作っていましたか。―はい，作っていました。

＿＿＿ you ＿＿＿ sandwiches then?　―Yes, I ＿＿＿.

❹ ＿＿に適切な語を入れて，対話文を完成させなさい。 15点

(1) *A :*　＿＿＿ your mother tired yesterday?

B :　No, she ＿＿＿.

よく出る (2) *A :*　＿＿＿ ＿＿＿ talking with Mr. Brown?

B :　Tom and Kate were.

(3) *A :*　＿＿＿ ＿＿＿ the students at two yesterday?

B :　They were in the museum.

❺ 読む🔖 対話文を読んで，あとの問いに答えなさい。 27点

Ryo :　Hi, Peter. I was looking for you. ①(were / doing / what / you)?

Peter :　Hi, Ryo. I was in the gym. I was ②(play) basketball with Mark.

Ryo :　Is Mark a new student?

Peter :　Yes. He is from the U.S.A. He was on the basketball team at school there.

Ryo :　Does he play basketball well?

Peter :　Yes, he's very good at basketball. Oh, you are on the basketball team. Let's play it with him.

Ryo :　Sure. Well, I have English homework. It is very difficult. Can you help me this afternoon?

Peter :　（　③　）How about tomorrow?

　Ryo :　OK.　Please come to my house at eleven.　Let's have lunch together.

Peter :　That's good.

(注)tomorrow　あした

(1) 下線部①が意味の通る英文となるように，（　）内の語を並べかえなさい。

(2) 下線部②の（　）内の語を適切な形にしなさい。

(3)（　③　）に入る適切な文を１つ選び，記号を書きなさい。

　　　ア　Yes, I can.　I can help you.

　　　イ　No, I cannot.　I am not an English teacher.

　　　ウ　I'm sorry, but I can't.　I'm busy today.

　　　エ　Of course.　I can help you now.

(4) 本文の内容に合うように，次の問いに英語で答えるとき，＿＿＿に入る適切な語を書きなさい。

　　Was Peter looking for Ryo?　—＿＿＿, he ＿＿＿.

(5) 本文の内容に合うものを１つ選び，記号を書きなさい。

　　　ア　マークはアメリカ出身の新入生である。

　　　イ　リョウはバスケットボール部に入っていない。

　　　ウ　ピーターはあした12時にリョウの家に行く。

❻ **書く** **次のようなとき英語で何と言うか，（　）内の語数で書きなさい。** 表　24点

(1) 自分の母は看護師だったと伝えたいとき。（５語）

(2) 自分は１時間前に風呂に入っていたと伝えたいとき。（８語）

(3) 自分はその時図書館にいなかったと伝えたいとき。（７語）

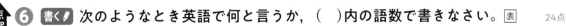

❶	(1) 3点		(2) 3点		(3) 3点	❷	(1) 3点		(2) 3点		(3) 3点
❸	(1)			4点		(2)					4点
	(3)			4点		(4)					4点
❹	(1)			5点		(2)					5点
	(3)			5点							
❺	(1)			6点		(2)			5点	(3)	5点
	(4)			6点		(5)			5点		
❻	(1)										表 8点
	(2)										表 8点
	(3)										表 8点

▶ 表 の印がない問題は全て 知 の観点です。

Lesson 8
Green Festival（GET Part 1）

教科書の
重要ポイント | **willの肯定文・疑問文・否定文** | 教科書pp.128～129

It will be cold tomorrow. 〔あしたは寒くなるでしょう。〕

Will it be cold tomorrow? 〔あしたは寒くなるでしょうか。〕

—Yes, it will. / No, it will not. 〔はい，寒くなるでしょう。／いいえ，寒くならないでしょう。〕

It will not be cold tomorrow. 〔あしたは寒くならないでしょう。〕

未来のことについて言うときは，助動詞willを使う。

「～は…でしょう。」＝〈主語＋will＋動詞の原形 ....〉

It ☐ is cold today. 〔きょうは寒いです。〕

肯定文 | It will be cold tomorrow. 〔あしたは寒くなるでしょう。〕
動詞の原形

疑問文 | Will it be cold tomorrow? 〔あしたは寒くなるでしょうか。〕
→文の最初にwillを置く

応答文 | —Yes, it will. / No, it will not. 〔はい，寒くなるでしょう。／いいえ，寒くならないでしょう。〕
→短縮形はwon't

否定文 | It will not be cold tomorrow. 〔あしたは寒くならないでしょう。〕
→willの後ろにnotを置く
→短縮形はIt'll

willはcanと同じ助動詞。主語が何で
あっても形はかわらないよ。

ナルホド!

Words & Phrases 次の英語は日本語に，日本語は英語にしなさい。

☐(1) hot （　　　　　　）　　☐(6) 売店，屋台 ＿＿＿＿＿＿＿

☐(2) cold （　　　　　　）　　☐(7) 日の照っている，晴れた ＿＿＿＿＿＿＿

☐(3) cool （　　　　　　）　　☐(8) 暖かい；温かい ＿＿＿＿＿＿＿

☐(4) cloudy （　　　　　　）　　☐(9) あした(は) ＿＿＿＿＿＿＿

☐(5) chopstick （　　　　　　）　　☐(10) 赤ちゃん(の) ＿＿＿＿＿＿＿

1 日本語に合うように, ( )内から適切な語句を選び, 記号を〇で囲みなさい。

注目!

willのあとの動詞の形

1(2)主語が何であっても
〈will＋動詞の原形〉の
形はかわらない。

☐(1) 私はあした忙しいでしょう。

(ア I am　イ I will be) busy tomorrow.

☐(2) ケンタは放課後, 図書館に行くでしょう。

Kenta will (ア go　イ goes) to the library after school.

☐(3) 今週末は暑くなるでしょうか。—はい, 暑くなるでしょう。

(ア Will it be　イ Does it) hot this weekend?

—(ア Yes, it will　イ Yes, it does).

2 例にならい, 絵に合うように「あしたは…でしょう」という英文を完成させなさい。

テストによく出る!

be動詞の原形

2 be動詞の原形はbe。

例	(1)	(2)
☀ 30℃	☂ 10℃	☁ 20℃
sunny / hot	rainy / cold	cloudy / warm

例 **It will be sunny and hot tomorrow.**

☐(1) It will ＿＿＿＿＿＿ ＿＿＿＿＿＿ and cold tomorrow.

☐(2) It ＿＿＿＿＿＿ ＿＿＿＿＿＿ ＿＿＿＿＿＿ and warm

tomorrow.

3 日本語に合うように, ( )内の語句を並べかえなさい。

⚠ミスに注意

3(3)は否定文, (4)は疑問
文。それぞれの語順に
気をつけよう。

☐(1) その演奏会は6時に始まるでしょう。

(start / the concert / will) at six.

＿＿＿＿＿＿＿＿＿＿＿＿＿＿＿＿＿＿ at six.

☐(2) その映画はおもしろいでしょう。

The movie (be / interesting / will).

The movie ＿＿＿＿＿＿＿＿＿＿＿＿＿＿.

☐(3) あしたは雨が降らないでしょう。

(not / rainy / it / will / be) tomorrow.

＿＿＿＿＿＿＿＿＿＿＿＿＿＿ tomorrow.

☐(4) エミはあした学校に来るでしょうか。

(Emi / school / will / to / come) tomorrow?

＿＿＿＿＿＿＿＿＿＿＿＿＿＿ tomorrow?

Lesson 8
Green Festival (GET Part 2)

教科書の重要ポイント **be going to ...の肯定文・疑問文** 教科書 pp.130～131

I <u>am going to</u> clean the park tomorrow. 〔私はあした，公園をそうじするつもりです。〕

<u>Are</u> you <u>going to</u> clean the park tomorrow? 〔あなたはあした，公園をそうじするつもりですか。〕

—**Yes, I** <u>am</u>. **/ No, I** <u>am not</u>. 〔はい，そうじするつもりです。／いいえ，そうじするつもりではありません。〕

すでに予定されている未来のことを言うときは，be going to ...を使う。
「～は…するつもりです。」＝〈主語＋be動詞＋going to＋動詞の原形 ....〉

I 　　　　　　 clean the park every day. 〔私は毎日，公園をそうじします。〕

肯定文 I am going to clean the park tomorrow. 〔私はあした，公園をそうじするつもりです。〕
　　　　　　　└→動詞の原形

疑問文 Are you going to clean the park tomorrow?
　　　└→文の最初にbe動詞を置く 　　　　　　　〔あなたはあした，公園をそうじするつもりですか。〕

応答文 —Yes, I am. / No, I am not.
〔はい，そうじするつもりです。／いいえ，そうじするつもりではありません。〕

be going to ...のbeはbe動詞。
主語によって使い分けよう。
疑問文や否定文の作り方は，be動詞の文と同じだよ。

ナルホド！

Words & Phrases 次の英語は日本語に，日本語は英語にしなさい。

☐(1) speech （　　　　　　）　　☐(8) 雨が降る ＿＿＿＿＿＿＿

☐(2) yeah （　　　　　　）　　☐(9) 雪が降る ＿＿＿＿＿＿＿

☐(3) final （　　　　　　）　　☐(10) 天気，天候 ＿＿＿＿＿＿＿

☐(4) maybe （　　　　　　）　　☐(11) いつ ＿＿＿＿＿＿＿

☐(5) exam （　　　　　　）　　☐(12) とどまる；滞在する ＿＿＿＿＿＿＿

☐(6) hot chocolate （　　　　　　）　　☐(13) 計画，企画 ＿＿＿＿＿＿＿

☐(7) the day after tomorrow （　　　　　　）　　☐(14) 聞き知る，耳にする ＿＿＿＿＿＿＿

1 日本語に合うように，（　）内から適切な語句を選び，記号を〇で囲みなさい。

注目!
「あさって」
1(4)「あさって」は the day after tomorrow で表す。「あしたの次の日」という意味。

☐(1) 私はあした公園で走るつもりです。

（ ア I will　イ I am going ）to run in the park tomorrow.

☐(2) ケイトは放課後テニスをするつもりです。

Kate (ア is going to　イ be going to) play tennis after school.

☐(3) 私たちは今週末，スキーをするつもりではありません。

（ ア We are not　イ We will not ）going to ski this weekend.

☐(4) あなたの弟はあさって，買い物に行くつもりですか。

—いいえ，買い物に行くつもりではありません。

（ ア Is　イ Are ）your brother going to go shopping the day after tomorrow?　—No, he (ア will not　イ is not).

2 例 にならい，絵に合うように「…はあした～するつもりです」という英文を完成させなさい。

⚠ ミスに注意
2 be going to ...のbeは be動詞。主語によって 使い分けよう。beのま まにしないこと。

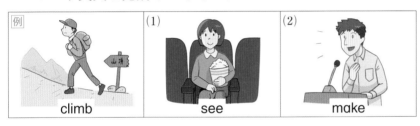

例　climb　(1) see　(2) make

例 **Eita is going to climb a mountain tomorrow.**

☐(1) I ＿＿＿＿＿＿ ＿＿＿＿＿＿ ＿＿＿＿＿＿ see a movie tomorrow.

☐(2) Mark ＿＿＿＿＿＿ ＿＿＿＿＿＿ ＿＿＿＿＿＿ ＿＿＿＿＿＿ a speech tomorrow.

3 日本語に合うように，（　）内の語句を並べかえなさい。

テストによく出る!
when「いつ」
3(3)「いつ」をたずねると きは，文の最初にWhen を置く。

☐(1) 私はきょう美術館を訪れるつもりです。

(am going to / I / the museum / visit) today.

＿＿＿＿＿＿＿＿＿＿＿＿＿＿＿＿＿＿＿＿ today.

☐(2) 彼女はきょう夕食を作るつもりではありません。

(dinner / she / not / make / going to / is) today.

＿＿＿＿＿＿＿＿＿＿＿＿＿＿＿＿＿＿＿＿ today.

☐(3) あなたはいつ東京に滞在するつもりですか。

(going to / stay / you / when / are) in Tokyo?

＿＿＿＿＿＿＿＿＿＿＿＿＿＿＿＿＿＿＿＿ in Tokyo?

Lesson 8
Green Festival (USE Read)

教科書の重要ポイント 勧誘や依頼を表す文　　教科書 pp.132〜133

Will you join us? 〔私たちに加わりませんか。〕

〈Will you＋動詞の原形 ...?〉

① 「…しませんか。」（勧誘）

勧誘を表す文　Will you join us? 〔私たちに加わりませんか。〕
　　　　　　　　　　　↳動詞の原形

② 「…してくれませんか。」（依頼）

依頼を表す文　Will you help me? 〔私を手伝ってくれませんか。〕
　　　　　　　　　　　↳動詞の原形

> 未来を表すYou will ....の疑問文として，「あなたは…でしょうか。」という意味にもなるよ。

ナルホド！

Words & Phrases 次の英語は日本語に，日本語は英語にしなさい。

☐(1) information （　　　　　　　　）　　☐(5) 私たちを，私たちに ＿＿＿＿＿＿＿

☐(2) similar　　 （　　　　　　　　）　　☐(6) 決定する，(心に)決める ＿＿＿＿＿

☐(3) situation　（　　　　　　　　）　　☐(7) feelの過去形 ＿＿＿＿＿＿＿＿

☐(4) save　　　 （　　　　　　　　）　　☐(8) 遅い；後期の ＿＿＿＿＿＿＿＿

1 日本語に合うように，（　）内から適切な語句を選び，記号を〇で囲みなさい。

☐(1) あのレストランで昼食を食べませんか。

（ ア Will you　イ Do you ）have lunch at that restaurant?

☐(2) 私たちはたくさんの缶やびんを拾い上げました。

We（ ア took　イ picked ）up many cans and bottles.

2 日本語に合うように，＿＿＿に適切な語を書きなさい。

☐(1) これらの本を運んでくれませんか。

＿＿＿＿＿＿ you ＿＿＿＿＿＿ these books?

☐(2) 彼は世界中で有名です。

He is famous ＿＿＿＿＿ the ＿＿＿＿＿.

> **⚠ミスに注意**
>
> **1**(1)**2**(1)「…しませんか。」と相手を勧誘する意味や，「…してくれませんか。」と相手に依頼する意味があるよ。

ぴたトレ
1
要点チェック

Lesson 8
マニフェストを書こう (USE Write)

時間 **15分**

解答 p.26

〈新出語・熟語 別冊p.14〉

教科書の重要ポイント 環境を守るために自分にできることを書こう 教科書 pp.134〜135

▼ 環境を守るためにできることを書こう。

①冒頭(Opening)

《宣言》 環境を守るための大まかなテーマをあげる。

reduce trash 〔ごみを減らす〕 save water 〔節水する〕

②主文(Body)

《具体的にできること》 テーマに沿って，具体的にできることを詳しく述べる。

I will recycle .... 〔私は…をリサイクルするつもりです。〕

I don't use .... 〔私は…を使いません。〕

③結び(Closing)

《まとめ》 環境問題に対する自分の意見や呼びかけなどを述べる。

Let's .... 〔…しましょう。〕

〈ナルホド!〉

Words & Phrases 次の英語は日本語に，日本語は英語にしなさい。

☐(1) straw （　　　　　　　　）　☐(4) (自然)環境 ＿＿＿＿＿＿＿＿＿

☐(2) reduce （　　　　　　　　）　☐(5) 約束 ＿＿＿＿＿＿＿＿＿

☐(3) trash （　　　　　　　　）　☐(6) 衣服 ＿＿＿＿＿＿＿＿＿

1 日本語に合うように，（　）内から適切な語を選び，記号を〇で囲みなさい。

☐(1) 私は節水するつもりです。

I (ア am　イ will) save water.

☐(2) 動物を助けましょう。

(ア Let's　イ Don't) help animals.

2 日本語に合うように，＿＿＿＿に適切な語を書きなさい。

☐(1) 私はスポーツが好きです。たとえば，私は野球が好きです。

I like sports. ＿＿＿＿＿＿＿ ＿＿＿＿＿＿＿, I like baseball.

☐(2) さらに，私はテニスとバレーボールをします。

＿＿＿＿＿＿＿ ＿＿＿＿＿＿＿, I play tennis and volleyball.

注目!

will の意味

1(1)〈will＋動詞の原形〉は「…するつもりである」という意志を表すこともできる。

Lesson 8

ぴたトレ 1

要点チェック

Take Action! Listen 6
Take Action! Talk 6

時間 **15分**

解答 p.26

〈新出語・熟語 別冊p.14〉

| 教科書の重要ポイント | 描写したり，聞き直したりするときの表現 | 教科書 pp.136～137 |

▼ 人物について描写する表現

・He's .... 〔彼は…です。〕　・She's .... 〔彼女は…です。〕
　└─He isの短縮形　　　　　　└─She isの短縮形

・He has .... 〔彼は…を持っています。〕　・She has .... 〔彼女は…を持っています。〕
　└─男性をさす　　　　　　　　　　　　└─女性をさす

・He's wearing .... 〔彼は…を身につけています。〕　・She's wearing .... 〔彼女は…を身につけています。〕

▼ 相手に聞き直す表現

・What did you say? 〔あなたは何と言ったのですか。〕

・Can you say that again? 〔それをもう一度言ってくれませんか。〕
　└─「…してくれませんか。」

・Pardon me? 〔もう一度おっしゃってください。〕

・I didn't hear you. 〔聞こえませんでした。〕

相手の言っていることがよくわからなかったときは，ためらわずに聞き直してみよう。

ナルホド！

Words & Phrases 次の英語は日本語に，日本語は英語にしなさい。

☐(1) again （　　　　　　　　　）　　☐(3) 髪の毛；体毛，毛 ＿＿＿＿＿＿＿＿

☐(2) holiday （　　　　　　　　　）　　☐(4) ほとんど，おおかた ＿＿＿＿＿＿＿＿

1 日本語に合うように，（　）内から適切な語を選び，記号を〇で囲みなさい。

☐(1) 次の日曜日は寒くならないでしょう。

　It（ ア didn't　イ won't ）be cold next Sunday.

☐(2) あなたは何と言ったのですか。

　（ ア What　イ When ）did you say?

2 日本語に合うように，＿＿＿に適切な語を書きなさい。

☐(1) 彼女は青いドレスを身につけています。

　She ＿＿＿＿＿＿＿ ＿＿＿＿＿＿＿ a blue dress.

☐(2) 彼は黒髪です。

　＿＿＿＿＿＿＿ ＿＿＿＿＿＿＿ black hair.

☐(3) もう一度おっしゃってください。

　＿＿＿＿＿＿＿ ＿＿＿＿＿＿＿?

⚠ミスに注意

2(2)髪や目の色を描写するとき，動詞はhaveを使うよ。「…色の髪［目］を持っている」と考えよう。

GET Plus 6
Word Bank

教科書の
重要ポイント 　**依頼を表す文**〔いらい〕　　　教科書 pp.138 ～ 139

<u>Can you</u> make the bed? 〔ベッドを整えてくれませんか。〕 —**Yes, of course.** 〔もちろん。〕

〈Can you＋動詞の原形 ...?〉で「～してくれませんか。」と依頼を表す。

依頼を表す文　Can you <u>make</u> the bed? 〔ベッドを整えてくれませんか。〕
　　　　　　　　　　　└→動詞の原形

応答文　　—Yes, of course. 〔はい，もちろん。〕
　　　　　　　└→依頼を承諾するとき

　　　　　—I'm sorry, but I can't. 〔すみませんが，できません。〕
　　　　　　　　└→依頼を断るとき

※断るときは，あとにI'm busy now.「今，忙しいです。」など理由をつけくわえるとよい。

Will you ...?も「…してくれませんか。」という依頼を表すことができたね。

ナルホド!

Words & Phrases　次の英語は日本語に，日本語は英語にしなさい。

□(1) feed （　　　　　　　　　）　　□(3) 窓　＿＿＿＿＿＿＿＿＿

□(2) open （　　　　　　　　　）　　□(4) 答える，返事をする ＿＿＿＿＿＿＿

1 日本語に合うように，（　）内から適切な語句を選び，記号を〇で囲みなさい。

□(1) 私を手伝ってくれませんか。

　　（ ア Do you　イ Can you) help me?

□(2) テレビを消してくれませんか。

　　（ ア Can you　イ Can I) turn off the TV?

⚠ミスに注意

1 2(1)「…してくれませんか。」と言うとき，その動作をするのは相手なので，主語をyouにするよ。

2 日本語に合うように，＿＿＿に適切な語を書きなさい。

□(1) 皿を洗ってくれませんか。

　　＿＿＿＿＿＿ ＿＿＿＿＿＿ wash the dishes?

□(2) ((1)の答え)はい，もちろん。

　　Yes, ＿＿＿＿＿＿ ＿＿＿＿＿＿.

ぴたトレ
1
要点チェック

文法のまとめ⑧

時間 **15分**

解答 p.26

〈新出語・熟語 別冊p.14〉

教科書の
重要ポイント **未来を表す表現（will・be going to …）** 教科書 pp.140〜141

① 「〜は…でしょう。」＝〈主語＋<u>will</u>＋動詞の原形 ….〉

肯定文 It will be cold tomorrow.
　　　　　↳動詞の原形　〔あしたは寒くなるでしょう。〕

疑問文 Will it be cold tomorrow?
　　　　↳文の最初にwillを置く
　　　　　　　　　　　〔あしたは寒くなるでしょうか。〕

応答文 —Yes, it will. / No, it will not. 〔はい，寒くなるでしょう。／いいえ，寒くならないでしょう。〕
　　　　　　　　　　　↳短縮形はwon't

否定文 It will not be cold tomorrow. 〔あしたは寒くならないでしょう。〕
　　　　　　　↳willの後ろにnotを置く

短縮形	
I will→I'll	we will→we'll
you will→you'll	he will→he'll
she will→she'll	it will→it'll
they will→they'll	will not→won't

② 「〜は…するつもりです。」＝〈主語＋<u>be going to</u>＋動詞の原形 ….〉

肯定文 I am going to clean the park tomorrow. 〔私はあした，公園をそうじするつもりです。〕
　　　　　　　　　　↳動詞の原形

疑問文 Are you going to clean the park tomorrow?
　　　　↳文の最初にbe動詞を置く　　　　　　〔あなたはあした，公園をそうじするつもりですか。〕

応答文 —Yes, I am. / No, I am not.
　　　　　　　　　　　〔はい，そうじするつもりです。／いいえ，そうじするつもりではありません。〕

否定文 I am not going to clean the park tomorrow.
　　　　　↳be動詞の後ろにnotを置く　　　　　〔私はあした，公園をそうじするつもりではありません。〕

③ willとbe going to …の違い

その場で思いついたことや，意志を表すときはwillを使って表す。

　I will go shopping tomorrow. 〔そうだ！　あした，買い物に行こう。〕

以前から計画していることや，これから起こりそうなことを予測するときは，be going to …
を使って表す。

　Look at the sky. It is going to be snowy tomorrow. 〔空を見て。あしたはきっと雪だ。〕

④ 未来を表すその他の表現

①現在形

　Tomorrow is my birthday. 〔あしたは私の誕生日です。〕

②現在進行形

　The bus is coming soon. 〔バスがもうすぐ来ます。〕

1 日本語に合うように，（ ）内から適切な語句を選び，記号を〇で囲みなさい。

□(1) 今晩は寒いでしょうか。―はい，寒いでしょう。

（ ア Will it be　イ Will be it ）cold this evening?

―（ ア Yes, it is　イ Yes, it will ）.

□(2) 私たちはあした，理科を勉強するつもりではありません。

We are (ア not going to　イ won't) study science tomorrow.

□(3) 私がスミス先生を手伝いますよ。

I (ア will　イ am going) help Mr. Smith.

□(4) 見て！　雨が降りそうです。

Look! It (ア will　イ is going to) rain.

2 （ ）内の指示にしたがって書きかえた英文になるように，＿＿＿に適切な語を書きなさい。

□(1) I bought a new bag last week.　（下線部をtomorrowにかえて）

I ＿＿＿＿＿＿＿ ＿＿＿＿＿＿＿ a new bag tomorrow.

□(2) Junta is going to make a speech tomorrow.　（否定文に）

Junta ＿＿＿＿＿＿＿ ＿＿＿＿＿＿＿ ＿＿＿＿＿＿＿ to make a

speech tomorrow.

□(3) They will play soccer in the park.　（疑問文にしてNoで答える）

＿＿＿＿＿＿＿ they ＿＿＿＿＿＿＿ soccer in the park?

―No, they ＿＿＿＿＿＿＿.

□(4) I'm going to bake cookies next Saturday.

（下線部をたずねる疑問文に）

＿＿＿＿＿＿＿ ＿＿＿＿＿＿＿ you going to ＿＿＿＿＿＿＿

next Saturday?

3 日本語に合うように，（ ）内の語句を並べかえなさい。

□(1) あしたは晴れるでしょう。

(be / it / sunny / will) tomorrow.

＿＿＿＿＿＿＿＿＿＿＿＿＿＿＿＿＿ tomorrow.

□(2) 私はそのホテルに滞在する予定です。

(am / stay / going / I / to) at the hotel.

＿＿＿＿＿＿＿＿＿＿＿＿＿＿＿＿＿ at the hotel.

□(3) 私の母は驚くでしょう。

(surprised / will / my mother / be).

＿＿＿＿＿＿＿＿＿＿＿＿＿＿＿＿＿.

ぴたトレ
1
要点チェック

Project 3

時間 **15分**

解答 p.26

〈新出語・熟語 別冊p.15〉

教科書の重要ポイント **大切にしているものを紹介する表現** 教科書 pp.142～143

▼ 自分が大切にしているものを英語で紹介しよう

最初に大切にしているものは何かを述べ，それについての詳しい説明（色や形，手に入れた方法など）を加える。

- **My treasure is a guitar.** 〔私の宝物はギターです。〕
  └→「私の宝物は…です。」と，最初に述べる。

- **My father gave the guitar to me.** 〔父がそのギターをぼくにくれました。〕
  └→〈give＋物＋to＋人〉「（人）に（物）を与える」

- **I play it every day.** 〔私はそれを毎日演奏します。〕

▼ 友達の発表を聞いて，わからないことや知りたいことを質問してみよう

- **Who gave it to you?** 〔だれがそれをあなたにくれましたか。〕
  └→Whoが主語のとき，〈Who＋動詞 ...?〉の語順。「だれが～しますか。」

- **Where did you buy it?** 〔あなたはそれをどこで買いましたか。〕
  └→「どこで」と場所をたずねる文

- **How many ... do you have?** 〔あなたは…をいくつ持っていますか。〕
  └→数をたずねる文 〈How many＋名詞の複数形〉「いくつの…」

- **What do you like about it?** 〔それのどんなところが好きですか。〕

who「だれ（が）」	what「何（を）」
whose「だれの」	which「どちらを，どれを」
where「どこに，どこへ，どこで」	when「いつ」
what＋名詞「何の…，どんな…」	how「どのように」
how long「どれくらい長く」	how many＋名詞の複数形「いくつの…」

自分が大切にしているものについて，
友達と紹介したり質問しあってみよう。

ナルホド！

Words & Phrases 次の英語は日本語に，日本語は英語にしなさい。

☐(1) present （　　　　　　　　　）

☐(3) 財宝；宝物 _____

☐(2) practice （　　　　　　　　　）

☐(4) giveの過去形 _____

1 日本語に合うように，（　）内から適切な語を選び，記号を〇で囲みなさい。

☐(1) 私の宝物はサッカーボールです。

My treasure (ア is　イ does) a soccer ball.

☐(2) 祖母が私にかばんをくれました。

My grandmother gave a bag (ア for　イ to) me.

☐(3) 私は学校でそれを使います。

I (ア use　イ play) it at school.

☐(4) それはあなたの最初のサッカーボールでしたか。

(ア Did　イ Was) it your first soccer ball?

⚠ ミスに注意

1(2)「(人)に(物)を与える」は〈give＋物＋to＋人〉で表せるよ。日本語にするときは「あげる」や「くれる」など自然に訳そう。

2 日本語に合うように，＿＿＿＿に適切な語を書きなさい。

☐(1) だれがその帽子を買いましたか。

＿＿＿＿＿＿ ＿＿＿＿＿＿ the cap?

☐(2) あなたの宝物は何ですか。

＿＿＿＿＿＿ ＿＿＿＿＿＿ your treasure?

☐(3) あなたは野球を毎日どのくらい長く練習しますか。

＿＿＿＿＿＿ ＿＿＿＿＿＿ do you practice baseball every

day?

☐(4) あなたはどこでそれを使いますか。

＿＿＿＿＿＿ ＿＿＿＿＿＿ you use it?

☐(5) あなたは帽子をいくつ持っていますか。

＿＿＿＿＿＿ ＿＿＿＿＿＿ caps do you have?

注目!

いろいろな疑問文

2「だれ」「何」などとたずねる語句はかならず文頭に置く。あとには疑問文の語順が続く。

3 日本語に合うように，（　）内の語句を並べかえなさい。

☐(1) 私は音楽部に入っています。

(the music club / I / in / am).

＿＿＿＿＿＿＿＿＿＿＿＿＿＿＿＿＿＿＿＿.

☐(2) あなたは毎日ピアノを演奏しますか。

(the piano / do / play / you / every day)?

＿＿＿＿＿＿＿＿＿＿＿＿＿＿＿＿＿＿＿＿?

☐(3) あなたはその絵のどんなところが好きですか。

(you / do / like / what / about) the picture?

＿＿＿＿＿＿＿＿＿＿＿＿＿＿＿ the picture?

☐(4) そのギターは私の誕生日プレゼントでした。

(was / my birthday / the guitar / present).

＿＿＿＿＿＿＿＿＿＿＿＿＿＿＿＿＿＿＿＿.

テストによく出る!

「…のどんなところが好きですか。」

3(3)「…のどんなところが好きですか。」→「…について何が好きですか。」と考える。

Project 3

Lesson 8 ～ Project 3

1 （　）に入る適切な語句を選び，記号を〇で囲みなさい。

□(1) Tom and I (　　) cook curry together.

　　ア am　　イ is　　ウ will　　エ are going

□(2) She (　　) go to the library tomorrow.

　　ア isn't　　イ doesn't　　ウ didn't　　エ won't

□(3) I'm (　　) play basketball tomorrow.

　　ア going to　　イ am going to　　ウ will　　エ not

□(4) (　　) you going to enjoy a picnic today?

　　ア Will　　イ Do　　ウ Are　　エ Did

> 空所の前後を見て，will
> と be going toのどちら
> を使うか判断しよう。

2 日本語に合うように，＿＿＿に適切な語を書きなさい。

□(1) あしたは晴れるでしょう。

　　It ＿＿＿＿＿＿＿＿ ＿＿＿＿＿＿＿＿ sunny tomorrow.

□(2) 私の友達はきょうスケートをするつもりです。

　　My friends ＿＿＿＿＿＿＿＿ ＿＿＿＿＿＿＿＿ to skate today.

□(3) あなたのお兄さんはあした，何を買うでしょうか。

　　＿＿＿＿＿＿＿＿ ＿＿＿＿＿＿＿＿ your brother buy tomorrow?

3 英文を（　）内の指示にしたがって書きかえなさい。

□(1) They will practice volleyball today.　（否定文に）

＿＿＿＿＿＿＿＿＿＿＿＿＿＿＿＿＿＿＿＿＿＿＿＿＿＿＿＿＿＿＿＿＿

□(2) I am going to help my father tomorrow.　（否定文に）

＿＿＿＿＿＿＿＿＿＿＿＿＿＿＿＿＿＿＿＿＿＿＿＿＿＿＿＿＿＿＿＿＿

□(3) Kate is going to <u>make dinner</u> today.　（下線部をたずねる疑問文に）

＿＿＿＿＿＿＿＿＿＿＿＿＿＿＿＿＿＿＿＿＿＿＿＿＿＿＿＿＿＿＿＿＿

4 日本語を英語になおしなさい。

□(1) 佐藤先生(Mr. Sato)は放課後，忙しいでしょうか。―はい，忙しいでしょう。

＿＿＿＿＿＿＿＿＿＿＿＿＿＿＿＿＿＿＿＿＿＿＿＿＿＿＿＿＿＿＿＿＿

―＿＿＿＿＿＿＿＿＿＿＿＿＿＿＿＿＿＿＿＿＿＿＿＿＿＿＿＿＿＿＿

□(2) 彼女は次の土曜日，ラジオを聞くつもりです。

＿＿＿＿＿＿＿＿＿＿＿＿＿＿＿＿＿＿＿＿＿＿＿＿＿＿＿＿＿＿＿＿＿

ヒント　**2** (1)be動詞の原形はbe。
　　　　4 (1)willの疑問文にする。「放課後」はafter school。(2)be going toを使う。

❺ 読む📖 次の英文を読んで，あとの問いに答えなさい。

　　Mt. Fuji is special to many people. Some paint it. Others pray to it. It is a symbol of Japan.

　　From the late 1900s, the number of climbers increased. Many of them dropped litter on the paths. They left behind plastic bottles and cans. The paths were messy.

　　My friends and I felt upset about this situation. We talked about the problem. We decided, "We will make a group. We will clean the paths on Mt. Fuji."

　　Now we are busy with ①many activities. We pick up people's litter. We talk to hikers. We give speeches at schools and events. On our website, we share information with similar groups around the world. Mt. Fuji is getting clean.

　　②(　　) (　　) join us? Let's save Mt. Fuji for future generations.

☐(1) 下線部①の具体的な内容として合わないものを１つ選び，記号を○で囲みなさい。

　　ア ごみを拾う。　　　イ 学校やイベントでチラシを配る。

　　ウ ウェブサイトで世界の同じようなグループと情報を共有する。

☐(2) 下線部②が「私たちに加わりませんか。」という意味になるように，（ ）に入る適切な語を書きなさい。　　　　　　　　　　　　　　　　　　　　　　　　　　　　 join us?

☐(3) 本文の内容に合うように，次の問いに英語で答えなさい。

　　What is a symbol of Japan?　　　　　　　　　　　　　　　　　　　　　　　　　

❻ 話す🔊 次の文を声に出して読み，問題に答え，答えを声に出して読んでみましょう。 アプリ

　　Sora :　Excuse me, Ms. Bell.

　Ms. Bell :　Hi, Sora. Can I help you?

　　Sora:　I'm going to visit New Zealand during summer vacation.

　Ms. Bell :　Oh, that's great! New Zealand is a nice country. You'll like it.

　　Sora :　What place do you recommend in New Zealand?

　Ms. Bell :　How about a Maori village? You can learn about the Maori.

（注）Can I ...? 〔申し出〕…しましょうか。　　New Zealand　ニュージーランド　　summer vacation　夏休み
　　country　国　　recommend　推薦する　　Maori　マオリ族(の)　　village　村

☐(1) Where is Sora going to visit during summer vacation?　（heで答える）

　　—　　　　　　　　　　　　　　　　　　　　　　　　　　　　　　　　　　　

☐(2) What place does Ms. Bell recommend?　（sheで答える）

　　—　　　　　　　　　　　　　　　　　　　　　　　　　　　　　　　　　　　

ヒント　❺(1)下線部の直後からの内容を参照。　❻(1)ソラの２番目の発言に注目。

ぴたトレ

3

確認テスト

Lesson 8 ～ Project 3

時間 30分 /100点

合格 70点

解答 p.27

教科書 pp.127 ～ 143

❶ 下線部の発音が同じものには〇を，そうでないものには×を書きなさい。 9点

(1) dec<u>i</u>de

f<u>i</u>nal

(2) w<u>ar</u>m

p<u>ar</u>don

(3) st<u>ay</u>

p<u>ai</u>nt

❷ 最も強く発音する部分の記号を書きなさい。 9点

(1) ex - am

　ア　イ

(2) al - most

　ア　イ

(3) sim - i - lar

　ア　イ　ウ

❸ 日本語に合うように，＿＿に適切な語を解答欄に書きなさい。 16点

(1) 兄はきょう試験を受けるつもりです。

My brother ＿＿＿＿ ＿＿＿＿ to take an exam today.

差がつく (2) 私はあした6時に家を出るでしょう。

＿＿＿＿ ＿＿＿＿ home at six tomorrow.

(3) 私たちは今晩そのDVDを見ないでしょう。

We ＿＿＿＿ ＿＿＿＿ the DVD this evening.

(4) 彼らはいつ富士山に登る予定ですか。

＿＿＿＿ ＿＿＿＿ they going to climb Mt. Fuji?

❹ ＿＿に適切な語を入れて，対話文を完成させなさい。 15点

(1) *A :* ＿＿＿＿ your sister do volunteer work tomorrow?

　B : Yes, she ＿＿＿＿.

(2) *A :* ＿＿＿＿ ＿＿＿＿ you going to visit in Japan?

　B : I ＿＿＿＿ going to visit Kyoto and Nara.

(3) *A :* How ＿＿＿＿ the weather ＿＿＿＿ tomorrow?

　B : It will be snowy.

❺ 読む 対話文を読んで，あとの問いに答えなさい。 27点

Kumi : A spring vacation （ ① ） next week. What are you going to do?

Jane : I'm going to see my cousin in Nara. We are going to go to Nara Park and see cherry blossoms.

Kumi : ②<u>That</u> will be fun. You can also see a lot of deer there.

Jane : Oh, really? Can I give food to them?

Kumi : Yes. You can buy food for deer and give it to them. Enjoy your stay in Nara.

Jane : Thank you. Well, what are you going to do during the spring vacation?

Kumi : I'm going to climb a mountain in my city. We can see beautiful cherry blossoms there.

成績評価の観点 　知…言語や文化についての知識・技能 　表…外国語表現の能力

Jane : That's good. In spring, we can enjoy cherry blossoms in different places in Japan.

Kumi : Yes. Please enjoy the Japanese spring, Jane.

Jane : Thank you, Kumi.　(注)next week　来週　　a lot of　たくさんの　　deer　シカ　　stay　滞在

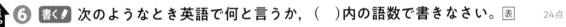 (1) （ ① ）に入る適切な語(句)を1つ選び，記号を書きなさい。

　　ア start　　イ starts　　ウ will starts　　エ are starting

(2) 下線部②がさしている内容を具体的に日本語で書きなさい。

(3) 本文の内容に合うように，次の問いに英語で答えるとき，＿＿に入る適切な語を書きなさい。

　　Can people in Japan enjoy cherry blossoms in spring? ―＿＿＿, they ＿＿＿.

(4) 本文の内容に合うものを1つ選び，記号を書きなさい。

　　ア ジェーンはいとこといっしょに奈良へ行く予定である。

　　イ ジェーンは奈良公園のシカにシカ用の食べ物をあげることができる。

　　ウ クミは春休みに市外の山を登って桜を見る予定である。

点UP **❻** 書く✎ **次のようなとき英語で何と言うか，（ ）内の語数で書きなさい。** 表　　24点

(1) 友達に，自分があした朝食を作るつもりだと伝えたいとき。（5語）

(2) 友達に，東京に滞在するつもりなのかたずねたいとき。（7語）

(3) 友達に，自分は来月忙しくないと伝えたいとき。（7語）

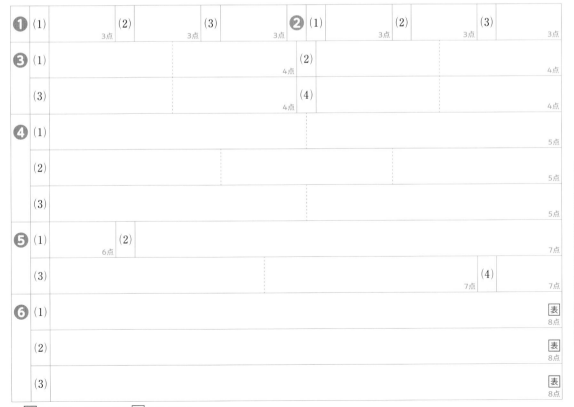

▶ 表 の印がない問題は全て 知 の観点です。

ぴたトレ
1
要点チェック

READING FOR FUN
Alice and Humpty Dumpty

時間
15分

解答
p.28

〈新出語・熟語 別冊p.15〉

教科書の
重要ポイント　**ていねいな命令文**　　教科書 pp.144～147

<u>**Please be** careful.</u> 〔(どうぞ)気をつけてください。〕

ていねいな命令文はpleaseを文の最初か最後に置く。

「(どうぞ)…してください。」＝〈Please＋動詞の原形 ....〉または〈動詞の原形 ..., please.〉

ふつうの文　　　　**You are** careful. 〔あなたは注意深いです。〕

↓ be動詞areを原形beにする

命令文　　　　　　**Be** careful. 〔気をつけなさい。〕

ていねいな命令文　**Please be** careful. 〔(どうぞ)気をつけてください。〕

Be careful, **please.** 〔(どうぞ)気をつけてください。〕

↳pleaseを文の最後に置くときは前にコンマ(,)をつける　　　ナルホド!

Words & Phrases　次の英語は日本語に，日本語は英語にしなさい。

☐(1) ask 　　　（　　　　　　　　　）　　☐(4) (…のあとに)ついていく ＿＿＿＿＿＿＿

☐(2) terrible 　（　　　　　　　　　）　　☐(5) 注意深い，慎重な ＿＿＿＿＿＿＿

☐(3) disappear（　　　　　　　　　）　　☐(6) runの過去形 ＿＿＿＿＿＿＿

1 日本語に合うように，（　）内から適切な語を選び，記号を
〇で囲みなさい。

☐(1) 窓を開けてください。

（ ア Please　イ Let's) open the window.

☐(2) 私を手伝ってください。

Help me, (ア too　イ please).

2 日本語に合うように，＿＿＿に適切な語を書きなさい。

☐(1) その女の子はベンチに座っていました。

The girl ＿＿＿＿＿＿ ＿＿＿＿＿＿ on the bench.

☐(2) あなたはどれくらい長くそこに滞在するつもりですか。

＿＿＿＿＿＿ ＿＿＿＿＿＿ are you going to stay there?

☐(3) ここでギターを弾いてはいけません。

＿＿＿＿＿＿ ＿＿＿＿＿＿ the guitar here.

⚠ミスに注意

2(2)「どれくらい長く」と
期間をたずねるときは
How longで文を始め
るよ。

126

READING FOR FUN
Alice and Humpty Dumpty

① ( )に入る適切な語句を選び，記号を〇で囲みなさい。

□(1) The cat ( ) into the house and disappeared.

　　ア run　　イ runs　　ウ ran　　エ is running

□(2) I was ( ) a letter to my grandmother.

　　ア write　　イ writes　　ウ wrote　　エ writing

□(3) What ( ) your brother's name?

　　ア be　　イ is　　ウ are　　エ am

□(4) ( ) the word have a meaning?

　　ア Is　　イ Do　　ウ Does　　エ Are

> 選択肢をよく見て，空所に適する語句を選ぼう。

② 日本語に合うように，＿＿＿に適切な語を書きなさい。

□(1) そのネコは箱の中に落ちました。

　　The cat ＿＿＿＿＿＿＿＿ into the box.

□(2) 彼女は台所にいました。

　　She ＿＿＿＿＿＿＿＿ in the kitchen.

□(3) 私は少しも野菜が好きではありません。

　　I don't like vegetables ＿＿＿＿＿＿＿ ＿＿＿＿＿＿＿.

③ 英文を( )内の指示にしたがって書きかえなさい。

□(1) Kanako swam in the sea. （「…していました」という英文に）

　　_____

□(2) You are late. （「…してはいけません」という英文に）

　　_____

□(3) Mark practiced the guitar <u>for two hours</u>. （下線部をたずねる疑問文に）

　　_____

④ 日本語を英語になおしなさい。

□(1) あなたの名前は何を意味しますか。

　　_____

□(2) これらのボールを運んでください。

　　_____

ヒント　**②**(2)「…にいる」はbe動詞で表すことができる。
　　　　④(2)pleaseを文の最初か最後に置く。文の最後に置くときは，前にコンマ(,)を忘れないこと。

5 読む📖 **英文を読んで，あとの問いに答えなさい。** ルイス・キャロル 「不思議の国のアリス」「鏡の国のアリス」より

"Anyway, I like your belt. It's very nice."

"My belt? My belt! It is not a belt. It is a tie. It's around my neck."

"Well, it's a very nice tie, too."

Alice looked around. "The wall is very high. ①(　　)(　　) careful," she said. "Do you know this song?" she asked.

Humpty Dumpty sat on a wall.

Humpty Dumpty had a great fall.

"Stop!" cried Humpty Dumpty. "Don't sing that terrible song. ②I don't like it at all."

☐(1) 下線部①が「どうぞ気をつけてください」という意味になるように，（　）に入る適切な語を書きなさい。 _____ _____ careful

☐(2) 下線部②をitがさす内容を明確にして，日本語にしなさい。
（　　　　　　　　　　　　　　　　　　　　　　　　　　　　　　　　）

☐(3) 本文の内容に合うものを1つ選び，記号を○で囲みなさい。

　　ア　ハンプティ・ダンプティはベルトを身につけている。

　　イ　ハンプティ・ダンプティはとても高いへいの上にいる。

　　ウ　ハンプティ・ダンプティはアリスに「この歌を知っているか」とたずねた。

6 話す🔊 **次の文を声に出して読み，問題に答え，答えを声に出して読んでみましょう。** 🔲アプリ

A thirsty crow found a pitcher. He found water inside it. He was very happy.

But he could not drink the water. His beak did not reach it. The pitcher had very little water. "I can't drink this, but I'm very thirsty."

(注)crow　カラス　　found　find「見つける」の過去形　　pitcher　水差し　　beak　くちばし
reach ...　…に達する　　little　ほとんどない
Aesop 「The Crow and the Pitcher」より

☐(1) Who found a pitcher?

　　— _____

☐(2) What did the crow find?

　　— _____

☐(3) Where is very little water?

　　— _____

ヒント　⑤ (2)itは前文のthat terrible songをさす。　⑥ (1)本文1文目に注目。〈主語＋did.〉の形で答える。

予想問題

テスト前に役立つ!

テスト前に解いて、わからない問題やまちがえた問題は、もう一度確認しておこう！

チェック！

● テスト本番を意識し、時間を計って解きましょう。

● 取り組んだあとは、必ず答え合わせを行い、まちがえたところを復習しましょう。

● 観点別評価を活用して、自分の苦手なところを確認しましょう。

リスニングテスト

アプリを使って、リスニング問題を解きましょう。

▶ pp.140 ～ 149
全10回

英作文にチャレンジ！

英作文問題に挑戦してみましょう。

▶ pp.150 ～ 152

英作文ができたらパーフェクトだね！

❶ ユキが留学生のマークと話しています。対話文を読んで，あとの問いに答えなさい。

38点

> *Yuki :* Hi, I'm Tanaka Yuki. I am from Nagasaki. I live (　①　) Aoba city now.
>
> *Mark :* Hi, Yuki. I am Mark Davis. I'm from the U.S.A. I live (　①　) Midori city.
>
> *Yuki :* Do you play any sports?
>
> *Mark :* (　②　). I play basketball. I'm in the basketball club. I sometimes play soccer. Do you like sports, Yuki?
>
> *Yuki :* No, I don't. I like movies very much.
>
> *Mark :* ③(movie / you / do / like / what)?
>
> *Yuki :* I like fantasy movies. I watch movies at home. I don't go to theaters. Do you watch movies, Mark?
>
> *Mark :* Yes, I do. I like animated movies.
>
> *Yuki :* Do you know any Japanese songs?
>
> *Mark :* Yes. I sometimes sing songs at home. ④(in / interested / I'm / music / J-pop).

(1) (　①　)に共通して入る適切な語を英語1語で書きなさい。

(2) (　②　)に入る適切な文を選び，その記号を書きなさい。

　　ア Yes, I do.　　イ Yes, I am.　　ウ No, I don't.

(3) 下線部③，④が意味の通る文になるように，(　)内の語を並べかえなさい。

(4) 本文の内容に合うものには○を，合わないものには×を書きなさい。

　　ア ユキはみどり市に住んでいる。

　　イ マークはバスケットボールもサッカーもする。

　　ウ ユキはよく映画館で映画を見る。

❷ (　)内から適切な語を選び，記号で答えなさい。

20点

(1) I (ア am　イ are) fine.

(2) You (ア am　イ are) Hana.

(3) I sometimes (ア run　イ take) pictures.

(4) You (ア use　イ speak) a computer every day.

(5) I (ア clean　イ eat) the bathroom on Sunday.

❸ ____に適切な語を入れて，対話文を完成させなさい。 12点

(1) A : _____ you tired?

　　B : No, I'm _____.

(2) A : _____ you know *Dragon Ball*?

　　B : No, I _____ _____.

(3) A : _____ you like sports?

　　B : Yes, I _____. I _____ a tennis fan.

❹ 英文を（　）内の指示にしたがって書きかえなさい。 表 20点

(1) I'm from London. （否定文に）

(2) You are in the art club. （疑問文に）

(3) You practice judo every day. （疑問文に）

(4) I have a <u>turtle</u> at home. （下線部をiguanaに変えて）

❺ 日本語に合う英文になるように，（　）内の語を並べかえなさい。 10点

(1) 私は数学が得意です。 (math / am / I / at / good).

(2) 私は中国語を話しません。 (not / I / Chinese / do / speak).

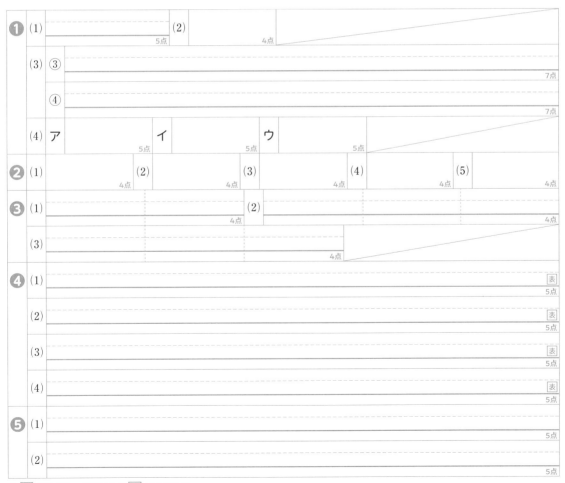

▶ 表 の印がない問題は全て 知 の観点です。

Lesson 2 ～ Lesson 3 Part 3

① 対話文を読んで，あとの問いに答えなさい。 　　33点

Mark : Hi, Kumi. (　①　) is this boy?

Kumi : Hi, Mark. He is Takuya.

Mark : ②(your / is / friend / he)?

Kumi : No, he isn't. He is not my friend. He is my brother. He can play baseball well, but he cannot swim.

Mark : I see. (　①　) is that woman?

Kumi : She is my mother. She is a nurse. She is good at cooking. I like her pizza very much.

Mark : Do you cook?

Kumi : Yes, I do. My mother and I sometimes cook dinner. What Japanese food do you like?

Mark : I like *tempura* very much.

Kumi : *Tempura*? My mother can cook ③it very well. Come and eat it this weekend.

Mark : Good. Thank you, Kumi.

(1) (　①　)に共通して入る適切な語句を選び，その記号を書きなさい。

　　ア What　　イ Who　　ウ How many

(2) 下線部②を意味が通るように，（　）内の語を並べかえなさい。

(3) 下線部③が指すものを文中の1語で答えなさい。

(4) 本文の内容に合うように，次の問いに英語3語で答えなさい。表

　　Is Takuya good at baseball?

(5) 本文の内容に合うものを1つ選び，その記号を書きなさい。

　　ア　タクヤは速く泳ぐことができる。

　　イ　クミの母親は，看護師である。

　　ウ　クミと母親は時々朝食を作る。

② 次の英文の＿＿に，a, an, some, any の中から適切な語を入れなさい。ただし，必要ない場合は×を入れなさい。 　　20点

(1) I have ＿＿＿ balls in my bag.

(2) He is ＿＿＿ English teacher.

(3) Is this ＿＿＿ library?

(4) I like ＿＿＿ music very much.

(5) Do you have ＿＿＿ oranges?

　成績評価の観点　知…言語や文化についての知識・技能　表…外国語表現の能力

❸ ___に適切な語を入れて，対話文を完成させなさい。 　　12点

(1) A : _____ you climb trees?
　　B : _____, I can't.

(2) A : _____ this a postbox?
　　B : Yes, _____ is.

(3) A : This is Yukari. Do you know _____?
　　B : Sure. _____ is a popular dancer.

❹ 英文を（　）内の指示にしたがって書きかえなさい。 表 　　25点

(1) I speak Chinese. （「〜できます」という意味の文に）

よく出る (2) You see three horses. （下線部をたずねる疑問文に）

(3) This is my cap. （否定文に）

(4) That is a hospital. （下線部をたずねる疑問文に）

(5) You take a picture here. （命令文に）

❺ 日本語に合うように，___に適切な語を書きなさい。 　　10点

(1) 映像を私に送ってもらえませんか。 _____ _____ send a video to me?

(2) 彼女は英語で落語を演じることができます。 She can perform *rakugo* _____ _____.

❶ (1) ［6点］ (2) ［7点］
(3) ［6点］ (4) ［7点］ 表 (5) ［7点］

❷ (1) ［4点］ (2) ［4点］ (3) ［4点］
(4) ［4点］ (5) ［4点］

❸ (1) ［4点］ (2) ［4点］
(3) ［4点］

❹ (1) 表 ［5点］
(2) 表 ［5点］
(3) 表 ［5点］
(4) 表 ［5点］
(5) 表 ［5点］

❺ (1) ［5点］ (2) ［5点］

▶ 表 の印がない問題は全て 知 の観点です。

❶ 　／33点　❷ 　／20点　❸ 　／12点　❹ 　／25点　❺ 　／10点

133

定期テスト
予想問題
3

Take Action! Listen 1 〜
Lesson 4 USE Write

時間 30分 ／100点　合格 70点　解答 p.31

❶ タケシが留学生のケイトと話しています。対話文を読んで，あとの問いに答えなさい。

50点

> **Takeshi :** Look（　①　）this picture．This is my sister, Yoko.
>
> **Kate :** ②（ does / play / what / she ）？
>
> **Takeshi :** She plays the drums．She can play them very well.
>
> **Kate :** Is she in a band？
>
> **Takeshi :** Yes, she is．She belongs to a school band．She practices the drums every day.
>
> **Kate :** That's nice．I have a sister, Nancy．③（ play / she / an / doesn't / instrument ）．She likes dance.
>
> **Takeshi :** Really？Does she belong to a dance club？
>
> **Kate :** Yes, she does．She is a very good dancer．The dance club has a dance show（　④　）Sunday．You can come and see it.
>
> **Takeshi :** Thant's great！
>
> **Kate :** You don't need a ticket for the show．（　⑤　）

(1)（　①　）（　④　）に入る適切な語をそれぞれ選び，記号で書きなさい。

　　ア in　　イ on　　ウ at

(2) Yokoとは誰のことですか。日本語で答えなさい。

(3) 下線部②，③が意味の通る文になるように，（　）内の語を並べかえなさい。

(4)（　⑤　）に入る適切な文を選び，その記号を書きなさい。

　　ア Don't enjoy the show.

　　イ You can't enjoy the show.

　　ウ Let's enjoy the show.

(5) 本文の内容について，次の問いにそれぞれ英語3語で答えなさい。表

　　① Can Yoko play the drums well?

　　② Does Kate have a sister?

　　③ Does Takeshi need a ticket for the dance show?

❷ （　）内から適切な語を選び，記号で答えなさい。

18点

(1) I like vegetables. —Me,（ ア to　イ too ）.

(2) These（ ア is　イ are ）my parents.

(3) Mike（ ア has　イ have ）a dog.

(4) We play cricket（ ア at　イ on ）school.

　成績評価の観点　知…言語や文化についての知識・技能　表…外国語表現の能力

(5) They (ア isn't　イ aren't) from the U.K.

(6) (ア How　イ Who) about you?

❸ 日本語に合う英文になるように，＿＿＿に適切な語を入れなさい。　　　12点

(1) タロウは毎日宿題をします。

　　Taro _____ _____ _____ every day.

(2) ここで泳いではいけません。

　　_____ _____ here.

(3) 美術が好きな人もいれば，音楽が好きな人もいます。

　　_____ like arts, _____ like music.

❹ 英文を（　）内の指示にしたがって書きかえなさい。 表　　20点

(1) I go to the library. （I を Tom に変えて）

(2) My father drinks coffee. （否定文に）

(3) She studies English every day. （疑問文に）

(4) Ken gets up at six. （下線部をたずねる疑問文に）

▶ 表 の印がない問題は全て 知 の観点です。

❶ 　/50点　　❷ 　/18点　　❸ 　/12点　　❹ 　/20点

135

定期テスト予想問題

Take Action! Listen 1 ～ Lesson 4 USE Write　教科書62〜76ページ

Lesson 4 USE Speak ～ Lesson 5 USE Read

差が
つく ❶ サキが友達のエミリーをクラスのみんなに紹介しています。英文を読んで，あとの問いに答えなさい。 49点

Hello, I'm Saki. This is my friend, Emily. She is from Australia. Emily and I are good friends.

She likes animals very much. She has a dog and two cats at home. She (　①　) her dog every morning. His name is Kuro. I like him.

Emily is good at Japanese. She can speak it well. We sometimes talk about comics in Japanese. We watch some Japanese anime on TV. Now she is interested (　②　) *kanji*. ③(she / day / kanji / every / study). I can't speak English well. Emily often teaches ④it to me. She is a good teacher.

We go to the library every Sunday. We work as volunteers at the library. We read some books with children. We enjoy it.

(1) （　①　）に入る適切な語を選び，その記号を書きなさい。

ア goes　　イ runs　　ウ walks

(2) （　②　）に入る適切な語を1語で書きなさい。

(3) 下線部③が意味の通る文になるように，（　）内の語を並べかえなさい。ただし，1語を適切な形に変えること。

(4) 下線部④が指すものを文中の1語で書きなさい。

(5) 本文の内容について，次の問いにそれぞれ英語3語で答えなさい。 表

① How many cats does Emily have?

② Can Emily speak Japanese well?

③ Do Saki and Emily go to the library every day?

❷ （　）内から適切な語を選び，記号で答えなさい。 15点

(1) We don't know （ ア him　イ his ） well.

(2) Koji and （ ア me　イ I ） are soccer fans.

(3) Ken is （ ア me　イ my ） brother.

(4) I see many rabbits here. Do you see （ ア them　イ it ）?

(5) This bag is （ ア my　イ mine ）.

❸ 日本語に合う英文になるように，＿＿に適切な語を入れなさい。　16点

(1) ラジオを聞きましょう。

　Let's ＿＿＿ ＿＿＿ the radio.

(2) 私は，毎日9時にお風呂に入ります。

　I ＿＿＿ a ＿＿＿ at nine every day.

(3) ぼくたちは，放課後バレーボールの練習をします。

　We practice volleyball ＿＿＿ ＿＿＿.

(4) あなたは，牛乳とジュースのどちらが欲しいですか。

　＿＿＿ do you want, milk ＿＿＿ juice?

❹ 英文を（　）内の指示にしたがって書きかえなさい。表　20点

(1) Mari writes a letter to Tom.　（現在進行形の文に）

(2) He doesn't run in the park.　（現在進行形の文に）

(3) Do Yuji and Aya play tennis?　（現在進行形の文に）

(4) You are eating lunch.　（下線部をたずねる疑問文に）

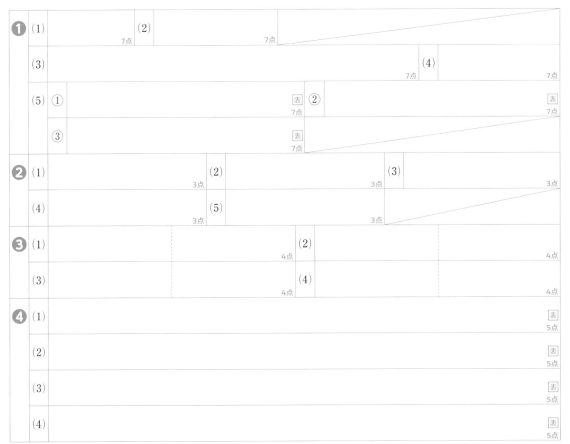

▶ 表 の印がない問題は全て 知 の観点です。

Lesson 5 USE Write ～
READING FOR FUN

時間 30分 ／100点　合格 70点　解答 p.33

 ❶ ユウジが冬休みの出来事について日記を書きました。英文を読んで，あとの問いに答えなさい。

35点

January 7

　I went to Akita with my family （　①　） the winter vacation.　My grandmother lives there.　We stayed at her house （　②　） five days.　We talked a lot about my school and my friends.

　It was very cold in Akita.　I saw a lot of snow ③（　　　）（　　　）（　　　）（　　　）.　It was very beautiful.　I made a big snowman with my brother.　It was fun.

　We visited Asahi shrine on New Year's Day.　The shrine is very old.　It is famous （　④　） its good luck charms.　I saw many people there.　I wished a good luck.　I drew *omikuji*.　I got *daikichi*.　I was very happy.　This year will be good for me.

　We enjoyed the vacation very much.　We will visit there again in summer.

（注）wish　願う

---

(1) （　①　）（　②　）（　④　）に入る適切な語をそれぞれ１つずつ選び，記号を書きなさい。ただし，同じ語を何回使ってもかまいません。

　　ア for　　イ in　　ウ to　　エ during

(2) 下線部③が「初めて」という意味になるよう，英語４語で書きなさい。

(3) ユウジは祖母と何について話をしましたか。日本語で２つ書きなさい。

(4) 本文の内容に合うものには○を，合わないものには×を書きなさい。

　　ア Yuji and her grandmother made a snowman in Akita.

　　イ Many people visited Asahi shrine on New Year's Day.

　　ウ Yuji is going to go to Akita in summer.

❷ 次の動詞を，原形は過去形に，過去形は原形にしなさい。

24点

(1) study　　(2) ate　　(3) take

(4) made　　(5) ran　　(6) get

(7) had　　(8) give　　(9) buy

(10) saw　　(11) think　　(12) leave

❸ （　）内から適切なものを選び，記号で答えなさい。

21点

(1) Ken （ ア read　イ reads　ウ is reading ） a book every morning.

(2) Junko （ ア uses　イ used　ウ is using ） my bag now.

(3) My family visited Kyoto two months (ア last　イ ago　ウ before).

(4) (ア Does　イ Is　ウ Did) Koji take the picture last night?

(5) Kumi (ア look　イ looked　ウ looks) happy now.

(6) Mr. Tani (ア will　イ are　ウ is) give a speech tomorrow.

(7) (ア Will　イ Are　ウ Do) you going to watch the DVD with Emi?

❹ 次の＿＿に適切な語を入れて，それぞれの対話文を完成させなさい。　20点

(1) Did your father wash his car last Saturday?　—No, ＿＿＿ ＿＿＿.

(2) What ＿＿＿ you doing then?　—I was looking ＿＿＿ my dog.

(3) Whose key is this?　Is it yours?　—Yes, it's ＿＿＿.

(4) Will ＿＿＿ rain this afternoon?

　　No, it ＿＿＿.　It will ＿＿＿ sunny and hot.

(5) ＿＿＿ ＿＿＿ I get to the station?

　　Turn right at the second corner.

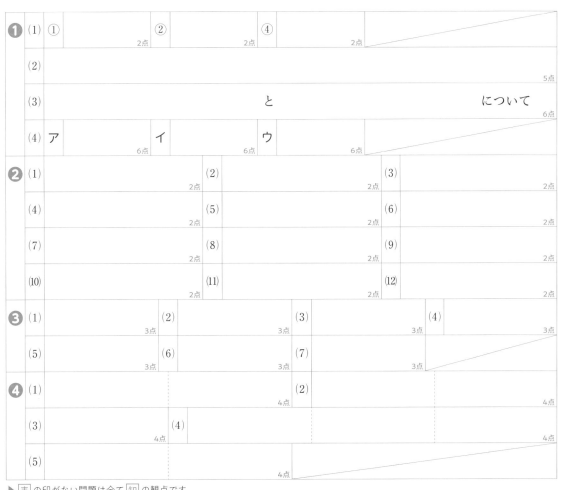

▶ 表 の印がない問題は全て 知 の観点です。

❶ 　/35点　❷ 　/24点　❸ 　/21点　❹ 　/20点

/ 20点

解答
p.36

① これから３つの対話文を読みます。それぞれの内容が絵に合っていれば〇を，合っていなければ×を書きなさい。英文は２回読まれます。

(4点×3)

ポケ ①
リス♪

(1)
Takeru

(2)

(3)

(1)		(2)		(3)	

② これからマイのスピーチと，その内容についての２つの質問文を放送します。質問の答えとして最も適切なものをア～エの中から１つずつ選び，記号で答えなさい。英文は２回読まれます。

(4点×2)

ポケ ②
リス♪

(1) ア She is a student.
　　イ She is not a student.
　　ウ Yes, she is.
　　エ No, she is not.

(2) ア It is apple pie.
　　イ It is cooking.
　　ウ It is English.
　　エ It is Osaka.

(1)		(2)	

／20点

解答
p.36

❶ これから4つの英文を読みます。それぞれの内容に合う絵を1つずつ選び，記号で答えなさい。英文は2回読まれます。

(2点×4)　ポケリス♪ ❸

(1)		(2)		(3)		(4)	

❷ これから3つの対話文を読みます。それぞれの内容が絵に合っていれば〇を，合っていなければ×を書きなさい。英文は2回読まれます。

(4点×3)　ポケリス♪ ❹

(1)

(2)

(3)

(1)		(2)		(3)	

リスニングテスト　小学校の復習／be動詞

❶ これから3つの対話文を読みます。それぞれの内容に合う絵を1つずつ選び，記号で答えなさい。英文は2回読まれます。

（4点×3）　ポケリス♪ ❺

(1)

(2)
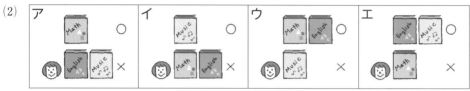

(3)
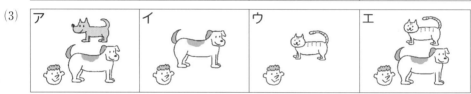

(1)		(2)		(3)	

❷ これから2つの対話文を読みます。それぞれの内容に合うものをア～エの中から1つずつ選び，記号で答えなさい。英文は2回読まれます。

（4点×2）　ポケリス♪ ❻

(1)　ア　マイクは歩いて学校に行きます。

　　イ　マイクはバスで学校に行きます。

　　ウ　エミはたいてい歩いて学校に行きます。

　　エ　エミはときどき自転車で学校に行きます。

(2)　ア　ケイトには姉妹がいません。

　　イ　ケイトには姉妹が1人います。

　　ウ　リョウには姉妹が1人，兄弟が1人います。

　　エ　リョウには姉妹が2人います。

(1)		(2)	

❶ これから３つの対話文を読みます。それぞれの内容が絵に合っていれば〇を，
合っていなければ×を書きなさい。英文は２回読まれます。

（4点×3） ポケ ❼
リス♪

(1)

(2)

(3)

(1)		(2)		(3)	

❷ これから放送するジョンと博物館員の対話文を聞いて，その内容に合うものを
ア〜カの中から２つ選び，記号で答えなさい。英文は２回読まれます。

ア John can take pictures in the museum.

（4点×2） ポケ ❽
リス♪

イ John can take his bag with him.

ウ John can take his dog with him.

エ John can eat in the museum.

オ John can drink in the museum.

カ John can enjoy pictures in the museum before five o'clock.

❶ これから 3 つの対話文を読みます。それぞれの内容に合う絵を 1 つずつ選び,
記号で答えなさい。英文は 2 回読まれます。

（4点×3） ポケ
リス♪ ❾

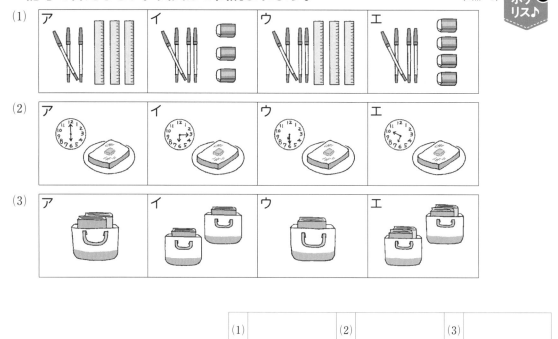

(1)		(2)		(3)	

❷ これからタカシのスピーチと,その内容についての 2 つの質問文を放送します。
質問の答えとして最も適切なものをア～エの中から 1 つずつ選び,記号で答え
なさい。英文は 2 回読まれます。

（4点×2） ポケ
リス♪ ❿

(1) ア He practices the guitar.

　イ He practices tennis.

　ウ He practices soccer.

　エ He practices basketball.

(2) ア She is from Nagano.

　イ She is a junior high school student.

　ウ She is seventeen years old.

　エ She is Takashi's sister.

(1)		(2)	

❶ これから 3 つの対話文を読みます。それぞれの内容に合う絵を 1 つずつ選び，記号で答えなさい。英文は 2 回読まれます。

（4点×3）ポケリス♪ ⑪

(1)		(2)		(3)	

❷ これから 2 つの対話文を読みます。それぞれの最後にくる文として最も適切なものをア〜エの中から 1 つずつ選び，記号で答えなさい。英文は 2 回読まれます。

（4点×2）ポケリス♪ ⑫

(1) ア At school.
　　イ After school.
　　ウ With my friends.
　　エ By bus.

(2) ア Every year.
　　イ Forty years old.
　　ウ In August.
　　エ In Australia.

(1)		(2)	

解答
p.39

/ 20点

❶ これから4つの英文を読みます。それぞれの内容に合う人物を絵のア～キの中から1人ずつ選び，記号で答えなさい。英文は2回読まれます。　(3点×4) ポケリス♪ ⑬

(1)		(2)		(3)		(4)	

❷ これから放送するベッキーとシンジの電話での対話文を聞いて，その内容に合わないものをア～カの中から2つ選び，記号で答えなさい。英文は2回読まれます。　(4点×2) ポケリス♪ ⑭

ア　Becky is talking with Shinji.

イ　Shinji is eating breakfast with his sister.

ウ　Becky is studying Japanese.

エ　Shinji is reading some kanji for Becky.

オ　Shinji can help Becky after breakfast.

カ　Becky can visit Shinji's house at ten o'clock.

❶ これから３つの対話文を読みます。それぞれの内容に合う絵を１つずつ選び，記号で答えなさい。英文は２回読まれます。

（4点×3） ポケ リス♪ ⓯

(1)

(2)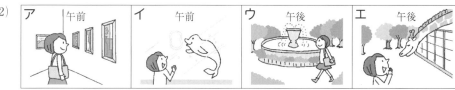

(3)

(1)		(2)		(3)	

❷ これからリカのスピーチと，その内容についての２つの質問文を放送します。質問の答えとして最も適切なものをア〜エの中から１つずつ選び，記号で答えなさい。英文は２回読まれます。

（4点×2） ポケ リス♪ ⓰

(1) ア　She liked London very much.

　　イ　During her summer vacation.

　　ウ　Yes, she did.

　　エ　No, she didn't.

(2) ア　She played soccer with people in London.

　　イ　She visited some museums.

　　ウ　She watched some movies.

　　エ　She had nice food at her friend's house.

(1)		(2)	

be動詞の過去形／過去進行形

/ 20点　解答 p.40

① これから 3 つの英文を読みます。それぞれの内容に合う絵を 1 つずつ選び，記号で答えなさい。英文は 2 回読まれます。

(4点×3)　ポケリス♪ ❶⓻

(1)		(2)		(3)	

② これからトムとユミの対話文と，その内容について 2 つの質問文を放送します。質問の答えとして最も適切なものをア～エの中から 1 つずつ選び，記号で答えなさい。英文は 2 回読まれます。

(4点×2)　ポケリス♪ ❶⓼

(1)　ア Tom.

　　イ Yumi's friends.

　　ウ Yumi's math teacher.

　　エ Tom's teammate.

(2)　ア He was at the music shop.

　　イ He was in the park.

　　ウ He was in the library.

　　エ He was at home.

(1)		(2)	

❶ これから次の表について4つの質問文を読みます。質問の答えとして最も適切なものをア〜エの中から1つずつ選び，記号で答えなさい。英文は2回読まれます。

(3点×4) ポケリス♪⑲

名前	Mary	John	Ken	Becky
出身国	オーストラリア	アメリカ	日本	カナダ
クラブ活動	テニス部	サッカー部	野球部	美術部
練習日	火・金	水・木	毎日	月
演奏する楽器	ピアノ	ピアノ，ギター	なし	ギター

(1) ア Australia.　　　　　　　イ America.
　　ウ Japan.　　　　　　　　エ Canada.
(2) ア Mary.　　　　　　　　　イ John.
　　ウ Ken.　　　　　　　　　エ Becky.
(3) ア On Tuesdays and Fridays.　イ On Wednesdays and Thursdays.
　　ウ Every day.　　　　　　　エ On Mondays.
(4) ア One.　　　　　　　　　　イ Two.
　　ウ Three.　　　　　　　　　エ Four.

(1)		(2)		(3)		(4)	

❷ これからマイクのスピーチと，その内容についての2つの質問文を放送します。質問の答えとして最も適切なものをア〜エの中から1つずつ選び，記号で答えなさい。英文は2回読まれます。

(4点×2) ポケリス♪⑳

(1) ア For Kumi.　　　　　　　イ Two months ago.
　　ウ Last Saturday.　　　　　エ At Kumi's house.
(2) ア She plays basketball with Mike.　イ She speaks English.
　　ウ She has a party for Mike.　　　エ She helps Mike.

(1)		(2)	

❶ 次の2つの絵は，ユカが買い物に行ったときのできごとを表したものです。(1)
〜(3)の条件に当てはまるセリフを英文で書きなさい。

(1)	
(2)	
(3)	

❷ あなたは英語の授業で父親の紹介をすることになりました。次のメモを参考に
して英文の原稿を完成させなさい。

名前：明(Akira)
数学の教師をしている。
歌がじょうずだ。
速く走ることができる。
映画が好きだ。
ときどきいっしょに映画を見に行く。

150

❸ あなたは日本語を読むことができない外国人の友達と写真展を訪れました。次の日本語で書かれた注意事項を友達に説明する英文を4つ書きなさい。

> 星野太郎写真展　Hoshino Taro Photo Exhibition
>
> 注意事項
>
> 写真撮影は可能です。
> 飲食禁止
> 写真にさわらないでください。
> 大声で話さないでください。

(1)	
(2)	You can't
(3)	You
(4)	Please

❹ 次の絵を説明する文を3つ書きなさい。

(1)	
(2)	
(3)	

❺ 次のグラフは，タカシがクラスの生徒全員にスマートフォンを持っているかをたずねる調査をした結果をまとめたものです。ここから読み取れることを３つの英文にまとめなさい。ただし，数字も英語のつづりで書くこと。

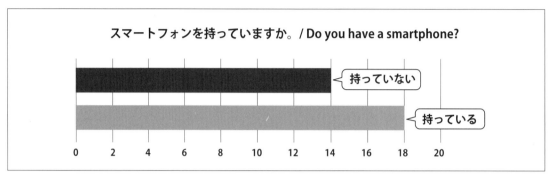

スマートフォンを持っていますか。/ Do you have a smartphone?

持っていない
持っている

0　2　4　6　8　10　12　14　16　18　20

1人の生徒は携帯電話 (mobile phone) を持っていると回答

| |
| |
| |

❻ 次の質問文に対する応答文を，５つの英文にまとめなさい。行った場所やしたことついて書き，最後に感想を書きなさい。ただし，５文のうち１つはbe動詞の過去形を使った文にしなさい。

What did you do during summer vacation?

| |
| |
| |
| |
| |

Starter 1 ～ 3

p.6 ぴたトレ1

1 (1) B (2) L (3) P (4) Y (5) R

(6) U

2 (1) f (2) h (3) q (4) t (5) a (6) g

(7) j (8) v

3 (1) K (2) W (3) d (4) m

4 (1)① E ② G (2)① h ② e

解き方

1 (1)bはBの小文字。Dの小文字dと形が似ているので注意。 (2)lはLの小文字。iの大文字Iと形が似ているので注意。 (3)pはPの小文字。Qの小文字qと形が似ているので注意。 (4)小文字のyと大文字のYは形が微妙に異なるので注意。 (5)小文字のrと大文字のRは形が大きく異なるので注意。 (6)小文字のuと大文字のUは形は似ているが4線上の書く位置に注意。

2 (1)大文字のFと小文字のfは形が微妙に異なるので注意。 (2)大文字のHと小文字のhは形が微妙に異なるので注意。 (3)大文字のPとQは形が大きく異なるが，小文字のpとqは形が似ているので注意。 (4)4線上の書く位置に注意。 (5)大文字のAと小文字のaは形が大きく異なるので注意。 (6)4線上の書く位置に注意。 (7)Jはjの大文字。4線上の書く位置に注意。 (8)vはVの小文字。形は同じだが4線上の書く位置に注意。

3 アルファベットの順番は正しく覚えておこう。辞書を引くときなどに必要。

4 (1)APPLE(リンゴ)→EGG(卵)→GOOD(よい，すぐれた)。 (2)lunch(昼食)→horse(馬)→evening(夕方，晩)。

p.7 ぴたトレ1

《月》

(1) February (2) March (3) July

(4) November

《カレンダー》

(1) first (2) third (3) fifth

(4) twelfth

《曜日》

(1) Tuesday (2) Wednesday

(3) Friday (4) Saturday

《教科》

(1) science (2) math

(3) music (4) Japanese

《習い事》

(1) cooking (2) tennis

(3) piano (4) swimming

解き方 月，曜日はすべて覚えておく。月，曜日は1文字目を大文字にする。教科もEnglishとJapaneseは1文字目を大文字にする。日にちは「…番目(の)」の形で表す点に注意すること。

p.8 ぴたトレ1

《私の1日》

(1) get up (2) eat breakfast

(3) leave home (4) eat lunch

(5) get home

(6) do，homework

(7) take，bath (8) go，bed

《町》

(1) shrine (2) gym (3) park

(4) zoo (5) police station

(6) post office

(7) junior high school

解き方 get upなどの動作を表す語句は，まとめて覚えておこう。shrineとtempleなどは意味を混同しないように注意すること。

p.9　ぴたトレ2

① (1)D ——— d
(2)Q ——— q
(3)I ——— i
(4)R ——— r
(5)B ——— b

② (1)キ　(2)ケ　(3)イ　(4)シ
(5)エ　(6)カ　(7)コ　(8)ア

③ (1)nurse　(2)box　(3)ninth
(4)swimming

解き方
① アルファベットは，A～Zまでの順とともに，大文字と小文字を1つ1つ確実に覚えておくこと。
② (2)(3)(8)は教科，(5)は月，(6)は曜日を表す語。
③ (1)「看護師」　(2)「箱」　(3)「9日」　(4)「水泳」

Lesson 1 ～ 文法のまとめ①

pp.10～11　ぴたトレ1

Words & Phrases
(1)カメ　(2)漫画の本
(3)毎日　(4)とても
(5)thirsty　(6)now　(7)live
(8)city

① (1)ア　(2)イ　(3)ア　(4)イ

② (1)I am　(2)I am happy

③ (1)You're a swimmer(.)
(2)I eat a banana(.)
(3)(You) like music very much(.)

解き方
① (1)主語がIなので，be動詞はam。　(2)主語がyouなので，be動詞はare。　(3)「…を演奏する」はplay。likeは「…を好む，…が好きである」。　(4)apple「リンゴ」は母音(ア，イ，ウ，エ，オの音)で始まる語なので，直前にanを置く。

② (1)「私はダンサーです。」　(2)「私は幸せです。」

③ (1)you'reはyou areの短縮形。　(2)「食べる」はeat。主語Iのあとに動詞eatを置く。
(3)「…がとても好きである」はlike ... very muchで表す。

pp.12～13　ぴたトレ1

Words & Phrases
(1)(線を)引く，(絵などを)かく　(2)台所
(3)歌　(4)浴室
(5)word　(6)often　(7)know
(8)picture

① (1)イ，イ　(2)ア，イ

② (1)Do　(2)Do you

③ (1)Are you in (the tennis club?)
(2)Are you interested in (art?)
(3)No, I'm not(.)
(4)Do you sing any songs(?)

解き方
① (1)「あなたは…ですか。」はAre you ...?で表す。答えの文でもbe動詞を使う。　(2)「あなたは…しますか。」はDo you ...?で表す。答えの文でもdoを使う。
② 「あなたは…しますか。」は〈Do you＋一般動詞 ...?〉で表す。
③ (1)「…部に入っている」はbe in the ... club，「あなたは…ですか。」はAre you ...?で表す。
(2)「…に興味がある」はbe interested in ...で表す。　(3)Are you ...?に答えるときは，Yes, I am. / No, I am[I'm] not.で表す。
(4)「…をしますか。」はDo you ...?で表す。

pp.14～15　ぴたトレ1

Words & Phrases
(1)劇場；映画館　(2)人物，登場人物
(3)…が必要である，…を必要とする
(4)興奮した，わくわくした
(5)(俳優などの)動き，演技，動作　(6)趣味
(7)come　(8)show　(9)use
(10)sometimes　(11)Chinese

⑿ ticket

1 (1)イ (2)ア (3)ア

2 (1) am not (2) not a

3 (1) (I) do not have (a computer.)

(2) I do not know Maki(.)

(3) I don't speak French(.)

(4) Come and see (the show.)

解き方 **1** (1)likeは一般動詞なので，否定文は前にdo notを置く。 (2)( )のあとに動詞がないので，be動詞の文。be動詞の否定文はbe動詞の後ろにnotを置く。 (3)sleepyは動詞ではなく形容詞なので，be動詞の文。I'mはI amの短縮形，don'tはdo notの短縮形。

2 (1)「私はつかれていません。」 (2)「私はピアニストではありません。」

3 (1)have「持っている」は一般動詞。 (2)know「知っている」は一般動詞。 (3)speak「話す」は一般動詞。一般動詞の否定文は一般動詞の前にdo notを置く。ここではdo notの短縮形don'tを使う。 (4)「…を見に来る[行く]」はcome and see ...で表す。

---

pp.16〜17 ぴたトレ**1**

Words & Phrases

(1)ボール，球，玉 (2)喜劇
(3)恋愛関係；恋愛小説[映画]
(4)記録作品の；事実を記録した
(5)空想；空想の産物 (6)民間の，民間伝承の
(7)恐怖；恐怖を感じさせる

(8) subject (9) program

(10) news (11) fiction (12) quiz

(13) animated (14) drama

1 (1)ア (2)イ (3)イ

2 (1) What sport(s) (2) play

(3) What, do (4) like, much

3 (1) What music do you like(?)

(2) What subject do you study(?)

(3) I study math(.)

解き方 **1** (1)(3)「どんな…」は〈What＋名詞〉で表す。 (2)〈What＋名詞〉のあとは疑問文〈do＋主語＋動詞 ...?〉の語順にする。

2 (1)「どんな…」は〈What＋名詞〉で表す。sportは単数形でも複数形でもよい。 (2)「(スポーツ)をする」はplayで表す。 (3)「どんな…を〜ですか。」は〈What＋名詞＋do＋主語＋動詞 〜?〉で表す。 (4)「…がとても好きである」はlike ... very muchで表す。

3 (1)(2)「どんな…を〜ですか。」は〈What＋名詞＋do＋主語＋動詞 〜?〉で表す。 (3)〈What＋名詞＋do 〜?〉の疑問文に答えるときは疑問文にある動詞を使って〈主語＋動詞 ....〉で表す。

---

p.19 ぴたトレ**1**

1 (1)ア (2)イ (3)ア，ア (4)イ，ア

2 (1) am from (2) Do, speak

(3) You aren't

3 (1) (I) study English every day(.)

(2) You are good at math(.)

(3) I am interested in science(.)

解き方 **1** (1)「…部に入っている」はbe in the ... clubで表す。主語がIのときのbe動詞はam。 (2)空所のあとに一般動詞のclean「そうじする」があるので，否定文は一般動詞の前にdo notを置く。 (3)( )のあとに一般動詞がないので，be動詞の疑問文だとわかる。主語がyouのときのbe動詞はare。答えの文でもbe動詞を使う。 (4)( )のあとに一般動詞playがあるので，一般動詞の疑問文だとわかる。「あなたは…しますか。」は〈Do you＋動詞 ...?〉で表す。答えの文でもdoを使う。

2 (1)「…出身である」は〈be動詞＋from＋国名や都市名〉で表す。 (2)「あなたは…しますか。」は〈Do you＋動詞 ...?〉で表す。 (3)「あなたは…ではありません。」はYou are not ....で表す。ここでは，空所の数に合わせてare notの短縮形aren'tを使う。

3 (1)「勉強する」はstudy，「毎日」はevery dayで表す。 (2)「…が得意(上手)である」はbe good at ...で表す。 (3)「…に興味がある」はbe interested in ...で表す。

1 (1)ア　(2)ウ　(3)イ　(4)エ

2 (1)am an　(2)I'm not

(3)often take

(4)What, do, like

3 (1)You are not[You're not, You aren't] a baseball fan.

(2)Do you like social studies?

(3)What subject do you study every day?

4 (1)live in　(2)動物がとても好きです

(3)Yes, I am.

5 (1)

It's a popular food in Singapore.

(2)No, he is not[isn't].

(3)Yes, he is.

解き方

1 (1)主語がIなので，be動詞はam。「私はユナです。」　(2)空所のあとに「毎日朝食を」とあるので，一般動詞「食べる」を表すeatが適切。　(3)主語がyouなので，be動詞はare。「あなたは水泳選手ですか。」　(4)空所のあとにdrink「飲む」という一般動詞があるので，否定文は一般動詞の前にdon'tを置く。

2 (1)「私は…です。」はI am ....で表す。English teacher「英語の先生」は母音(ア，イ，ウ，エ，オの音)で始まる語句なので，直前にanを置く。　(2)「私は…ではありません。」はI am not ....で表す。空所の数に合わせてI amの短縮形I'mを使う。　(3)「しばしば」はoftenで表し，ふつう動詞の前に置く。「(写真を)とる」はtakeで表す。　(4)「どんな…」は〈What＋名詞〉で表す。あとには疑問文の語順〈do＋主語＋動詞 ...?〉を続ける。

3 (1)be動詞の否定文は，be動詞の後ろにnotを置く。You areの短縮形You're や，are notの短縮形aren'tを使ってもよい。
(2)like「好きだ」という一般動詞があるので，疑問文は文の最初にDoを置く。　(3)science「理科」をたずねる疑問文を作るので，「あな

たは毎日どんな教科を勉強しますか。」という文を作る。「どんな…」は〈What＋名詞〉で表し，あとには疑問文の語順〈do＋主語＋動詞 ...?〉を続ける。

4 (1)「…に住んでいる」はlive in ...で表す。
(2)like ... very muchは「…がとても好きである」という意味。　(3)「あなたはロンドン出身ですか。」という質問。Are you ...?に対してはYes, I am.またはNo, I am[I'm] not.で答える。本文3文目にI am from London.とある。

5 (1)「チキンライスとは何ですか。」という質問。チキンライスについて説明している文を探す。　(2)「ソラは料理が得意ですか。」という質問。ソラの2番目の発言にBut I'm not good at cooking.とある。

1 (1)×　(2)○　(3)×

2 (1)ア　(2)イ　(3)ア

3 (1)You are　(2)Do, like

(3)don't have　(4)not good

4 (1)I do　(2)I'm not

(3)What, do

5 (1)What movies do you like(?)

(2)私は日本の映画に興味があります。

(3)like

(4)ウ

6 (1)Do you live in Tokyo?

(2)I do not[don't] know Tom.

(3)I am[I'm] a tennis player.

解き方

1 (1)now[au], know[ou]なので×。
(2)city[i], ticket[i]なので○。
(3)character[k], kitchen[tʃ]なので×。

2 それぞれ印のついた部分を最も強く発音する。
(1)báthroom　(2)piánist　(3)clássical

3 (1)tired「つかれた」は形容詞なので，be動詞の文。「あなたは…です。」はYou are ....で表す。　(2)「あなたは…しますか(…ですか)。」は〈Do you＋一般動詞 ....?〉で表す。「…が好き」はlike。　(3)「…しません。」は〈主

語＋do not[don't]＋動詞 ....〉で表す。
(4)「…が得意(上手)である」はbe good at ...で表す。

❹ (1)A「あなたは何かスポーツをしますか。」B「はい，します。私はバスケットボールをします。」一般動詞の疑問文にはdoを使って答える。 (2)A「あなたは美術部に入っていますか。」B「いいえ，入っていません。私は音楽部に入っています。」be動詞の疑問文にはbe動詞を使って答える。 (3)A「あなたはどんな教科が好きですか。」B「私は体育が好きです。」「どんな…」は〈What＋名詞〉で表す。

❺ (1)「あなたはどんな映画が好きですか。」という文にする。 (2)be interested in ...は「…に興味がある」という意味。 (3)「私は野球のファンです。」という文を「私は野球が好きです。」という文にする。 (4)アはマークの最初の発言の3文目の内容と合わない。マークはアメリカ合衆国出身。イはリョウタの最初の発言の3文目の内容と合わない。sometimesは「ときどき」という意味。ウはマークの最後の発言の内容と合う。

全訳
マーク：やあ。ぼくはマークだよ。アメリカ合衆国出身なんだ。
リョウタ：ぼくはリョウタだよ。ぼくは映画が好きなんだ。ときどき映画館に行くよ。
マーク：きみはどんな映画が好きなの？
リョウタ：ぼくは空想映画がとても好きだよ。
マーク：ぼくは日本の映画に興味があるんだ。そしてぼくは野球をするよ。
リョウタ：ぼくは野球のファンだよ。でもぼくは野球をしないよ。
マーク：ぼくは毎日野球を練習するよ。

❻ 英作力UP↑ (1)「あなたは東京に住んでいますか。」という英文を作る。「…に住む」はlive in ...で表す。一般動詞の疑問文なので，文の最初にDoを置く。 (2)「私はトムを知りません。」という英文を作る。一般動詞の否定文は動詞の前にdo notを置く。do notの短縮形don'tを使ってもよい。 (3)「私はテニスの選手です。」という英文を作る。be動詞の文なのでI am ....で表す。I amの短縮形I'mを使ってもよい。「テニスの選手」はa tennis player。aを忘れないこと。

Lesson 2 ～ 文法のまとめ②

p.24　　　　　　　　ぴたトレ1

Words & Phrases
(1)(距離が)遠くに，遠く　(2)素早く，速く
(3) his　(4) cut

1 (1)イ　(2)ア
2 (1) can　(2) cannot[can't] swim

解き方 1 (1)「…できます」は〈can＋動詞〉で表す。I speak Chinese. は「私は中国語を話します。」という意味。 (2)「…できません」は〈cannot[can't]＋動詞〉で表す。I do not play the piano. は「私はピアノを演奏しません。」という意味。
2 (1)「…できます」は〈can＋動詞〉で表す。 (2)「…できません」は〈cannot[can't]＋動詞〉で表す。「泳ぐ」はswim。

p.25　　　　　　　　ぴたトレ1

Words & Phrases
(1)ここに，ここで，ここへ
(2)つかまえる，捕る，捕らえる
(3)もちろん，はい，いいですとも
(4) send　(5) write　(6) video

1 (1)ア　(2)イ
2 (1) Can　(2) No, cannot[can't]

解き方 1 (1)「…できますか。」は〈Can＋主語＋動詞...?〉 (2)答えの文でもcanを使う。
2 (1)「…できますか。」は〈Can＋主語＋動詞...?〉で表す。 (2)Noで答えるときは，〈No, 主語＋cannot[can't].〉で表す。

pp.26～27　　　　　　ぴたトレ1

Words & Phrases
(1)9 (の)　(2)13 (の)　(3)1000 (の)　(4)ゾウ

(5)タカ　(6)いくつかの，いくらかの　(7)馬

(8) three　(9) fifteen　(10) forty

(11) rabbit　(12) kangaroo

(13) hundred　(14) turtle

1 (1)イ　(2)イ　(3)ア

2 (1) How, three

(2) How, boxes, four boxes

3 (1) How many umbrellas (do you need?)

(2) (I) need two umbrellas(.)

解き方
1 数をたずねる疑問文は〈How many + 名詞の複数形〉で文を始めて，疑問文の語順〈do + 主語 + 動詞 ...?〉を続ける。

2 数をたずねる疑問文は〈How many + 名詞の複数形〉で文を始めて，疑問文の語順〈do + 主語 + 動詞 ...?〉を続ける。答えの文では，具体的な数を答える。　(1)「3個の」はthree。(2)「4個の」はfour。複数なので，boxも複数形にする。xで終わる語はesをつけるので，boxesとなる。

3 (1)〈How many + 名詞の複数形〉で文を始めて，疑問文の語順〈do + 主語 + 動詞 ...?〉を続ける。　(2)〈主語 + 動詞 + 数 + 名詞.〉の語順にする。

p.29　ぴたトレ1

1 (1)ア　(2)イ　(3)ア，イ

2 (1) can　(2) can cook

3 (1) Mark can't eat (*natto*.)

(2) Can you take pictures (well?)

(3) Yes, I can(.)

解き方
1 (1)直前にaがあるので，単数形のtreeを選ぶ。　(2)あとのEnglishが母音で始まる語なので，aではなくanをつける。　(3)「…できますか。」は〈Can + 主語 + 動詞 ...?〉で表す。答えの文でもcanを使う。

2 〈主語 + can + 動詞 ....〉の形にする。

3 (1)「…できません。」は〈主語 + cannot[can't] + 動詞 ....〉で表す。　(2)「…できますか。」は〈Can + 主語 + 動詞 ...?〉で表す。「写真をとる」はtake pictures。　(3)Yesの後ろにコ

ンマ(,)を置くのを忘れないこと。

pp.30~31　ぴたトレ2

1 (1)エ　(2)ウ　(3)エ　(4)イ

2 (1) He can

(2) Can, cook, can

(3) Can, take

3 (1) She cannot[can't] touch snakes.

(2) Can you write French?

(3) How many balls do you have?

4 (1)彼は素早く野菜を切ることができます。

(2)上手に包丁を使う

(3) No, I am[I'm] not.

(4) the cooking activity

5 (1) No, she can't.

(2) Yes, I can. / No, I can't.

解き方
1 (1)あとにskate「スケートをする」という一般動詞があるので，canを前に置いて「スケートをすることができる」という文にする。　(2)あとにplayという一般動詞があるので，cannotを前に置いて「…できない」という文にする。　(3)文末に〈?〉があるので，疑問文。あとにwriteという一般動詞があるので，Are youは不可。　(4)「あなたは卵がいくつ必要ですか。」という文にする。数をたずねるときは〈How many + 名詞の複数形〉で文を始める。

2 (1)「彼は…することができます。」は〈He can + 動詞 ....〉で表す。　(2)canの疑問文は文の最初にcanを置く。答えの文でもcanを使う。「料理をする」はcook。　(3)「…してもらえませんか。」と相手に依頼するときは〈Can you + 動詞 ...?〉で表す。

3 (1)canの否定文は，動詞の前にcannot[can't]を置く。　(2)canの疑問文は文の最初にcanを置き，〈Can + 主語 + 動詞 ...?〉で表す。(3)数をたずねる疑問文にする。〈How many

6　英語

＋名詞の複数形〉で文を始めて，疑問文の語順〈do＋主語＋動詞 ...?〉を続ける。

④ (1)canの文なので，「…することができる」と訳す。quicklyは「素早く」という意味。 (2)本文4文目参照。 (3)「あなたはおもな先生ですか。」という質問に答える。本文2文目参照。be動詞の疑問文なので，be動詞を使って答える。 (4)本文1文目参照。

⑤ (1)アオイの2番目の発言にI can't play the guitar, ...とある。 (2)あなた自身の答えを書く。

pp.32～33 **ぴたトレ3**

① (1)○ (2)× (3)×

② (1)ア (2)ア (3)ウ

③ (1)can ski

　(2)cannot[can't] speak

　(3)Can you

　(4)I cannot[can't]

④ (1)Can you (2)Yes, can

　(3)How many

⑤ (1)You can sing a song very well(.)

　(2)あなたは日本の歌をいくつか歌うことができますか。

　(3)Yes, I do.

　(4)ア

⑥ (1)I can play tennis.

　(2)Kana cannot[can't] drink coffee.

　(3)Can you use a computer?

解き方

① (1)b**a**ke[ei]，sk**a**te[ei]なので○。
　(2)c**u**t[ʌ]，c**a**tch[æ]なので×。
　(3)th**ou**sand[au]，t**ou**ch[ʌ]なので×。

② それぞれ印のついた部分を最も強く発音する。
　(1)bállet (2)quíckly (3)kangaróo

③ (1)「…できます」は〈can＋動詞〉で表す。「ス

キーをする」はski。 (2)「…できません」は〈cannot[can't]＋動詞〉で表す。「話す」はspeak。 (3)「…できますか。」は〈Can＋主語＋動詞 ...?〉で表す。 (4)「あなたは…」の質問に対して「私は…」と答えるので，主語はI。答えの文でもcanを使う。

④ (1)A「私のためにピアノを演奏してもらえませんか。」B「いいですよ。」相手に「…してもらえませんか。」と依頼するときは，〈Can you＋動詞 ...?〉で表す。 (2)A「彼女は泳げますか。」B「はい，泳げます。彼女は速く泳げます。」 (3)A「あなたはカメが何匹見えますか。」B「3匹のカメが見えます。」数をたずねるときは，〈How many＋名詞の複数形〉で文を始める。

⑤ (1)文の最後がピリオド(.)なので肯定文。〈主語＋can＋動詞 ....〉の語順にする。「歌を歌う」はsing a song，「とても上手に」はvery wellで表す。 (2)canの疑問文なので，「…することができますか」と訳す。 (3)「あなたは『イエスタデイ』を知っていますか。」という質問。ケイトは3番目の発言で「その歌(＝『イエスタデイ』)が好きです。」と言っているので，Yesで答える。 (4)アはケイトの最初の発言の2文目の内容と合う。イはユミの2番目の発言とケイトの2番目の発言の1文目の内容と合わない。ウはケイトの2番目の発言の2文目とユミの3番目の発言の内容と合わない。

全訳

ユミ：こんにちは，ケイト。あなたはとても上手に歌を歌えるのね。

ケイト：ありがとう。私は音楽が大好きなの。

ユミ：あなたは日本語の歌をいくつか歌えるの？

ケイト：ううん。あなたは英語の歌をいくつか歌える？

ユミ：うん。英語で『イエスタデイ』を歌えるよ。

ケイト：私はその歌が好きよ。いっしょに歌いましょう！

⑥ **英作力UP↑** (1)「…できます」は〈can＋動詞 ...〉で表す。「(スポーツを)する」は〈play＋スポーツ名〉で表す。 (2)「…できません」は〈cannot[can't]＋動詞 ...〉で表す。「飲む」はdrink。「コーヒー」はcoffee。 (3)「…できますか。」は〈Can＋主語＋動詞 ...?〉で表す。「使う」はuse。

Lesson 3 ～ Project 1

pp.34～35　　　　　　　ぴたトレ**1**

Words & Phrases

(1)たいてい，いつも(は)，ふつう　(2)キツネ
(3)クラスメイト，同級生　(4)味；味覚
(5)ハツカダイコン
(6)fan　(7)learn
(8)easy　(9)dear　(10)yours

■ (1)イ　(2)ア　(3)イ

② (1)This is　(2)That is

③ (1)That is my classmate(.)

(2)He is in the tennis club(.)

(3)She is not a soccer player(.)

解き方

■ Iやyou以外の1人の人や1つのものが主語のとき，be動詞はisを使う。否定文はbe動詞のあとにnotを置く。

② (1)近くのものについて言うときは，This is ....「これは…です。」で表す。　(2)遠くのものについて言うときは，That is ....「あれは…です。」で表す。

③ (1)「あちらは…です。」はThat is ....で表す。(2)「彼は…です。」はHe is ....で表す。「…部に入っている」はbe in the ... club。(3)「彼女は…ではありません。」はShe is not ....で表す。notはbe動詞isの後ろに置く。

pp.36～37　　　　　　　ぴたトレ**1**

Words & Phrases

(1)願い，望み　(2)人気のある，流行の
(3)ホテル　(4)推測する　(5)床
(6)思い出の品，土産物
(7)crowded　(8)their　(9)people

(10)letter　(11)side　(12)famous

■ (1)イ，ア　(2)イ，ア

② (1)What，that

(2)What is this

③ (1)Is this a (museum?)

(2)No, it is not(.)

(3)Is Jane from (Australia?)

解き方

■ (1)「あれは…ですか。」はIs that ...?で表す。答えの文では，主語はitにする。　(2)「これは何ですか。」はWhat is this?で表す。答えるときはIt is ....とする。

② 「これ[あれ]は何ですか。」はWhat is this [that]?で表す。

③ (1)be動詞の疑問文は，文の最初にbe動詞を置く。　(2)a museumから，答えの文の主語はitになる。YesやNoのあとにコンマ(,)を置くのを忘れないこと。　(3)「…出身」はfrom ...で表す。

pp.38～39　　　　　　　ぴたトレ**1**

Words & Phrases

(1)母，母親　(2)芸能人
(3)または，あるいは，それとも
(4)(チーム・組織などの)マスコット
(5)こっけいな，おかしい　(6)上演者，噺家
(7)元気のいい　(8)緑色の
(9)brother　(10)perform
(11)know　(12)him　(13)her
(14)women　(15)weekend
(16)cool

■ (1)イ　(2)ア　(3)イ　(4)イ，ア

② (1)her　(2)him

③ (1)Who is this teacher(?)

(2)She is Ms. Sasaki(.)

(3)I like her very much(.)

解き方

■ (1)(3)「彼女を」はherで表す。　(2)「彼を」はhimで表す。　(4)「だれ」とたずねるときは

Whoで文を始める。「彼は」はHeで表す。

2 (1)「私はあの女性を知りません。」→「私は彼女を知りません。」 (2)「あなたはショウタを知っていますか。」→「あなたは彼を知っていますか。」

3 (1)「…はだれですか。」は〈Who + be動詞 …?〉で表す。 (2)「彼女は…です。」はShe is ….で表す。 (3)「私は…がとても好きです。」はI like ... very much.で表す。

Words & Phrases

(1)人物，登場人物
(2)…を好む，…が好きである
(3)色，色彩　(4)赤(の)
(5)すてきな，すばらしい　(6)くさり
(7)お気に入りの，大好きな　(8)(…も)また
(9) black　(10) key　(11) dollar
(12) free　(13) same　(14) listen
(15) blue　(16) really

1 (1)イ　(2)イ　(3)ア　(4)ア

2 (1) Guess　(2) Really
(3) It's, dollars

3 (1) Listen　(2) for free
(3) the same
(4) my favorite key chain

解き方
1 (1)肯定文に対するあいづちとして，「私も。」と言うときはMe, too.で表す。否定文に対するあいづちとしては使えないので注意。
(2)「それはすてきですね。」はThat's nice.やThat's great.で表す。Listen.は「聞いて。」という意味。 (3)「ねえ知ってる？」はYou know what?で表す。 (4)「ほんと？」はReally?で表す。軽い驚きや疑い，興味などいろいろな感情を表すことができる。
2 (1)「ちょっと聞いて。」はGuess what! で表す。 (2)「ほんと？」はReally?で表す。(3)「それは…です。」はIt is ….で表す。空所の数に合わせてIt isを短縮形It'sにする。「5ドル」なので，dollar「ドル」はsをつけて複数形にする。

3 (1)「聞いて。」はListen.で表す。 (2)「無料で」はfor free。 (3)「同じ…」は〈the same + 名詞〉で表す。sameの前にはtheをつける。(4)「私のお気に入りの…」はmy favorite ...で表す。「キーホルダー」はkey chain。

1 (1)イ　(2)イ　(3)ア　(4)イ

2 (1) Do　(2) Read　(3) Don't play
(4) Let's go

3 (1) What is this(?)
(2) What do you eat (for breakfast?)
(3) What subject do you like(?)

解き方
1 (1)「あれは…です。」はThat is ….で表す。 (2)「彼は…ではありません。」はHe is not ….で表す。ここではis notの短縮形isn'tで表す。 (3)「…しなさい」は動詞で文を始める。 (4)「いくつの…」と数をたずねる疑問文は，〈How many + 名詞の複数形〉で文を始めて，疑問文の語順〈do + 主語 + 動詞〉を続ける。
2 (1)(2)「…しなさい」という命令文なので，動詞で文を始める。 (3)「…してはいけません。」は〈Don't + 動詞 ….〉で表す。 (4)「…しましょう。」は〈Let's + 動詞 ….〉で表す。
3 (1)「…は何ですか。」は〈What + be動詞 …?〉で表す。 (2)「何を…しますか。」は〈What do + 主語 + 動詞 …?〉で表す。 (3)「どんな…」は〈What + 名詞〉で表し，あとに疑問文の語順〈do + 主語 + 動詞〉を続ける。

Words & Phrases

(1)うまく，上手に；十分に
(2)(ある言語を)話す　(3)強い　(4)重い
(5)飛ぶ　(6)素早く，速く　(7)本当の；実質の
(8)…もまた；さらに；そのうえ
(9) cook　(10) dream　(11) run
(12) clean　(13) weak　(14) like
(15) language　(16) robot

1 (1)イ　(2)ア　(3)イ

2 (1) This is (2) How about

(3) can speak

3 (1) (This robot) can fly in the sky(.)

(2) (He) can carry heavy things(.)

(3) I am friends with (Yuri.)

(4) (My dog can) wake me

up (in the morning.)

1 (1)「…することができる」は〈can＋動詞〉で表す。 (2)「何」はWhat，「だれ」はWho。 (3)「…と」はwith …で表す。

2 (1)「これは…です。」はThis is ….で表す。 (2)「…はどうですか。」と相手の意見や説明を求めるときは，How about …?で表す。 (3)「…できる」は〈can＋動詞〉で表す。「(ある言語を)話す」はspeak。

3 (1)「飛ぶことができる」はcan flyで表す。 (2)「…できる」は〈can＋動詞〉で表す。「重いもの」はheavy things。 (3)「…と友達である」はbe friends with …で表す。 (4)「…を起こす」はwake … upで表す。

---

pp.46～47 ぴたトレ2

1 (1)ア (2)エ (3)イ (4)ア (5)ウ

2 (1) see (2) Is that, it

(3) Don't play baseball

3 (1) Do you know him?

(2) This is not[isn't] a

library.

(3) What is[What's] that?

4 (1) What's

(2)人々が絵馬の片面に願いを書く

(3)イ (4)ウ

5 (1) I see a cow. / I see a

penguin.

(2) Yes, I do. / No, I don't.

---

1 (1)主語がthisなので，be動詞はis。「これは私のかばんです。」 (2)「彼は鈴木先生です。」と答えているので，「彼はだれですか。」という文にする。「だれ」とたずねるときはWhoを文の最初に置く。 (3)Ms.は女性の敬称なので，「私は彼女を知っています。」という文になるようにherを入れる。 (4)That'sはThat isの短縮形。「あれは郵便局ではありません。」 (5)直後に動詞takeがあるので，Let'sを入れて「写真をとりましょう。」という文にする。

2 (1)「なるほど。」はI see.で表す。 (2)「あれは…ですか。」はIs that …?で表す。答えの文では，thatをitにする。 (3)「…してはいけません。」は〈Don't＋動詞 ….〉で表す。「野球をする」はplay baseball。

3 (1)「あなたは私の父を知っていますか。」my fatherは男性なので，「あなたは彼を知っていますか。」という文にする。 (2)be動詞の文の否定文は，be動詞のあとにnotを置く。「これは図書館ではありません。」 (3)a library「図書館」をたずねる疑問文を作るので，「あれは何ですか。」という文を作る。「あれは何ですか。」はWhat is[What's] that?で表す。

4 (1)空所の数に合わせてWhat isの短縮形What'sを入れる。 (2)前文の内容をまとめる。 (3)前文のIs it …?に対して答える文。空所の次の文の内容から，Noで答える。 (4)アはディヌーの最初の発言の1文目の内容と合わない。ディヌーはわかば神社にいる。イは絵馬は土産物ではないので，本文の内容と合わない。ウはケイトの2番目の発言の2文目の内容と合う。

5 (1)ソラの最初の発言の1文目にI see two animals in the picture.とあるので，本文中にあるpenguin，cowのうちいずれか一方の動物を答える。I see ….の形で答える。 (2)あなた自身の答えを書く。

---

pp.48～49 ぴたトレ3

1 (1)○ (2)× (3)○

2 (1)ア (2)イ (3)ア

3 (1) She is (2) know him

(3) Is this an, it's

(4) Who is, He's

❹ (1) isn't (2) No，isn't

(3) How much

❺ (1) イ (2) Is

(3) ⓐお気に入りの[大好きな]サッカー選手
　　ⓑ人気がある

(4) ウ

❻ (1) He[This] is my classmate.

(2) Is that a junior high

school?

(3) What is this?

❶ (1) easy[i:]，people[i:]なので◯。
(2) women[i]，too[u:]なので×。
(3) taste[ei]，same[ei]なので◯。

❷ それぞれ印のついた部分を最も強く発音する。
(1) báseball (2) hotél (3) wéekend

❸ (1)「彼女は…です。」はShe is ....で表す。
(2)「知っている」はknow。「彼を」を表すhimは動詞knowのあとに置く。 (3)「これは…ですか。」はIs this ...?で表す。amusement parkは母音(ア，イ，ウ，エ，オの音)で始まるので，aではなくanをつける。答えの文では主語をitにするが，空所の数に合わせてit isの短縮形it'sにする。 (4)「…はだれですか。」は〈Who + be動詞 ...?〉で表す。「彼は…です。」はHe is ....で表すが，空所の数に合わせて短縮形He'sにする。

❹ (1)A「田中先生は英語の先生ですか。」B「いいえ，彼は英語の先生ではありません。」be動詞の疑問文に対してNoと答えているので，主語heと空欄の数に合わせてis notの短縮形isn'tを入れる。 (2)A「あれは警察署ですか。」B「いいえ，そうではありません。それは消防署です。」 (3)A「この帽子はいくらですか。」B「20ドルです。」値段をたずねるときはHow much ...?で表す。

❺ (1)あとに続く文の内容から，人についてたずねているとわかるので，Whoを使う。空所の次にisがあるので，Whoが適切。Who'sはWho isの短縮形。 (2)「彼女はオーストラリア出身ですか。」という文にする。 (3)ⓐケイトの最初の発言の1文目にmy favorite soccer playerとある。ⓑケイトの最後の

発言の2文目にShe is very popular.とある。 (4)アはユカの最初の発言の内容と合う。イはユカの2番目の発言とケイトの2番目の発言の内容と合う。ウはケイトの最後の発言の3・4文目の内容と合わない。速く走ることができるサッカー選手はケイトではなくルーシー。

全訳
ユカ：写真のこの女性はだれ？
ケイト：彼女は私の大好きなサッカー選手よ。彼女の名前はルーシーなの。
ユカ：彼女はオーストラリア出身なの？
ケイト：ええ，そうよ。私たちは同じ国の出身なの。
ユカ：それはすてきね。彼女はオーストラリアで人気があるの？
ケイト：ええ。とても人気があるわ。彼女は速く走れるのよ。彼女はすばらしいサッカー選手よ。

❻ 英作力UP⤴ (1)「彼[こちら]は私のクラスメートです。」という英文を作る。「こちらは…です」として，This is ...で始めてもよい。 (2)「あれは中学校ですか。」という英文を作る。「中学校」はa junior high school。前にaをつけることを忘れない。 (3)「これは何ですか。」という英文を作る。Whatで文を始めて，疑問文の形〈be動詞＋主語〉を続ける。

┌─────────────────────────┐
│　　**英作文の採点ポイント**　　│
├─────────────────────────┤
│ (　)内は(1)～(3)それぞれの配点 │
│ □単語のつづりが正しい。(2点) │
│ □(　)内の語数で書けている。(2点) │
│ □(1)〈He[This] is ....〉の形で正しく書けている。 │
│ (2)〈Is that ...?〉の形で正しく書けている。 │
│ (3)〈What is ...?〉の形で正しく書けている。 │
│ 　　　　　　　　　　　　　(4点) │
└─────────────────────────┘

Lesson 4 ～ 文法のまとめ④

pp.50～51　　　　　　　ぴたトレ1

Words & Phrases

(1)時刻，時間；…すべき時
(2)彼〔彼女〕らは〔が〕，それらは〔が〕
(3)通り，道 (4)家を出る (5)ふるさと，故郷
(6)スコットランド
(7)それらは〔が〕，あれらは〔が〕 (8)何時…？
(9)あなたはどうですか。 (10)cat (11)family

(12)parent (13)drive (14)there (15)teach

(16)student (17)these (18)does

1 (1)ア (2)イ (3)ア (4)イ

2 (1)watches (2)Ken has

3 (1)Mark studies Japanese(.)

(2)How about you(?)

(3)Those are my bags(.)

(4)What time do you go to bed(?)

解き方 1 (1)主語がIで1人称単数なので，動詞はsやesをつけない形。 (2)Kojiは3人称単数なので，動詞liveを3人称単数現在形のlivesにする。 (3)主語がKana and Yukiで複数なので，動詞はsやesをつけない形。 (4)My brotherは3人称単数なので，動詞cookを3人称単数現在形のcooksにする。

2 (1)watchはchで終わる動詞なので，esをつけてwatchesとする。「ルーシーは毎日テレビを見ます。」 (2)haveの3人称単数現在形はhas。「ケンはネコを1匹飼っています。」

3 (1)studiesはstudyの3人称単数現在形。 (2)「あなたはどうですか。」はHow about you?で表す。 (3)「あれらは…です。」はThose are ….で表す。thoseはthatの複数形。 (4)「何時に」はWhat timeで文を始めて，疑問文の語順〈do + 主語 + 動詞…?〉を続ける。

---

pp.52〜53 ぴたトレ1

Words & Phrases

(1)歩く，（犬などを）散歩させる

(2)（…が）ほしい，望む (3)伝統的な

(4)バグパイプ (5)楽器 (6)クリケット

(7)…に所属している (8)学校で (9)drink

(10)pet (11)college (12)page (13)shoe(s)

(14)early (15)look at (16)them

1 (1)ア (2)イ (3)ア，ア (4)イ，ア，イ

2 (1)Does, clean, does

(2)Does, swim, doesn't

3 (1)Does Satoru read (newspapers?)

(2)Look at this picture(.)

(3)My sister belongs to (the music club.)

解き方 1 (1)主語がIなので，否定文は動詞の前にdo notを置く。 (2)主語が3人称単数なので，否定文は動詞の前にdoes notを置く。 (3)主

語がyouなので，疑問文や答えの文ではdoを使う。 (4)主語が3人称単数なので，疑問文や答えの文ではdoesを使う。疑問文では，動詞はsやesをつけない原形（もとの形）にする。

2 疑問文は〈Does + 主語 + 動詞の原形 …?〉，答えの文は〈Yes, 主語 + does.〉または〈No, 主語 + does not[doesn't].〉の形。

3 (1)疑問文なので，〈Does + 主語 + 動詞の原形 …?〉の語順。 (2)「…を見て。」はLook at ….で表す。 (3)「…に所属している」はbelong to …で表す。

---

pp.54〜55 ぴたトレ1

Words & Phrases

(1)大きい；重要な

(2)背が高い，（細長く）高い (3)夏 (4)時計

(5)身につけている，着ている

(6)もう1つの；別の (7)塔，タワー

(8)像，彫像

(9)…もいれば〔あれば〕，〜もいる〔ある〕

(10)short (11)small (12)hold (13)place

(14)hour (15)hear (16)bell (17)melody

(18)magic

1 (1)イ (2)ア (3)イ (4)ア (5)ア

2 (1)has (2)Ken goes

3 (1)Kangaroos jump high(.)

(2)Our town holds a festival (every summer.)

(3)This museum has many famous (pictures.)

解き方 1 (1)(3)主語が3人称単数なので，動詞を3人称単数現在形にする。 (2)(4)主語が複数。 (5)some …, other(s) 〜で「…もいれば，〜もいる」という意味。

2 (1)haveの3人称単数現在形はhas。「私たちの学校には体育館があります。」 (2)goの3人称単数現在形はgoes。「ケンは図書館に行きます。」

3 (1)主語が複数。 (2)holdは「（会・式などを）催す」という意味。 (3)「この美術館は多くの有名な絵を持っている。」と考える。

(1)朝；午前　(2)(各クラスの)ホームルーム

(3)(賃金・点数・温度・速度などが)低い

(4)近所の人　(5)birthday　(6)level　(7)age

(8)evening

1 (1)イ　(2)ア　(3)イ　(4)ア

2 (1)has　(2)walks　(3)can play

3 (1)My brother, Mark, drinks coffee (every
morning.)

(2)Kaho goes to Midori Junior High
School(.)

(3)My mother can read Spanish(.)

(4)My father goes jogging every Sunday(.)

解き方 **1** (1)主語が3人称単数なので，be動詞はis。
(2)「6月10日」はJune 10と表す。　(3)主語が
3人称単数なので，likeはlikesにする。
(4)「週末に」はon weekendsで表す。

2 (1)「彼女は1匹のイヌと1羽のウサギを飼っ
ています。」haveの3人称単数現在形はhas。
(2)「彼女は毎日イヌを散歩させます。」walk
はsをつけてwalksにする。　(3)「彼女は上
手にバレーボールをすることができます。」
「…できます」は〈can＋動詞の原形 …〉で表
す。

3 (1)「私の兄のマーク」と言うときは，My
brother, Mark,のように並べて表す。　(2)「…
に通う」はgo to …で表す。　(3)「…できます」
は〈can＋動詞の原形 …〉で表す。　(4)「ジョ
ギングに行く」はgo joggingで表す。

(1)…じゅうずっと　(2)きょう(は)　(3)予定

(4)talk　(5)o'clock　(6)start

1 (1)ア　(2)イ

2 (1)during　(2)starts at　(3)any time

解き方 **1** (1)「ここに…があります。」はHere is[are] ….
で表す。be動詞は「…」に合わせる。　(2)主
語がhis plansで複数なので，be動詞はare。

2 (1)「…の間，…じゅうずっと」はduring …で
表す。duringは前置詞なので，あとには名
詞がくる。　(2)「…時に」は〈at＋時刻〉で表
す。　(3)「いつでも」はat any timeで表す。

(1)かき氷

(2)(食べ物が)ぱりぱり〔かりかり，さくさく〕
した

(3)ねばねばする，べとべとする　(4)weak

(5)creamy　(6)rare

1 (1)イ，ア

2 (1)Which does

解き方 **1** (1)2つのうち「どちら」とたずねるときは
Whichで文を始める。「AとB」のように選
択肢をあげるときは，orを使う。

2 (1)「AとB，どちらが…ですか。」は〈Which
＋do[does]＋主語＋動詞の原形，A or B?〉
で表す。主語が3人称単数なので，doesを
使う。

1 (1)イ　(2)ア　(3)イ　(4)ア　(5)イ，イ

2 (1)She　(2)him　(3)We　(4)his

(5)They study

3 (1)Does Satoshi take pictures (well?)

(2)He often climbs a mountain(.)

(3)Rie does not practice tennis (on Friday.)

解き方 **1** (1)主語が3人称単数なので，makeはsをつ
けてmakesとする。　(2)(3)主語が複数なの
で，動詞は原形。　(4)否定文なので，動詞は
原形。　(5)主語が3人称単数なので，疑問文
や答えの文ではdoesを使う。

2 (1)「ブラウン先生は上手に絵をかきます。」→
「彼女は上手に絵をかきます。」Ms.は女性へ
の敬称。　(2)「私はその男の子を知りませ
ん。」→「私は彼を知りません。」動詞のあとに
代名詞がくるときは「…を」の形。　(3)「私の
姉[妹]と私は速く走ることができます。」→
「私たちは速く走ることができます。」
(4)「これは私の兄[弟]のボールです。」→「こ
れは彼のボールです。」　(5)「彼は毎日英語を
勉強します。」→「彼らは毎日英語を勉強しま
す。」主語が3人称単数から複数にかわるの
で，動詞も原形にする。

3 (1)疑問文なので，〈Does＋主語＋動詞の原
形 …?〉の語順。　(2)often「しばしば」のよう
に頻度を表す副詞はふつう一般動詞の前に
置く。　(3)否定文なので，〈主語＋does not

pp.62〜63 ぴたトレ**2**

① (1)エ (2)ア (3)ウ (4)ウ

② (1)watches (2)Which, or (3)What, does

③ (1)My sister has a new bag.

(2)Mark does not[doesn't] like rock music.

(3)Does Mr. Sato swim well?

　—Yes, he does.

④ (1)Lucy plays the piano.

(2)Does Keita know the[that] teacher?

⑤ (1)高い時計塔 (2)a short melody

(3)像のように仮装する人もいます。 (4)イ

⑥ (1)No, he doesn't. (2)He grows rice.

解き方

① (1)「私の姉[妹]は速く走ります。」 (2)「私の兄[弟]たちは毎日音楽を聞きます。」listen to …「…を聞く」hearはあとにtoをとらない。 (3)「ユカは朝食を食べません。」eatは「食べる」，drinkは「飲む」という意味。 (4)「ケイトはバスケットボールが好きですか。」

② (1)主語が3人称単数なので，watchにesをつけてwatchesとする。 (2)「AとB，どちらが…ですか。」は〈Which do[does]＋主語＋動詞の原形，A or B?〉で表す。 (3)「何時に…しますか。」は〈What time do[does]＋主語＋動詞の原形 …?〉で表す。

③ (1)主語が3人称単数になるので，haveを3人称単数現在形のhasにする。 (2)3人称単数現在の否定文は，〈主語＋does not[doesn't]＋動詞の原形 ….〉で表す。 (3)3人称単数現在の疑問文は，文の最初にdoesを置き，答えの文でもdoesを使う。

④ (1)「（楽器）を演奏する」は〈play the＋楽器名〉で表す。主語が3人称単数なので，playはsをつけてplaysにする。 (2)主語が3人称単数なので，疑問文は〈Does＋主語＋動詞の原形 …?〉の形。

⑤ (1)前文のthis tall clock towerをさす。 (2)itは前に出た単数の名詞をさす。前文参照。 (3)some …, other(s) 〜「…もいれば，〜もいる」 (4)アは本文第2段落1文目の内容と合わない。イは本文第2段落3文目の内容と合う。ウは本文中にそのような記述がない。

⑥ (2)ソラの最初の発言の3文目にhe grows riceとある。

pp.64〜65 ぴたトレ**3**

① (1)○ (2)× (3)×

② (1)ア (2)ア (3)ア

③ (1)wants (2)belongs to (3)goes to

(4)doesn't have

④ (1)Kate sings a song well(.)

(2)What time do you leave home(?)

(3)Does Ken do his homework (in the morning?)

⑤ (1)No, she doesn't. (2)studies

(3)ウ (4)ウ

⑥ (1)Saki speaks French.

(2)My mother teaches English.

(3)What sport(s) does Kenji like?

解き方

① (1)age[ei]，later[ei]なので○。

(2)low[ou]，talk[ɔː]なので×。

(3)family[æ]，college[ɑ]なので×。

② それぞれ印のついた部分を最も強く発音する。

(1)móbile (2)évening (3)ínstrument

③ (1)主語が3人称単数なので，wantはsをつけてwantsにする。 (2)「…に所属している」はbelong to …で表す。 (3)「…に行く」はgo to …で表す。goはesをつけてgoesにする。 (4)3人称単数現在の否定文は，〈主語＋does not＋動詞の原形 ….〉で表す。

④ (1)「歌を歌う」はsing a song。 (2)「何時に…しますか。」は〈What time do[does]＋主語＋動詞の原形 …?〉で表す。 (3)3人称単数現在の疑問文は，〈Does＋主語＋動詞の原形 …?〉で表す。

⑤ (1)「彼女は日本に住んでいますか。」に対して，空所の次に「彼女はオーストラリアに住んでいます。」と答えているので，Noで答える。 (2)studyはyをiに変えてesをつけ，studiesとする。 (3)「あなたはどうですか。」を表すHow about you?を入れる。 (4)アはマークの最初の発言の内容と合う。イはマークの4番目の発言の1文目の内容と合う。ウはリョウの5番目の発言の2文目の内容と合わない。リョウには2人の兄[弟]がいる。

全訳

リョウ：やあ，マーク。きみには兄弟はいる？

マーク：ううん，いないよ。ぼくには姉が1人いるよ。彼女の名前はジェーンだよ。

リョウ：彼女は日本に住んでいるの？

マーク：ううん。彼女はオーストラリアに住ん
　　　　でいるよ。

リョウ：彼女は学生なの？

マーク：そうだよ。彼女は大学生で音楽を勉強
　　　　しているんだ。

リョウ：彼女は何を演奏するの？

マーク：彼女はバイオリンをとても上手に演奏
　　　　するよ。きみはどう？　きみには兄弟
　　　　や姉妹はいるの？

リョウ：うん。ぼくには兄[弟]が２人いるよ。
　　　　彼らは野球が上手なんだ。ぼくはよく
　　　　彼らとそれをするよ。

マーク：いいね。

⑥ 英作力UP↗ (1)「サキはフランス語を話しま
す。」という英文を作る。speakはsをつけて
speaksとする。 (2)「私の母は英語を教え
ています。」という英文を作る。teach「教え
る」はesをつけてteachesとする。 (3)「ケ
ンジはどんなスポーツが好きですか。」とい
う英文を作る。〈What＋名詞＋does＋主
語＋動詞の原形 …?〉の語順。

英作文の採点ポイント

(　)内は(1)～(3)それぞれの配点

□単語のつづりが正しい。(２点)

□(　)内の語数で書けている。(２点)

□(1)〈Saki speaks ….〉の形で正しく書けている。
(2)〈My mother teaches ….〉の形で正しく書け
ている。 (3)〈What＋名詞＋does＋主語＋
like?〉の形で正しく書けている。(４点)

Lesson 5 ～ 文法のまとめ⑤

pp.66～67　　ぴたトレ1

Words & Phrases

(1)自分(自身)の

(2)違った，別の；いろいろな，様々な

(3)眠る，睡眠をとる

(4)(学校の)時間割，スケジュール

(5)フルート　(6)girl　(7)life　(8)choose

(9)class　(10)carry

1 (1)ア　(2)イ　(3)ア　(4)イ

2 (1)is dancing　(2)They are swimming

3 (1)I am writing a letter (now.)

(2)My brother is taking a bath (now.)

(3)We are running in the park (now.)

---

(4)Eri is making dinner (now.)

解き方
1 (1)(2)(3)「今…しています」は現在進行形〈be
動詞(am, is, are)＋動詞の-ing形〉で表す。
(4)have「飼っている」は状態を表す動詞なの
で，進行形にできない。

2 (1)danceの-ing形は最後のeをとって
dancingとする。主語が３人称単数なので，
be動詞はis。 (2)swimはmを重ねて
swimmingとする。主語が複数なので，be
動詞はare。

3 〈主語＋be動詞(am, is are)＋動詞の-ing
形〉の語順。

---

pp.68～69　　ぴたトレ1

Words & Phrases

(1)メキシコ　(2)ポスター　(3)タコス

(4)…を見る　(5)…と話す

(6)buy　(7)bring　(8)radio

(9)cafeteria　(10)listen to

1 (1)イ，イ　(2)イ，ア　(3)ア，ア，イ

2 (1)Are, listening　(2)Is Yuri using

3 (1)Is your mother cooking (now?)

(2)No, she is not(.)

(3)What are you doing (now?)

解き方
1 (1)(2)現在進行形の疑問文は〈be動詞(am, is,
are)＋主語＋動詞の-ing形 …?〉で表す。答
えの文でもbe動詞を使う。 (3)know「知っ
ている」は状態を表す動詞なので，進行形に
できない。一般動詞の疑問文〈Do＋主語＋
動詞の原形 …?〉の形にして，答えの文でも
doを使う。

2 現在進行形の疑問文は〈be動詞(am, is,
are)＋主語＋動詞の-ing形 …?〉の形。

3 (1)主語が３人称単数なので，〈Is＋主語＋動
詞の-ing形 …?〉の語順。 (2)〈No, 主語＋be
動詞＋not.〉の形。 (3)「何」とたずねるwhat
で文を始めて，疑問文の形〈be動詞＋主語
＋動詞の-ing形 …?〉を続ける。

---

p.70　　ぴたトレ1

Words & Phrases

(1)ボランティア

(2)働く，仕事をする，勉強する，努力する

(3)美しい，かわいい　(4)放課後　(5)children

(6)throw　(7)team　(8)next

1 (1)イ　(2)ア

2 (1)runs　(2)is running

解き方 **1** (1)「今…しています」は現在進行形〈be動詞(am, is, are)+動詞の-ing形〉で表す。
(2)日常的な習慣を表すときは現在形を使う。

2 (1)日常的な習慣なので，現在形で表す。主語が3人称単数なので，runにsをつけてrunsとする。　(2)「今…しています」は現在進行形〈be動詞(am, is, are)+動詞の-ing形〉で表す。runの-ing形はnを重ねてrunningとする。

---

p.71　ぴたトレ1

Words & Phrases

(1)物；事　(2)同じ，同一の；よく似た
(3)curry　(4)everyone

1 (1)ア　(2)イ

2 (1)are practicing　(2)Everyone, sing
(3)very much

解き方 **1** (1)「…の写真」はa picture of …で表す。
(2)「私たちの学校は制服を持っている」と考える。

2 (1)主語が複数なので，〈are+動詞の-ing形〉の形にする。　(2)「歌を歌いましょう」は命令文で表す。　(3)「…がとても好きです」はlike … very muchで表す。

---

p.72　ぴたトレ1

Words & Phrases

(1)それなら，その場合には，そうすると
(2)問題；やっかいなこと　(3)提案する
(4)power　(5)together　(6)help

1 (1)ア　(2)イ

2 (1)How about　(2)It's too　(3)solve, together

解き方 **1** (1)「いらっしゃいませ。」はMay I help you?で表す。店員が客に対して言う。　(2)「…をさがす」はlook for …で表す。

2 (1)「…はいかがですか。」はHow about …?で表す。　(2)「それはあまりに…です。」はIt is[It's] too ….で表す。　(3)「解決する」はsolve，「いっしょに」はtogetherで表す。

---

p.73　ぴたトレ1

Words & Phrases

(1)私のもの　(2)(学習用)ワークブック

---

(3)教科書　(4)ours　(5)bottle　(6)dictionary

1 (1)ア，イ

2 (1)Whose book, mother's

解き方 **1** (1)「だれの…」は〈Whose+名詞〉で表す。「彼女のもの」はhersで表す。

2 (1)持ち主をたずねるときは，〈Whose+名詞〉で文を始めて，疑問文の形〈be動詞+主語?〉を続ける。「…のもの」は〈…'s〉で表す。

---

p.75　ぴたトレ1

1 (1)イ　(2)イ　(3)ア，イ　(4)ア，イ，イ

2 (1)Is this, is　(2)Do, practice, don't
(3)Can, jump, cannot[can't]

3 (1)Are you using this computer (now?)
(2)Does Ms. Sato teach (science?)
(3)Can you write a letter (in English?)

解き方 **1** (1)「今…しています」は現在進行形〈be動詞(am, is, are)+動詞の-ing形〉で表す。
(2)前にbe動詞のamがあるので，動詞の-ing形が適切。　(3)eatingがあるので，現在進行形の疑問文。答えの文でもbe動詞を使う。　(4)「…しますか」は現在形の疑問文〈Do[Does]+主語+動詞の原形 …?〉で表す。答えの文でもdo[does]を使う。ここでは主語が3人称単数なので，doesを使う。

2 (1)be動詞の文なので，疑問文は文の最初にbe動詞を置く。答えの文でもbe動詞を使う。　(2)主語が複数の一般動詞の文なので，疑問文は文の最初にdoを置く。答えの文でもdoを使う。　(3)canの文なので，疑問文は文の最初にcanを置く。答えの文でもcanを使う。

3 (1)「今…していますか。」は〈be動詞(am, is, are)+主語+動詞の-ing形 …?〉の語順。
(2)主語が3人称単数の一般動詞の疑問文は〈Does+主語+動詞の原形 …?〉で表す。
(3)「…することができますか。」は〈Can+主語+動詞の原形 …?〉の語順。

---

pp.76〜77　ぴたトレ2

1 (1)ア　(2)イ　(3)イ　(4)ウ

2 (1)looking for　(2)is washing
(3)Whose, mine

3 (1)My sister is watching TV now.
(2)He isn't[is not] taking a picture.
(3)What are Kate and her mother doing

16　英語

now?

④ (1)Is this bag yours?

　(2)Is she sleeping now? —Yes, she is.

⑤ (1)a child　(2)running　(3)He likes sports.

⑥ (1)She is wearing a costume from "Sailor Moon."

　(2)Yes, they are.

解き方

❶ (1)「私はあなたのお兄[弟]さんをよく知っています。」knowは状態を表す動詞なので, 進行形にできない。　(2)「彼は歯をみがいています。」前にbe動詞があるので, 動詞の-ing形であるbrushingを選ぶ。　(3)「ケンと私は電話で話しています。」主語が複数なので, be動詞はare。　(4)「あなたのお姉[妹]さんは今, 何を食べていますか。」eatingがあるので, 現在進行形の疑問文。

❷ (1)「…をさがす」はlook for …で表す。現在進行形の文なので, lookingにする。　(2)「洗う」はwash。　(3)「だれの…」は〈Whose+名詞〉, 「私のもの」はmineで表す。

❸ (1)現在進行形〈be動詞(am, is, are)+動詞の-ing形〉の文にする。　(2)現在進行形の否定文は〈主語+be動詞+not+動詞の-ing形 ….〉の形。　(3)「ケイトと彼女のお母さんは今, 何をしていますか。」という文にする。Whatで文を始めて, 現在進行形の疑問文の形〈be動詞+主語+動詞の-ing形 …?〉を続ける。

❹ (1)「あなたのもの」はyoursで表す。　(2)現在進行形の疑問文〈be動詞+主語+動詞の-ing形 …?〉の形にする。答えの文でもbe動詞を使う。

❺ (1)前文のa childをさす。　(2)前にbe動詞のisがあるので, runを-ing形にして, 現在進行形の文にする。runの-ing形はnを重ねてrunningとする。　(3)「ケビンは何が好きですか。」本文7行目参照。

❻ (1)アオイの2番目の発言2文目参照。

pp.78〜79　**ぴたトレ3**

❶ (1)○　(2)○　(3)×

❷ (1)ア　(2)ア　(3)ウ

❸ (1)I'm practicing　(2)isn't listening

　(3)are swimming　(4)Is, helping, is

❹ (1)we are　(2)May I

　(3)Whose, yours

❺ (1)What are you doing (now?)　(2)エ

　(3)アキとケイトが夏祭りで音楽に合わせて踊っている写真。

　(4)イ

❻ (1)I am[I'm] playing basketball in[at] the gym now.

　(2)This guitar is my brother's.

　(3)Is Mark using a[the] computer now?

解き方

❶ (1)life[ai], child[ai]なので○。
　(2)choose[uː], flute[uː]なので○。
　(3)radio[ei], after[æ]なので×。

❷ それぞれ印のついた部分を最も強く発音する。
　(1)schédule　(2)México　(3)voluntéer

❸ (1)主語がIなので, 〈I am+動詞の-ing形〉の形にする。空所の数に合わせてI amの短縮形I'mを使う。　(2)現在進行形の否定文は, be動詞のあとにnotを置き, 〈主語+be動詞+not+動詞の-ing形〉で表す。空所の数に合わせてis notの短縮形isn'tを使う。
　(3)swimの-ing形はmを重ねてswimmingとする。　(4)現在進行形の疑問文は, 主語の前にbe動詞を出し, 〈be動詞+主語+動詞の-ing形 …?〉で表す。答えの文でもbe動詞を使う。

❹ (1)A「あなたとあなたのお父さんは今, 山に登っていますか。」B「はい, 登っています。」答えの文の主語は「私たちは」になるので, we。　(2)A「いらっしゃいませ。」B「お願いします。私はかばんをさがしています。」　(3)A「これはだれの筆箱ですか。あなたのものですか。」B「はい, 私のものです。ありがとう。」「だれの」と持ち主をたずねるときはWhoseで文を始める。「あなたのもの」はyours。

❺ (1)「あなたは今, 何をしていますか。」という文にする。Whatで文を始めて, 現在進行形の疑問文の形〈be動詞+主語+動詞の-ing形 …?〉を続ける。　(2)次にケイトは「彼女はマークの妹です。」と答えているので, 「だれ」を表すWhoが適切。　(3)ケイトの最後の発言2文目をまとめる。　(4)アはケイトの最初の発言最終文の内容と合う。イはケイトの2番目の発言1文目の内容と合わない。マークは図書館で働いている。ウはケイトの3番目の発言2文目の内容と合う。

全訳

アキ：こんにちは, ケイト。あなたは今, 何を

しているの？

ケイト：オーストラリアの友達のマークから来たEメールを読んでいるの。これらの写真を見て。この写真では，彼は舞台で歌を歌っているわ。彼は歌がとても上手なの。

アキ：あの写真では，彼はたくさんの子どもたちと話しているわね。

ケイト：彼は図書館で働いているのよ。彼はときどき彼らに本を読み聞かせているわ。

アキ：それはすばらしいわね。この写真のこの女の子はだれ？

ケイト：彼女はマークの妹よ。彼女と私は同い年なの。私たちは仲のよい友達よ。

アキ：そうなんだ。

ケイト：アキ，この写真を見て。私はこの写真を彼に送るつもりなの。

アキ：あら，私が写真に写っているわ。

ケイト：ええ。この写真では，私たちが夏祭りで音楽に合わせて踊っているわね。私は夏祭りについてEメールを書くつもりよ。

6 英作力 UP↗ (1)「私は今，体育館でバスケットボールをしています。」という現在進行形の文を作る。playはingをつけてplayingとする。 (2)「このギターは私の兄のものです。」という英文を作る。「私の兄のもの」はmy brother'sで表す。 (3)「マークは今，コンピューターを使っていますか。」という現在進行形の疑問文を作る。現在進行形の疑問文は〈be動詞＋主語＋動詞の-ing形 …?〉で表す。

英作文の採点ポイント

（ ）内は(1)〜(3)それぞれの配点
□単語のつづりが正しい。（4点）
□(1)〈主語＋be動詞＋動詞の-ing形 ….〉の形で正しく書けている。 (2)〈主語＋be動詞＋…'s.〉の形で正しく書けている。 (3)〈be動詞＋主語＋動詞の-ing形 …?〉の形で正しく書けている。（4点）

Lesson 6 ～ Project 2

pp.80〜81　　　　ぴたトレ**1**

Words & Phrases

(1)さいふ，札入れ　(2)ピクニック

---

(3)落とす；落ちる　(4)発見する
(5)歴史；経歴
(6)last　(7)join　(8)event
(9)experience　(10)view

1 (1)イ　(2)ア　(3)ア　(4)イ

2 (1)studied　(2)bought, last

3 (1)She had many friends(.)
(2)They played soccer (in the park.)
(3)(I) listened to the radio (this morning.)
(4)I went to the museum (last month.)

解き方

1 過去の文なので，動詞を過去形にする。 (1)cleanは規則動詞。edをつけてcleanedとする。 (2)liveは規則動詞。dをつけてlivedとする。 (3)seeは不規則動詞。過去形はsaw。 (4)eatは不規則動詞。過去形はate。

2 (1)studyは規則動詞。過去形はyをiにかえてedをつけ，studiedとする。 (2)buyは不規則動詞。過去形はbought。「この前の日曜日」はlast Sunday。

3 〈主語＋動詞の過去形 ….〉の語順。 (3)「…を聞く」はlisten to …。 (4)「…に行く」はgo to …。

---

pp.82〜83　　　　ぴたトレ**1**

Words & Phrases

(1)きのう(は)　(2)週，1週間　(3)観光，見物
(4)ぶら下げる　(5)試合　(6)スカーフ；えり巻き
(7)ペンギン　(8)外へ，外に　(9)bus
(10)blog　(11)took　(12)pretty　(13)win
(14)ago　(15)game　(16)did

1 (1)ア，イ　(2)イ　(3)イ，ア，ア

2 (1)Did, cook　(2)Did Lucy go

3 (1)What a beautiful picture(!)
(2)(I) did not take a bus (two days ago.)
(3)What subject did you study(?)

解き方

1 (1)「…しましたか。」は〈Did＋主語＋動詞の原形 …?〉で表す。答えの文でもdidを使う。 (2)「…しませんでした。」は〈主語＋did not[didn't]＋動詞の原形 ….〉で表す。 (3)「何」とたずねるWhatで文を始めて，疑問文の語順〈did＋主語＋動詞の原形 …?〉を続ける。eatは不規則動詞で，過去形はate。

2 疑問文は〈Did＋主語＋動詞の原形 …?〉の形。

3 (1)「なんと…！」は〈What (＋a[an]) ＋形容詞

＋名詞!〉で表す。 (2)「…しませんでした。」は〈主語＋did not＋動詞の原形 ….〉で表す。 (3)「何の…」を表す〈What＋名詞〉で文を始めて，疑問文の語順〈did＋主語＋動詞の原形 …?〉を続ける。

p.84　ぴたトレ1

Words & Phrases

(1)すべてのもの〔こと〕；すべての，全部の
(2)覚えている，忘れていない；思い出す
(3)祈る，祈願する　(4)die　(5)wait
(6)peace

1 (1)ア　(2)イ　(3)ア

2 (1)said, went　(2)for, first

解き方 1 (1)dieの過去形はdied。　(2)「感動させる」はtouch one's heartで表す。take a tripは「旅行する」。　(3)「…のために祈る」はpray for …で表す。

2 (1)「言いました」はsayの過去形saidで表す。「行きました」はgoの過去形wentで表す。 (2)「初めて」はfor the first timeで表す。

p.85　ぴたトレ1

Words & Phrases

(1)おじ　(2)いとこ　(3)taught　(4)swam

1 (1)ア　(2)イ

2 (1)tried　(2)enjoyed, much

解き方 1 (1)playの過去形はplayed。　(2)makeの過去形はmade。

2 (1)「…を試す」はtryで表す。過去形はyをiにかえてedをつけて，triedとする。　(2)「…をとても楽しんだ」はenjoyed … very muchで表す。

pp.86~87　ぴたトレ1

Words & Phrases

(1)まっすぐに　(2)(浅くて丸い)皿
(3)2番目(の)　(4)どこに，どこへ，どこで
(5)すでに，もう　(6)受け持ち，責任
(7)すみません。　(8)card　(9)cup
(10)turn　(11)corner　(12)right
(13)paper　(14)left

1 (1)イ　(2)ア　(3)ア　(4)イ

2 (1)How, right　(2)How, left, second

3 (1)Go straight on this street(.)

(2)The post office is on your right(.)
(3)Mr. Suzuki is in charge of this team(.)

解き方 1 (1)「…へはどうやって行けばいいですか。」はHow can I get to …?で表す。　(2)「どこに」とたずねるときはWhereで文を始める。 (3)「…で右[左]に曲がってください。」はTurn right[left] at ….で表す。　(4)「左[右]側にあります。」はIt's on your left[right].で表す。

2 「…へはどうやって行けばいいですか。」はHow can I get to …?で表す。　(1)地図より，「3番目の角で右に曲がってください。」という文にする。　(2)地図より，「2番目の角で左に曲がってください。」という文にする。

3 (1)「まっすぐ行く」はgo straightで表す。 (2)「…は右[左]側にあります。」は〈主語＋be動詞＋on your right[left].〉で表す。　(3)「…を受け持っている」は〈be動詞＋in charge of …〉で表す。

p.89　ぴたトレ1

1 (1)イ　(2)ア　(3)イ，ア　(4)イ，ア，イ

2 (1)Did, teach, did　(2)Whose, is
(3)How many, does　(4)Where did, buy

3 (1)We did not visit the museum (last Friday.)
(2)Who is this woman(?)
(3)She is our music teacher(.)

解き方 1 (1)「寝る」はgo to bed。goの過去形はwent。 (2)一般動詞の過去の否定文では，動詞は原形にする。ateはeatの過去形。　(3)(4)一般動詞の過去の疑問文では，文の最初にDidを置き，動詞は原形にする。答えの文でもdidを使う。

2 (1)taughtはteachの過去形。一般動詞の過去の疑問文は文の最初にDidを置き，動詞は原形にする。答えの文でもdidを使う。 (2)「あれはだれの教科書ですか。」という文にする。「だれの」を表すWhoseで文を始める。That'sはThat isの短縮形。　(3)「ユミは鉛筆を何本ほしいですか。」という文にする。数をたずねる文は〈How many＋名詞の複数形〉で文を始める。主語が3人称単数で現在の疑問文はdoesを主語の前に置く。 (4)「あなたはどこでこの帽子を買いましたか。」という文にする。場所をたずねるWhereで文を始める。boughtはbuyの過

去形。

3 (1)一般動詞の過去の否定文は〈主語 + did not + 動詞の原形 ....〉で表す。 (2)「だれ」とたずねるときはWhoで文を始めて，疑問文の語順を続ける。 (3)「彼女は…です。」はShe is ....で表す。

pp.90〜91 ぴたトレ1

Words & Phrases

(1)その，それの (2)種類
(3)地域の，その地方の (4)お守り
(5)〔特に果樹の〕花 (6)fish (7)inside
(8)garden (9)calm (10)bakery

1 (1)イ (2)ア (3)イ (4)イ

2 (1)has (2)can enjoy (3)come

3 (1)Where is a good spot for us(?)
(2)(I drink coffee) at a cafe next to the museum(.)
(3)(You can) see many kinds of flowers (here.)

解き方
1 (1)「それは…です。」はIt is[It's] ....で表す。 (2)「…で有名である」はbe famous for …で表す。 (3)「…から〜まで」はfrom … to 〜で表す。 (4)「ここでしか買うことができません。」→「ここでだけ買うことができます。」と考える。

2 (1)「それ(＝かえでレストラン)にはおいしいピザとスパゲッティがあります。」 (2)「…を楽しむことができる」はcan enjoy …で表す。 (3)「…からのもの」→「…から来る」と考え，come from …で表す。

3 (1)「…はどこですか。」はWhere is …?で表す。 (2)「…のとなりの」はnext to …で表す。 (3)「…種類の〜」は… kind(s) of 〜で表す。

pp.92〜93 ぴたトレ2

1 (1)ウ (2)ア (3)エ (4)イ

2 (1)swam, last (2)made, ago
(3)bought, for

3 (1)I studied math last night.
(2)The boy did not[didn't] say hello to me.
(3)Where did Mr. Brown see the girl?

4 (1)What an interesting book!
(2)Did he listen to the radio yesterday?
—Yes, he did.

5 (1)three white fireworks
(2)私はそのことを知りませんでした。
(3)No, she did not[didn't].
(4)ウ

6 (1)No, she didn't.
(2)It's in Kanazawa.
(3)No, she didn't.

解き方
1 (1)「私は昨夜テレビを見ました。」文末にlast nightがあるので，過去の文だとわかる。watchは規則動詞で，過去形はwatched。 (2)「ケイトはこの前の日曜日にピクニックを楽しみませんでした。」空所の前にdid notがあるので，空所には動詞の原形が入るとわかる。 (3)「あなたのお姉さん[妹さん]はきのう早く起きましたか。」一般動詞の過去の疑問文は，文の最初にDidを置く。 (4)「マークは先週そのレストランでピザを食べました。」eatは不規則動詞。過去形はate。

2 (1)swim「泳ぐ」は不規則動詞。過去形はswam。「この前の…」はlast …で表す。 (2)make「作る」は不規則動詞。過去形はmade。「…前」は… agoで表す。 (3)buy「買う」は不規則動詞。過去形はbought。「初めて」はfor the first time。

3 (1)「毎晩」を「昨夜」にするので，動詞studyを過去形にする。studyの過去形はyをiにかえてedをつけ，studiedとする。 (2)一般動詞の過去の否定文は〈主語 + did not[didn't] + 動詞の原形 ....〉で表す。saidはsayの過去形。 (3)下線部は「駅で」なので，「ブラウン先生はどこでその女の子に会いましたか。」と場所をたずねる疑問文にする。Whereで文を始めて，疑問文の語順〈did + 主語 + 動詞の原形 …?〉を続ける。

4 (1)「なんと…！」は〈What(+ a[an]) + 形容詞 + 名詞!〉で表す。 (2)「…しましたか。」は〈Did + 主語 + 動詞の原形 …?〉で表す。

5 (1)本文第2段落1文目のthree white fireworksをさす。 (2)一般動詞の過去の否定文。thatは前に出た内容をさし，「そのこと」と訳す。 (3)「ケイトは家族といっしょに花火大会に行きましたか。」本文第1段落1・2文目参照。このWeはKateと友達をさす。 (4)アは本文第1段落1文目の内容と合わない。イは本文第2段落3文目の内容と合わない。幸せではなく平和を祈る。ウは本文第2段落最終文の内容と合う。touch one's

heart「感動させる」。

⑥ (1)ソラの最初の発言の質問に対して，エミリーはNoと答えている。　(2)エミリーの最初の発言から，21世紀美術館は金沢にあるとわかる。　(3)エミリーの発言の2文目参照。

---

pp.94~95　ぴたトレ3

① (1)×　(2)○　(3)×

② (1)ア　(2)ア　(3)イ

③ (1)played, after　(2)didn't talk
　(3)had, ago　(4)Did, clean, did

④ (1)Did, didn't, saw　(2)What, did, took
　(3)Where did, visited

⑤ (1)① went　② bought　(2)ウ
　(3)郵便局のとなり　(4)イ

⑥ (1)I made[cooked] breakfast this morning.
　(2)What did you do yesterday?
　(3)I did not practice the piano last
　　Wednesday.

解き方

① (1)bought[ɔː]，ago[ou]なので×。
　(2)week[iː]，peace[iː]なので○。
　(3)said[e]，wait[ei]なので×。

② それぞれ印のついた部分を最も強く発音する。
　(1)pénguin　(2)síghtseeing　(3)remémber

③ (1)playは規則動詞。過去形はplayed。「放課後」はafter school。　(2)一般動詞の過去の否定文は〈主語＋did not[didn't]＋動詞の原形〉で表す。　(3)haveは不規則動詞。haveの過去形はhad。「…前」は... agoで表す。
　(4)一般動詞の過去の疑問文は〈Did＋主語＋動詞の原形...?〉で表す。答えの文でもdidを使う。

④ (1)A「あなたはきのうルーシーに会いましたか。」B「いいえ，会いませんでした。私はきのう彼女のお姉さん[妹さん]に会いました。」　(2)A「あなたは昨夜何時に風呂に入りましたか。」B「私は9時に風呂に入りました。」　(3)A「あなたはこの前の土曜日に，どこを訪れましたか。」B「私は兄[弟]と博物館[美術館]を訪れました。」

⑤ (1)① goは不規則動詞。過去形はwent。② buyは不規則動詞。過去形はbought。
　(2)「その店には文房具もありますか。」に対する答えの文。ケビンの3番目の発言の2文目やケビンの最後の発言の1文目からYesで答える。前文の主語はthe storeなので，

答えの文では主語をitにする。　(3)エリの最初の発言の2文目をまとめる。next to ...「…のとなりに」　(4)アはエリの3番目の発言とそれに対するケビンの応答と合わない。ケビンは本を買わなかった。イはケビンの4番目の発言の2文目と合う。ウは後半の内容と合わない。新しい書店には本だけでなく文房具もあるので，エリは漫画の本と鉛筆を同じ書店で買うことができる。

全訳

エリ：新しい書店を知ってる？　郵便局のとなりにあるの。

ケビン：うん，知ってるよ。きのう姉[妹]とそこへ行ったよ。

エリ：そうなの？　いいわね。

ケビン：その書店にはたくさんの種類の本があるよ。英語の本も何冊かあるよ。

エリ：あなたはそこで本を何冊か買ったの？

ケビン：ううん，買わなかったよ。でも，姉[妹]は3冊の本と筆箱を買ったよ。

エリ：その店には文房具もあるの？

ケビン：うん，あるよ。学生によい店だね。

エリ：そうね。私は1冊の漫画の本と数本の鉛筆がほしいの。

ケビン：そこで両方とも買えるよ。いっしょに行こう。

⑥ **英作力 UP↗**　(1)「私は今朝，朝食を作りました。」という一般動詞の過去の文を作る。makeの過去形madeやcookの過去形cookedを使う。「今朝」はthis morning。
(2)「あなたはきのう何をしましたか。」という一般動詞の過去の疑問文を作る。Whatで文を始めて，疑問文の語順〈did＋主語＋動詞の原形 ...?〉を続ける。　(3)「私はこの前の水曜日にピアノを練習しませんでした。」という一般動詞の過去の否定文を作る。〈主語＋did not＋動詞の原形 ....〉の語順。

英作文の採点ポイント

（　）内は(1)～(3)それぞれの配点

□単語のつづりが正しい。（2点）

□（　）内に指定された語数で書けている。（2点）

□(1)〈主語＋過去形 ... this morning.〉の形で正しく書けている。　(2)〈What did＋主語＋動詞の原形 ...?〉の形で正しく書けている。　(3)〈主語＋did not＋動詞の原形 ....〉の形で正しく書けている。（4点）

Lesson 7 ～ 文法のまとめ⑦

pp.96～97 **ぴたトレ1**

Words & Phrases

(1)だれでも，みんな

(2)(テニスやバスケットなどの)コート

(3)驚くべき，みごとな

(4)退屈な，うんざりさせる　(5)チームメイト

(6)冬　(7)警察官　(8)shoot　(9)shot　(10)lose

(11)lost　(12)got　(13)drew　(14)difficult

1 (1)イ　(2)イ　(3)ア　(4)イ

2 (1)was　(2)were

3 (1)Takuya was hungry (then.)

(2)The baseball game was exciting(.)

(3)My parents were in the kitchen (then.)

(4)I was in the science club(.)

解き方

1 (1)isの過去形はwas。　(2)areの過去形は were。　(3)amの過去形はwas。　(4)areの 過去形はwere。

2 (1)「その映画は退屈でした。」　(2)「ケイトと 私はチームメイトでした。」

3 〈主語＋be動詞の過去形 ….〉の語順。　(3)「… にいる」もbe動詞で表すことができる。 (4)「…部に入っている」はbe in the … club で表す。

pp.98～99 **ぴたトレ1**

Words & Phrases

(1)ベンチ，長いす　(2)解決する

(3)波乗りする；(インターネットの)サイトを見 て回る　(4)ゆっくり走る，ジョギングする

(5)パジャマ　(6)どうしたの。

(7)…(の状態)に(なって〔変わって〕)

(8)miss　(9)change　(10)call　(11)center

(12)sound　(13)sit　(14)sorry

1 (1)イ　(2)イ　(3)イ　(4)ア

2 (1)was taking　(2)were jogging

3 (1)Sounds like fun(.)

(2)Two cats were sleeping (on the bed.)

(3)The girl was sitting (on the bench.)

(4)I was taking a bath (at eight.)

解き方

1 (1)～(3)「…していました」は過去進行形 〈was[were]＋動詞の-ing形〉で表す。 (4)have「飼っている」は状態を表す動詞なの

で，進行形にできない。

2 〈主語＋was[were]＋動詞の-ing形 ….〉の形。 (1)takeの-ing形はeをとってingをつけ， takingとする。　(2)jogの-ing形はgを重ね てingをつけ，joggingとする。

3 (1)「…のように思える」はsound like … で 表す。　(2)～(4)〈主語＋was[were]＋動詞の -ing形 ….〉の語順。

p.100 **ぴたトレ1**

Words & Phrases

(1)理解する　(2)いつも，常に

(3)国の，国立の，国家の　(4)against

(5)message　(6)could

1 (1)ア　(2)イ

2 (1)was not　(2)were not　(3)Above all

解き方

1 (1)主語が3人称単数なので，isの過去形 wasを使う。　(2)主語が複数なので，areの 過去形were を使う。

2 (1)主語が3人称単数なので，isの過去形 wasを使う。　(2)主語が複数なので，areの 過去形wereを使う。　(3)「何よりも」はabove allで表す。

p.101 **ぴたトレ1**

Words & Phrases

(1)賞，賞品　(2)人物　(3)century　(4)won

1 (1)イ　(2)ア

2 (1)won　(2)respect her

解き方

1 (1)「…出身の」はfrom …で表す。　(2)「…で す」なので現在の文。主語が3人称単数なの で，be動詞はis。

2 (1)win「受賞する」の過去形はwon。　(2)「… を尊敬する」はrespect …で表す。動詞のあ とは「…を」の形にするので，her「彼女を」 にする。

p.102 **ぴたトレ1**

Words & Phrases

(1)落胆した，がっかりした　(2)漫画家

(3)もちろん。　(4)question　(5)series

(6)listener

1 (1)イ　(2)ア

2 (1)is, big　(2)What book(s)

(3)questions from

1 (1)「どんな…」は〈What＋名詞〉で表す。
(2)「だれ」とたずねるときはWhoで文を始める。

2 (1)「…の大ファン」はa big fan of …で表す。
(2)「どんな…が好きですか。」は〈What＋名詞＋do[does]＋主語＋like …?〉で表す。
(3)「…からの質問」はquestions from …で表す。

p.103　ぴたトレ1

Words & Phrases

(1)心配して，不安で；自信のない
(2)退屈した，うんざりした　(3)子犬
(4)angry　(5)busy　(6)surprised

1 (1)イ　(2)ア

2 (1)look　(2)looks tired　(3)looked bored
(4)looks, happy

解き方
1 (1)「…に見える」は〈look＋形容詞〉で表す。
(2)主語が3人称単数なので，lookをlooksにする。

2 (1)「…に見える」は〈look＋形容詞〉で表す。
(2)(4)主語が3人称単数なので，lookをlooksにする。　(3)「…に見えました」という過去の文なので，lookの過去形lookedにする。「退屈した」はbored。

p.105　ぴたトレ1

1 (1)ア，イ　(2)ア　(3)ア，イ
(4)ア，イ，ア

2 (1)an　(2)looks　(3)were not
(4)Was, teaching

3 (1)My father was a baseball player (ten years ago.)
(2)We were helping our mother (then.)
(3)They looked very surprised(.)

解き方
1 (1)1文目は単に「イヌを飼っている」と言っているので，a dogとし，2文目は1文目で述べた「自分が飼っているイヌ」をさすので，the dogとする。　(2)「…のように見える」は〈look＋形容詞〉で表す。　(3)「…にいる」はbe動詞で表す。疑問文は文の最初にbe動詞の過去形を置き，答えの文でもbe動詞の過去形を使う。　(4)過去進行形の疑問文は〈Was[Were]＋主語＋動詞の-ing形…?〉で表し，答えの文でもwas[were]を使う。
2 (1)appleは母音で始まる語なので，冠詞は

aではなくanにする。　(2)「…に見える」は〈look＋形容詞〉で表す。主語が3人称単数なので，looksにする。　(3)be動詞の過去形の否定文は，was[were]の後ろにnotを置く。　(4)過去進行形の疑問文は，文の最初にwas[were]を置き，動詞は-ing形のまま。

3 (1)「…だった」はbe動詞の過去形を使って表す。　(2)過去進行形の文なので，〈主語＋was[were]＋動詞の-ing形 ….〉の語順。
(3)「…に見えた」は〈looked＋形容詞〉で表す。

pp.106~107　ぴたトレ2

1 (1)ア　(2)エ　(3)ウ　(4)エ

2 (1)was writing　(2)were, last
(3)Was, playing

3 (1)I was in the gym then.
(2)They were not[weren't] my classmates.
(3)What was Daiki doing?

4 (1)They were running in the park.
(2)Was she tired then?　—Yes, she was.

5 (1)① was　② were
(2)No, she did not[didn't].　(3)ウ

6 (1)He goes to the library.
(2)Go straight on this street.　Turn left at the bank.　It's on your right.

解き方
1 (1)nowがあるので，現在の文。主語がIなので，be動詞はam。　(2)then「その時」があるので，現在形は不可。sleepyは形容詞なので，doesn'tやdidn'tも不可。lookedを選び，「その赤ちゃんはその時，眠そうに見えました。」という文にする。　(3)主語が3人称単数で過去進行形の文なので，be動詞はwas。　(4)主語が複数で過去の文なので，be動詞はwereが適切。「タクと彼の兄[弟]はその時，図書館にいました。」

2 (1)write「書く」の-ing形はeをとってingをつけ，writingとする。　(2)主語が複数で過去の文なので，be動詞はwere。「昨年」はlast year。　(3)過去進行形の疑問文は〈Was[Were]＋主語＋動詞の-ing形 …?〉で表す。

3 (1)thenは「その時」という意味。amの過去形はwas。　(2)be動詞の過去形の否定文は，was[were]の後ろにnotを置く。　(3)「ダイキは何をしていましたか。」という文にする。What「何」を文の最初に置いて，過去進行

形の疑問文の語順〈was[were]＋主語＋動詞の-ing形 …?〉を続ける。

④ (1)「…していました」は〈主語＋was[were]＋動詞の-ing形 ….〉で表す。runの-ing形はnを重ねてingをつけ，runningとする。
(2)「…でしたか」は〈Was[Were]＋主語 …?〉で表し，答えの文でもwas[were]を使う。

⑤ (1)①主語が３人称単数なのでwas。②主語が複数なのでwere。 (2)「マリは13歳のとき，車いすバスケットボールが好きでしたか。」本文第１段落参照。 (3)アは本文第１段落３〜４文目の内容と合う。イは本文第１段落最終文の内容と合う。主語のItは車いすバスケットボールをさす。ウは本文第１段落の内容と合わない。マリは13歳のときに車いすバスケットボールを始めた。

⑥ (1)旅行者の最初の発言で，図書館の場所をたずねている。

したか。」B「いいえ，疲れていませんでした。」 (2)A「だれがブラウン先生と話していましたか。」B「トムとケイトです。」Whoが主語のときは３人称単数扱いなので，wasにする。 (3)A「きのうの２時にその生徒たちはどこにいましたか。」B「彼らは博物館にいました。」場所をたずねるときはWhereで文を始める。

⑤ (1)「あなたは何をしていましたか。」という文にする。 (2)前にbe動詞の過去形wasがあるので，過去進行形の文にする。playはそのままingをつけてplayingとする。 (3)「きょうの午後，私を手伝ってくれませんか。」に対する答えを選ぶ。次に「あしたはどうですか。」と提案しているので，きょうの午後は手伝えないことがわかる。ウの「すみませんが，できません。きょうは忙しいです。」が適切。 (4)「ピーターはリョウを探していましたか。」リョウの最初の発言より，リョウがピーターを探していたとわかる。 (5)アはリョウの２番目の発言とピーターの２番目の発言の１，２文目と合う。イはピーターの３番目の発言の２文目と合わない。リョウは現在バスケットボール部に入っている。ウはリョウの最後の発言の２文目と合わない。12時ではなく11時。

全訳

リョウ：やあ，ピーター。きみを探していたんだよ。何をしていたの？

ピーター：やあ，リョウ。ぼくは体育館にいたよ。マークとバスケットボールをしていたんだ。

リョウ：マークは新入生？

ピーター：そうだよ。彼はアメリカ合衆国出身だよ。彼はそこの学校でバスケットボール部に入っていたんだ。

リョウ：彼はバスケットボールを上手にするの？

ピーター：うん，彼はバスケットボールがとても上手だよ。ああ，きみはバスケットボール部に入っているよね。彼といっしょにそれをしようよ。

リョウ：もちろん。ところで，英語の宿題があるんだ。それはとても難しいんだ。きょうの午後手伝ってくれない？

ピーター：ごめん，できないよ。きょうは忙しいんだ。あしたはどう？

リョウ：いいよ。11時にぼくの家に来て。いっしょに昼食を食べよう。

---

pp.108〜109 　ぴたトレ３

① (1)○　(2)×　(3)○

② (1)イ　(2)ア　(3)ア

③ (1)was practicing　(2)weren't hungry
(3)Was, old　(4)Were, making, was

④ (1)Was, wasn't　(2)Who was
(3)Where were

⑤ (1)What were you doing(?)　(2)playing
(3)ウ　(4)No, wasn't　(5)ア

⑥ (1)My mother was a nurse.
(2)I was taking a bath an[one] hour ago.
(3)I was not in[at] the library then.

解き方

① (1)amazing[ei]，change[ei]なので○。
(2)shoot[uː]，foot[u]なので×。
(3)won[ʌ]，puppy[ʌ]なので○。

② それぞれ印のついた部分を最も強く発音する。
(1)pajámas　(2)énergy　(3)réalize

③ (1)「…していました」は過去進行形〈was[were]＋動詞の-ing形〉で表す。practiceの-ing形はeをとってingをつけpracticingとする。
(2)be動詞の過去形の否定文は，be動詞の後ろにnotを置く。 (3)be動詞の過去の疑問文は，文の最初にbe動詞を置く。「古い」はold。 (4)過去進行形の疑問文は，文の最初にbe動詞を置き，動詞は-ing形のまま。答えの文でもbe動詞の過去形を使う。

④ (1)A「あなたのお母さんはきのう疲れていま

ピーター：いいね。

⑥ 英作力 UP⤴ (1)「私の母は看護師でした。」という英文を作る。主語が3人称単数なので，isの過去形wasを使う。「看護師」はnurse。(2)「私は1時間前に風呂に入っていました。」という英文を作る。「風呂に入る」はtake a bath。takeの-ing形はeをとってingをつけてtakingとする。「1時間前に」はan[one] hour ago。 (3)「私はその時図書館にいませんでした。」というbe動詞の過去の否定文を作る。

英作文の採点ポイント

（　）内は(1)～(3)それぞれの配点
□単語のつづりが正しい。（2点）
□（　）内に指定された語数で書けている。（2点）
□(1)〈主語＋was ….〉の形で正しく書けている。
　(2)〈主語＋was＋動詞の-ing形 ….〉の形で正しく書けている。 (3)〈主語＋was not ….〉の形で正しく書けている。（4点）

Lesson 8 ～ Project 3

pp.110～111　　　　　　ぴたトレ**1**

Words & Phrases

(1)熱い；暑い　(2)寒い，冷たい
(3)涼しい；冷えた　(4)くもりの，くもった
(5)箸　(6)stand　(7)sunny　(8)warm
(9)tomorrow　(10)baby

1 (1)イ　(2)ア　(3)ア，ア
2 (1)be rainy　(2)will be cloudy
3 (1)The concert will start (at six.)
(2)(The movie) will be interesting(.)
(3)It will not be rainy (tomorrow.)
(4)Will Emi come to school (tomorrow?)

解き方 1 (1)(2)「…でしょう」は〈will＋動詞の原形〉で表す。 (3)疑問文は文の最初にwillを置き，答えの文でもwillを使う。
2 (1)「あしたは雨で寒いでしょう。」 (2)「あしたはくもりで暖かいでしょう。」
3 (1)(2)〈主語＋will＋動詞の原形 ….〉の語順。
(3)〈主語＋will not＋動詞の原形 ….〉の語順。
(4)〈Will＋主語＋動詞の原形 …?〉の語順。

pp.112～113　　　　　　ぴたトレ**1**

Words & Phrases

(1)演説，スピーチ　(2)ああ，わかっているよ
(3)最後の　(4)たぶん，…かもしれない
(5)試験　(6)ココア　(7)あさって
(8)rain　(9)snow　(10)weather　(11)when
(12)stay　(13)project　(14)hear

1 (1)イ　(2)ア　(3)ア　(4)ア，イ
2 (1)am going to　(2)is going to make
3 (1)I am going to visit the museum (today.)
(2)She is not going to make dinner (today.)
(3)When are you going to stay (in Tokyo?)

解き方 1 (1)あとにtoがあるので，〈be going to＋動詞の原形〉の形にする。 (2)be going toのbeはbe動詞の原形。主語が3人称単数なので，be動詞はis。 (3)否定文はbe動詞の後ろにnotを置く。 (4)疑問文は文の最初にbe動詞を置き，答えの文でもbe動詞を使う。
2 〈主語＋be動詞＋going to＋動詞の原形 ….〉の形にする。 (1)主語がIなので，be動詞はam。 (2)主語が3人称単数なので，be動詞はis。
3 (1)〈主語＋be動詞＋going to＋動詞の原形 ….〉の語順。 (2)〈主語＋be動詞＋not going to＋動詞の原形 ….〉の語順。
(3)When「いつ」で文を始めて，疑問文の語順〈be動詞＋主語＋going to＋動詞の原形 …?〉を続ける。

p.114　　　　　　ぴたトレ**1**

Words & Phrases

(1)情報　(2)類似した，似ている
(3)事態，情勢　(4)救う，助ける，守る
(5)us　(6)decide　(7)felt　(8)late

1 (1)ア　(2)イ
2 (1)Will, carry　(2)around, world

解き方 1 (1)「～しませんか。」と勧誘するときは，Will you …? で表す。 (2)「…を拾い上げる」はpick up …で表す。
2 (1)「～してくれませんか。」と依頼するときは，Will you …? で表す。 (2)「世界中で」はaround the worldで表す。

Words & Phrases

(1)(飲み物用の)ストロー　(2)減らす；減る
(3)ごみ　(4)environment　(5)promise
(6)clothes

1 (1)イ　(2)ア

2 (1)For example　(2)In addition

解き方
1 (1)「…するつもりです。」は〈will＋動詞の原形
….〉で表す。　(2)「…しましょう。」は〈Let's
＋動詞の原形 ….〉で表す。
2 (1)「たとえば」はfor exampleで表す。　(2)「さ
らに」はin additionで表す。

Words & Phrases

(1)もう一度，また
(2)(国や州などで決められた1日だけの)祝日，
休日
(3)hair　(4)almost

1 (1)イ　(2)ア

2 (1)is wearing　(2)He has　(3)Pardon me

解き方
1 (1)「…ないでしょう。」は〈will not＋動詞の原
形 ….〉で表す。won'tはwill notの短縮形。
(2)「何」はwhatで表す。
2 (1)「彼女は…を身につけています。」はShe
is wearing ….で表す。　(2)「彼は黒色の髪を
持っています。」と考えて，He has ….とす
る。　(3)「もう一度おっしゃってください。」
はPardon me?で表す。

Words & Phrases

(1)食べ物を与える，えさを与える
(2)(ドア・窓などが)あく；あける
(3)window　(4)answer

1 (1)イ　(2)ア

2 (1)Can[Will] you　(2)of course

解き方
1 「…してくれませんか。」はCan you …?で
表す。
2 (1)「…してくれませんか。」と依頼するときは，
Can[Will] you …?で表す。　(2)「もちろん。」
はOf course.で表す。

1 (1)ア，イ　(2)ア　(3)ア　(4)イ

2 (1)will buy　(2)is not going
(3)Will, play, won't
(4)What are, do

3 (1)It will be sunny (tomorrow.)
(2)I am going to stay (at the hotel.)
(3)My mother will be surprised(.)

解き方
1 (1)「…でしょうか。」は〈Will＋主語＋動詞の
原形 …?〉で表す。答えの文でもwillを使う。
(2)前にWe areがあるので，be going toの
否定文にする。　(3)その場で決めた意志は
willで表す。　(4)1文目に「見て！」とあり，
目の前の様子を見て雨が降りそうだと判断し
ているので，willではなくbe going toを使う。
2 (1)過去の文を未来の文にする。boughtは
buyの過去形。　(2)be動詞の後ろにnotを置
く。　(3)文の最初にwillを置く。答えの文で
もwillを使う。　(4)「あなたは今度の土曜日
に何をするつもりですか。」という文にする。
Whatで始めて，疑問文の語順〈be動詞＋主
語＋going to＋動詞の原形 …?〉を続ける。
3 (1)天気を表す文の主語はit。beはbe動詞の
原形。　(2)「…に滞在する」はstay at …で表
す。　(3)〈主語＋will be＋形容詞 ….〉の語順。

Words & Phrases

(1)贈り物
(2)練習する，けいこをする；練習，けいこ
(3)treasure　(4)gave

1 (1)ア　(2)イ　(3)ア　(4)イ

2 (1)Who bought　(2)What is
(3)How long　(4)Where do
(5)How many

3 (1)I am in the music club(.)
(2)Do you play the piano every day(?)
(3)What do you like about (the picture?)
(4)The guitar was my birthday present(.)

解き方
1 (1)「…です」はbe動詞の現在形で表す。主語
が3人称単数なので，is。　(2)「(人)に(物)
を与える」は〈give＋物＋to＋人〉で表す。
(3)「使う」はuse。　(4)「…でしたか」はbe動
詞の過去形で表す。主語が3人称単数なの
で，was。

2 (1)「だれが…しましたか。」は〈Who＋動詞の過去形 …?〉で表す。　(2)「…は何ですか。」は〈What＋be動詞 …?〉で表す。　(3)「どのくらい長く」はHow longで文を始める。(4)「どこで…しますか。」は〈Where do[does]＋主語＋動詞の原形 …?〉で表す。　(5)「いくつ」と数をたずねるときは〈How many＋名詞の複数形〉で文を始める。

3 (1)「…部に入っています」はbe in the … clubで表す。　(2)every day「毎日」は文の最後に置く。　(3)「あなたは…のどんなところが好きですか。」はWhat do you like about …?で表す。　(4)「私の誕生日プレゼント」はmy birthday presentで表す。

1 (1)ウ　(2)エ　(3)ア　(4)ウ

2 (1)will be　(2)are going　(3)What will

3 (1)They will not[won't] practice volleyball today.
(2)I am[I'm] not going to help my father tomorrow.
(3)What is Kate going to do today?

4 (1)Will Mr. Sato be busy after school?
—Yes, he will.
(2)She is[She's] going to listen to the radio next Saturday.

5 (1)イ　(2)Will you　(3)It is[It's] Mt. Fuji.

6 (1)He is going to visit New Zealand.
(2)She recommends a Maori village.

解き方 1 (1)あとに動詞の原形があるので，willが適切。　(2)あとに動詞の原形があるので，will notの短縮形won'tが適切。　(3)前にbe動詞amがあるので，going toが適切。　(4)あとにgoing toがあるので，be動詞areが適切。

2 (1)「…でしょう」は〈will＋動詞の原形〉で表す。be動詞の原形はbe。　(2)「…するつもりです」は〈be going to＋動詞の原形〉で表す。主語が複数なので，be動詞はareにする。(3)What「何」で文を始めて，willの疑問文の語順〈will＋主語＋動詞の原形 …?〉を続ける。

3 (1)willの文の否定文は，willの後ろにnotを置く。　(2)be going toの文の否定文は，be動詞の後ろにnotを置く。　(3)「ケイトはきょう何をする予定ですか。」という文にする。What「何」で文を始めて，be going toの疑

問文の語順〈be動詞＋主語＋going to＋動詞の原形 …?〉を続ける。

4 (1)「…でしょうか。」は〈Will＋主語＋動詞の原形 …?〉で表す。答えの文でもwillを使う。(2)「…するつもりです。」は〈主語＋be going to＋動詞の原形 ….〉で表す。

5 (1)下線部①のあとの内容参照。　(2)「…しませんか。」と勧誘するときは，Will you …?で表す。　(3)「日本の象徴は何ですか。」本文1～2行目参照。It is[It's] ….の形で答える。

6 (1)ソラの2番目の発言参照。

1 (1)○　(2)×　(3)○

2 (1)イ　(2)ア　(3)ア

3 (1)is going　(2)I'll leave　(3)won't watch
(4)When are

4 (1)Will, will　(2)Where are, am
(3)will, be

5 (1)イ　(2)ジェーンがいとこといっしょに奈良公園に行って桜の花を見ること。
(3)Yes, can　(4)イ

6 (1)I will make[cook] breakfast tomorrow.
(2)Are you going to stay in Tokyo?
(3)I will not be busy next month.

解き方 1 (1)decide[ai]，final[ai]なので○。
(2)warm[ɔːr]，pardon[ɑːr]なので×。
(3)stay[ei]，paint[ei]なので○。

2 それぞれ印の部分を最も強く発音する。
(1)exám　(2)álmost　(3)símilar

3 (1)あとにtoがあるので，be going to …の文にする。主語が3人称単数なので，be動詞はis。　(2)空所の数に合わせてI willの短縮形I'llにする。　(3)空所の数に合わせてwill notの短縮形won'tにする。　(4) When「いつ」で文を始めて，be going toの疑問文の語順〈be動詞＋主語＋going to＋動詞の原形 …?〉を続ける。

4 (1)A「あなたのお姉さん[妹]はあしたボランティア活動をするでしょうか。」B「はい，するでしょう。」　(2)A「あなたは日本でどこを訪れるつもりですか。」B「私は京都と奈良を訪れるつもりです。」　(3)A「あしたの天気はどうなるでしょうか。」B「雪が降るでしょう。」

5 (1)確定している未来は現在形で表すことが

できる。 (2)ジェーンの最初の発言の内容を
まとめる。 (3)「日本にいる人々は春に桜の
花を楽しむことができますか。」ジェーンの
４番目の発言参照。 (4)アはジェーンの最初
の発言と合わない。ジェーンは奈良にいる
いとこに会いに行く。イはジェーンの２番
目の発言とそれに対するクミの応答と合う。
ウはクミの４番目の発言と合わない。

全訳

クミ：春休みが来週始まるわね。あなたは何を
　　　するつもりなの？
ジェーン：私は奈良にいるいとこに会うつもり
　　　　　よ。私たちは奈良公園に行って桜の
　　　　　花を見るの。
クミ：それは楽しいでしょうね。あなたはそこ
　　　でたくさんのシカも見ることができるわ。
ジェーン：まあ，本当に？　私はシカに食べ物
　　　　　をあげることができるの？
クミ：ええ。シカ用の食べ物を買って，それを
　　　シカにあげることができるわ。奈良での
　　　滞在を楽しんでね。
ジェーン：ありがとう。ええと，あなたは春休
　　　　　みの間，何をするつもりなの？
クミ：私は市内の山に登るつもりよ。私たちは
　　　そこできれいな桜の花を見ることができ
　　　るの。
ジェーン：それはいいわね。春には，日本のい
　　　　　ろいろな場所で桜の花を楽しむこと
　　　　　ができるのね。
クミ：ええ。日本の春を楽しんでね，ジェーン。
ジェーン：ありがとう，クミ。

6 英作力UP♪ (1)「私はあした朝食を作るつも
りです。」という英文を作る。willを使う。
(2)「あなたは東京に滞在するつもりですか。」
という英文を作る。be going toを使う。
(3)「私は来月忙しくないでしょう。」という英
文を作る。willの否定文はwillの後ろにnot
を置く。

英作文の採点ポイント

（　）内は(1)〜(3)それぞれの配点
□単語のつづりが正しい。（２点）
□（　）内に指定された語数で書けている。（２点）
□(1)〈I will＋動詞の原形 ….〉の形で正しく書けて
いる。 (2)〈Are you going to＋動詞の原形 …?〉
の形で正しく書けている。 (3)〈I will not＋動詞
の原形 ….〉の形で正しく書けている。（４点）

READING FOR FUN

p.126　　　　　　ぴたトレ1

Words & Phrases
(1)(…について)たずねる，問う
(2)恐ろしい，ひどい
(3)見えなくなる，消えうせる
(4)follow　(5)careful　(6)ran

1 (1)ア　(2)イ
2 (1)was sitting　(2)How long　(3)Don't play

解き方
1 「…してください。」は文の最初か最後に
pleaseをつけ，〈Please＋動詞の原形 ….〉
または〈動詞の原形 …, please.〉で表す。
2 (1)「…していました」は過去進行形〈主語＋
was[were]＋動詞の-ing形〉で表す。sitの
-ing形はtを重ねてsittingとする。 (2)「ど
れくらい長く」と期間をたずねるときは，
How longで文を始める。 (3)「…してはい
けません」は〈Don't＋動詞の原形〉で表す。

---

pp.127〜128　　　　　　ぴたトレ2

1 (1)ウ　(2)エ　(3)イ　(4)ウ
2 (1)fell　(2)was　(3)at all
3 (1)Kanako was swimming in the sea.
(2)Don't be late.
(3)How long did Mark practice the guitar?
4 (1)What does your name mean?
(2)Please carry these balls. [Carry these
balls, please.]
5 (1)Please be
(2)私はその恐ろしい[ひどい]歌が少しも好き
ではありません。
(3)イ
6 (1)A (thirsty) crow did.
(2)He found a pitcher.
(3)It is in the pitcher.

解き方
1 (1)andの後ろの動詞が過去形なので，runも
過去形にする。runの過去形はran。 (2)前
にwasがあるので，過去進行形〈主語＋
was[were]＋動詞の-ing形〉の文。 (3)「あ
なたのお兄さん[弟]の名前は何ですか。」
(4)「そのことばには意味がありますか。」
2 (1)fall「落ちる」の過去形はfell。 (2)「…にい
る」はbe動詞で表す。主語が３人称単数な
ので，isの過去形wasを入れる。 (3)「少し

も…ない」はnot ... at allで表す。

③ (1)「…していました」は過去進行形〈主語＋was[were]＋動詞の-ing形〉で表す。swimの-ing形はmを重ねてswimmingとする。 (2)「…してはいけません。」は〈Don't＋動詞の原形 ....〉で表す。 (3)「マークはどれくらい長くギターを練習しましたか。」という文にする。「どれくらい長く」はHow longで文を始める。

④ (1)「…は何を意味しますか。」はWhat do[does] ... mean? で表す。主語が３人称単数なので，ここではdoesを使う。 (2)「…してください。」は〈Please＋動詞の原形 ....〉または〈動詞の原形 ..., please.〉で表す。

⑤ (1)carefulは形容詞なので，pleaseのあとはbe動詞の原形beを入れる。 (2)itは前文の that terrible song をさす。not ... at allは「少しも…ない」という意味。 (3)アは本文２行目の内容と合わない。ハンプティ・ダンプティはネクタイを身につけている。イは本文４，６行目の内容と合う。ウは本文５行目の内容と合わない。歌を知っているかとたずねたのはアリス。

⑥ (1)「だれが水差しを見つけましたか。」本文１文目参照。過去の疑問文なので，〈主語＋did.〉の形で答える。

pp.130〜131　　　　　予想問題 1

出題傾向

＊be動詞am, areを使った文，一般動詞を使った文の使い分けが問われる。それぞれの疑問文・否定文をしっかりマスターしておこう。

① (1) in　(2)ア

(3)③ What movie do you like(?)

④ I'm interested in J-pop music(.)

(4)ア×　イ○　ウ×

② (1)ア　(2)イ　(3)イ　(4)ア　(5)ア

③ (1) Are，not　(2) Do，do not

(3) Do，do，am

④ (1) I'm not[I am not] from London.

(2) Are you in the art club?

(3) Do you practice judo every day?

(4) I have an iguana at home.

⑤ (1) I am good at math(.)

(2) I do not speak Chinese(.)

解き方 ① (1)live in ...「…に住んでいる」 (2)直前のユキの発言に注目する。doで聞かれているので，doで答える。 (3)③直後でユキが「私はファンタジー映画が好き」と答えていることから，「あなたは何の映画が好きですか」と聞いていると考える。「何の…」は〈what＋名詞〉で表す。④be interested in ...「…に興味がある」

(4)アはユキの最初の発言に合わないので×。イはマークの２番目の発言に合うので○。ウはユキの４番目の発言に合わないので×。

全訳

ユキ：こんにちは，私はタナカユキよ。私は長崎出身なの。今はあおば市に住んでいるの。

マーク：やあ，ユキ。ぼくはマーク・デイビスだよ。ぼくはアメリカ出身だよ。ぼくはみどり市に住んでいるんだ。

ユキ：あなたは何かスポーツをするの？

マーク：うん，するよ。ぼくはバスケットボールをするよ。ぼくはバスケットボール部に入っているんだ。ぼくはときどきサッカーをするよ。きみはスポーツが好きなの，ユキ？

ユキ：ううん，好きではないわ。私は映画が大好きよ。

マーク：きみは何の映画が好きなの？

ユキ：私はファンタジー映画が好きよ。私は家で映画を見るのよ。私は映画館には行かないの。あなたは映画を見るの，マーク？

マーク：うん，見るよ。ぼくはアニメ映画が好きだよ。

ユキ：あなたは何か日本の歌を知ってる？

マーク：うん。ぼくはときどき家で歌を歌うよ。ぼくは日本のポップス音楽に興味があるんだ。

❷ (1)主語がIのとき，be動詞はam。　(2)主語がyouのとき，be動詞はare。　(3)take pictures「写真をとる」　(4)use「使う」　(5)clean「そうじする」。

❸ (1)A「あなたは疲れていますか」B「いいえ，疲れていません」。　(2)A「あなたはドラゴンボールを知っていますか」B「いいえ，知りません」答え方は，空所の数からdo notとする。　(3)A「あなたはスポーツが好きですか」B「はい，好きです。私はテニスのファンです」

❹ (1)否定文はbe動詞の後ろにnotを置く。　(2)疑問文はbe動詞areを文の始めに置く。　(3)一般動詞practiceがあるので，文の始めにdoを置く。　(4)iguanaは母音で始まるので，aをanに変える。

❺ (1)「…が得意(上手)です」はbe good at …で表す。　(2)一般動詞の否定文はdo notのあとに動詞を置く。

出題傾向

＊canの文，be動詞isを使った文，複数形，命令文について問われる。また，代名詞の目的語の形を理解しておこう。

❶ (1)イ　(2)Is he your friend(?)　(3)*tempura*　(4)Yes, he is.　(5)イ

❷ (1)some　(2)an　(3)a　(4)×　(5)any

❸ (1)Can, No　(2)Is, it　(3)her, She

❹ (1)I can speak Chinese.　(2)How many horses do you see?　(3)This is not[isn't] my cap.　(4)What is[What's] that?　(5)Take a picture here.

❺ (1)Can[will] you　(2)in English

解き方

❶ (1)「この男の子はだれ？」「あの女性はだれ？」　(2)疑問文なので，Is he …?の形。　(3)直前でマークが「ぼくは天ぷらが大好き」と発言していることに注目する。　(4)「タクヤは野球が得意ですか」クミの2番目の発言参照。　(5)ア　クミの2番目の発言参照。イ　クミの3番目の発言参照。ウ　クミの4番目の発言参照。

全訳

マーク：やあ，クミ。この男の子はだれ？

クミ：やあ，マーク。彼はタクヤよ。

マーク：彼はきみの友だちなの？

クミ：ううん。彼は私の友だちではないわ。私のお兄さんよ。彼は野球が上手にできるけど，泳げないの。

マーク：なるほど。あの女性はだれ？

クミ：彼女は私のお母さんよ。看護師なの。料理がうまいのよ。私はお母さんのピザが大好きなの。

マーク：きみは料理をする？

クミ：ええ，するわよ。お母さんと私はときどき夕食を作るの。あなたは何の日本料理が好き？

マーク：ぼくは天ぷらが大好きなんだ。

クミ：天ぷら？　お母さんはそれを作るのがとてもうまいの。今週末，食べに来てよ。

マーク：いいね。ありがとう，クミ。

❷ 空所の後ろの名詞が，数えられるかどうか，数えられる場合は単数か複数かに着目。
(1)some balls「いくつかのボール」とする。
(2)Englishは母音で始まるのでanを入れる。
(3)library「図書館」が単数なのでaを入れる。
(4)music「音楽」は数えられない名詞。
(5)「いくつかのオレンジ」とする。疑問文なのでanyを使う。

❸ (1)canの疑問文・応答文。　(2)be動詞の疑問文・応答文。thisはitに変える。　(3)A「こちらはゆかりです。<u>彼女を</u>知っていますか」B「もちろんです。<u>彼女は</u>人気のダンサーです」「彼女を」はher，「彼女は」はshe。

❹ (1)speakを〈can＋動詞の原形〉の形にする。
(2)数をたずねるので，How many ～?を使う。　(3)否定文はbe動詞のあとにnotを入れる。　(4)「あれは<u>何</u>ですか」とする。「何」はwhat。　(5)命令文は動詞の原形で始める。

❺ (1)「～してもらえませんか」はCan you ～?で表す。　(2)「英語で」はin English。

pp.134〜135　　　　　予想問題 **3**

出題傾向

＊3人称単数現在形の文の理解が問われる。疑問文・否定文の作り方をしっかりマスターしておこう。

❶ (1)①ウ　④イ
(2)タケシの姉[妹]
(3)② **What does she play(?)**
③ **She doesn't play an instrument(.)**
(4)ウ
(5)① **Yes, she can.**
② **Yes, she does.**
③ **No, he doesn't.**

❷ (1)イ　(2)イ　(3)ア　(4)ア　(5)イ　(6)ア

❸ (1) **does his homework**
(2) **Don't swim**
(3) **Some，others**

❹ (1) **Tom goes to the library.**
(2) **My father does not[doesn't] drink coffee.**
(3) **Does she study English every day?**
(4) **What time does Ken get up?**

解き方 ❶ (1)①look at ...「…を見る」④「…曜日に」曜日の前にはonを置く。　(2)タケシは最初の発言で，「姉[妹]のヨウコがいる」と述べている。　(3)②whatを文の始めに置き，その後は疑問文の語順。③doesn'tがあることから，否定文であるとわかる。doesn'tのあとに一般動詞playを置く。　(4)ケイトは，姉[妹]のダンスクラブのショーにタケシを誘っている。ウ「ショーを楽しみましょう」が適切。　(5)①「ヨウコはドラムを上手に演奏できますか」タケシの2番目の発言に合うので○。canを使って答える。②「ケイトに

英語　**31**

は姉[妹]がいますか」ケイトの3番目の発言に合うので〇。doesを使って答える。③「タケシはダンスショーのチケットが必要ですか」ケイトの最後の発言から必要ないことがわかる。doesを使って答える。

全訳

タケシ：この写真を見て。これはぼくの姉[妹]のヨウコです。

ケイト：彼女は何を演奏するの？

タケシ：彼女はドラムを演奏するよ。彼女はそれがとても上手なんだ。

ケイト：彼女はバンドに入っているの？

タケシ：うん，そうだよ。彼女は学校のバンドに入っているよ。彼女は毎日ドラムを練習するんだ。

ケイト：すごいわね。私は姉[妹]のナンシーがいるの。彼女は楽器を演奏しないのよ。彼女はダンスが好きなの。

タケシ：本当に？　彼女はダンスクラブに入っているの？

ケイト：ええ，入っているわよ。彼女はとてもよいダンサーなの。そのダンスクラブは，日曜日にダンスショーをするの。あなたもそれを見に来ることができるわ。

タケシ：それはすごいね！

ケイト：あなたは，ショーに来るのにチケットはいらないわ。ショーを楽しみましょう。

❷ (1)Me, too.「私もです。」　(2)主語が複数なので，be動詞はare。　(3)主語が3人称単数。　(4)at school「学校で」　(5)主語が複数なのでaren't。　(6)How about ...?「…はどうですか。」

❸ (1)「宿題をする」はdo one's homework。主語が3人称単数なので，doをdoesにする。　(2)「…してはいけません」は〈Don't＋動詞の原形〉で表す。　(3)「…もいれば，〜もいる」は，some ..., others 〜。

❹ (1)主語が3人称単数なので，goをgoesにする。　(2)主語が3人称単数なので，does not[doesn't]を一般動詞の前に置き，動詞を原形にする。　(3)主語が3人称単数なので，doesを文の始めに置き，動詞を原形にする。　(4)「ケンは何時に起きますか」という文にすると考える。「何時」What timeを文の始めに置き，そのあとは疑問文の形。主語が3人称単数なのでdoesを使う。

出題傾向

＊現在進行形の文について問われる。
-ing形の作り方，疑問文・否定文を含め，しっかりマスターしておこう。

❶ (1)ウ　(2)in
　(3)She studies *kanji* every day(.)
　(4)English
　(5)①She has two.
　　②Yes, she can.
　　③No, they don't.

❷ (1)ア　(2)イ　(3)イ　(4)ア　(5)イ

❸ (1)listen to　(2)take, bath
　(3)after school　(4)Which, or

❹ (1)Mari is writing a letter to Tom.
　(2)He is not[isn't] running in the park.
　(3)Are Yuji and Aya playing tennis?
　(4)What are you doing?

解き方 ❶ (1)walk a dog「イヌを散歩させる」　(2)be interested in ...「…に興味がある」　(3)主語が3人称単数なのでstudiesとする。　(4)④を含む文は「エミリーはそれをよく私に教えてくれます」という意味。直前で「私は英語を上手に話すことができない」と言っているので，Englishを指すと考える。　(5)①「エミリーはネコを何匹飼っていますか」本文3行目から2匹飼っているとわかる。②「エミリーは日本語を上手に話すことができますか」本文5行目から，上手に話せることがわかる。③「サキとエミリーは，毎日図書館に行きますか」本文最後から2行目に注目する。図書館に行くのは，毎週日曜日であることがわかる。

全訳　こんにちは。私はサキです。こちらは私の友達のエミリーです。彼女はオーストラリア出身です。エミリーと私はよい友達です。

彼女は動物がとても好きです。彼女はイヌ1ぴきとネコ2ひきを家で飼っています。彼女は毎朝イヌを散歩させます。彼の名前はクロです。私は彼が好きです。

エミリーは日本語が得意です。彼女はそれを上手に話すことができます。私たちは，ときどき日本語でマンガについて話します。私たちはテレビで日本のアニメを見ます。今，彼女は漢字に興味があります。彼女は毎日漢字を勉強して

います。私は英語を上手に話すことができません。エミリーはよく私にそれを教えてくれます。彼女はいい先生です。

私たちは毎週日曜日に図書館に行きます。私たちは図書館でボランティアとして働きます。私たちは子どもたちと本を読みます。私たちはそれを楽しんでいます。

❷ (1)knowの目的語になるのでhim。 (2)主語なのでI。 (3)「私の」はmy。 (4)rabbitsと複数形なのでthem「それらを」 (5)「このかばんは私のもの本。」

❸ (1)「…を聞く」はlisten to ...で表す。 (2)「お風呂に入る」はtake a bath。 (3)「放課後」はafter school。 (4)「どちら」whichを文の始めに置く。「AかB」はA or Bで表す。

❹ 現在進行形は〈be動詞＋動詞の-ing形〉で表す。 (1)writeをwritingにする。 (2)doesn'tをisn't[is not]に，runをrunningにする。 (3)主語が複数なので，DoをAreに，playをplayingにする。 (4)「あなたは何をしているのですか」という文にする。What「何」を文の始めに置き，その後は疑問文の語順。

出題傾向

＊一般動詞，be動詞の過去の文，過去進行形，未来の文について問われる。それぞれの疑問文・否定文の形をしっかりマスターしておこう。また，教科書に出てくる規則動詞・不規則動詞の過去形をおさえておこう。

❶ (1)①エ　②ア　④ア
(2)for the first time
(3)ユウジの学校(と)友達(について)
(4)ア×　イ○　ウ○

❷ (1)studied　(2)eat　(3)took
(4)make　(5)run　(6)got　(7)have
(8)gave　(9)bought　(10)see
(11)thought　(12)left

❸ (1)イ　(2)ウ　(3)イ　(4)ウ
(5)ウ　(6)ア　(7)イ

❹ (1)he didn't　(2)were, for
(3)mine　(4)it, won't, be
(5)How can

解き方

❶ (1)①during the winter vacation「冬休みの間に」②for five days「5日間」④be famous for ...「…で有名です」 (2)「初めて」はfor the first time。 (3)本文2〜3行目から，「ぼく（＝ユウジ）の学校と友達についてたくさん話した」ことがわかる。 (4)アは本文5行目で，「兄[弟]と雪だるまを作った」と述べているので×。イは本文7行目で，「ぼくはたくさんの人をそこ（＝神社）で見た」と述べているので○。ウは本文最後で，「夏にまたそこ（＝秋田）を訪れる予定です」と述べているので○。

全訳　1月7日

ぼくは冬休みに家族と秋田へ行きました。ぼくの祖母がそこに住んでいます。ぼくたちは彼女の家に5日間滞在しました。ぼくたちは，学校や友達についてたくさん話をしました。

秋田はとても寒かったです。ぼくは初めてたくさんの雪を見ました。それはとてもきれいでした。ぼくは兄[弟]と大きな雪だるまを作りました。楽しかったです。

ぼくたちは元日にあさひ神社を訪れました。その神社はとても古いです。それは幸運のお守りで有名です。ぼくはそこでたくさんの人々を見ました。ぼくは幸運を願いました。ぼくはおみ

くじを引きました。ぼくは大吉でした。ぼくは
とてもうれしかったです。今年はぼくにとって
いい年になりそうです。
ぼくたちは休暇をとても楽しみました。ぼくた
ちは，夏にまた秋田を訪れる予定です。

❷ (1)studyの過去形はyをiに変えてedをつ
ける。 (2)ateはeatの過去形。 (3)takeの
過去形はtook。 (4)madeはmakeの過去形。
(5)ranはrunの過去形。 (6)getの過去形は
got。 (7)hadはhaveの過去形。 (8)giveの
過去形はgave。 (9)buyの過去形はbought。
(10)sawはseeの過去形。 (11)thinkの過去形
はthought。

❸ (1)「ケンは毎朝，本を読みます」現在の習慣。
主語は3人称単数。 (2)「ジュンコは，今私
のかばんを使っています」現在進行形の文。
(3)「私の家族は，2ヶ月前に京都をおとずれ
ました」「…前に」は... agoで表す。 (4)「コ
ウジは昨晩その写真をとりましたか」文末の
last nightから過去の文。 (5)「クミは今う
れしそうです」文末のnowから現在の文。
主語は3人称単数。 (6)「タニ先生は明日ス
ピーチをする予定です」文末のtomorrowか
ら未来の文。 (7)「あなたはエミとDVDを
見る予定ですか」going toがあることから，
be going to ...を使った未来の文と考える。

❹ (1)didの疑問文にはdidを使って答える。
(2)過去進行形〈過去のbe動詞＋-ing形〉で
答えているので，疑問文も過去進行形の形
を使う。look for ...「さがす」。 (3)whose
「だれのもの」。「あなたのものですか」と聞
かれてyesで答えているので，mine「私の
もの」が適切。 (4)天気を表す主語はit。
sunny「晴れている」の前にはbe動詞を置
く。 (5)「2番目の角を右に曲がってくださ
い」と答えていることから，道順をたずねて
いると考える。How can I get to ...?「…
へはどう行ったらいいですか」。

リスニングテスト
〈解答〉

① 小学校の復習

❶ (1)× (2)○ (3)×

ココを聞きトレ❺ 疑問文の疑問詞を正しく聞き取ろう。疑問詞がwhatなら「もの」について，whereなら「場所」についてたずねていることを整理して，絵の内容と合っているかどうかを確認する。場所を表すinやonなどの前置詞にも注意。

英文
(1)**Woman :** What's your name?
　Man : My name is Takashi.
(2)**Man :** What animals do you like?
　Woman : I like rabbits.
(3)**Woman :** Where is your cap?
　Man : It's on the desk.

日本語訳
(1)女性：あなたの名前は何ですか。
　男性：私の名前はタカシです。
(2)男性：あなたは何の動物が好きですか。
　女性：私はウサギが好きです。
(3)女性：あなたのぼうしはどこですか。
　男性：それは机の上にあります。

❷ (1)ウ (2)ウ

ココを聞きトレ❺ 質問文がYes / Noで答えられる疑問文か，疑問詞で始まる疑問文かに注目しよう。Is～?はYes / Noで答えられる疑問文なので，基本的にはYes / Noの答えを選ぶ。whatはものについてそれが「何か」をたずねる疑問詞。その「何」に相当する答えを選ぼう。

英文 Nice to meet you. My name is Mai. I'm from Osaka. I go to school. I like English. I study it hard. I like cooking, too. I can make apple pie. It is delicious. I want to be a cook.
Questions : (1)Is Mai a student?
　　　　　　(2)What is Mai's favorite subject?

日本語訳 はじめまして。私の名前はマイです。私は大阪出身です。私は通学しています。私は英語が好きです。私は一生懸命それを勉強します。私は料理をすることも好きです。私はアップルパイを作ることができます。それはおいしいです。私は料理人になりたいです。

質問：(1)マイは学生ですか。
　　　(2)マイの好きな教科は何ですか。

② be 動詞

❶ (1)オ (2)イ (3)エ (4)ウ

ココを聞きトレ❺ 登場人物が女性か男性か，単数か複数かに注意して聞こう。heは単数の男性を，sheは単数の女性を指す。また，isは主語が単数のときに，areは主語が複数のときに使うので，これらの単語を手がかりにしよう。be動詞のあとには，名前や職業などの情報が続く。ここでは，教科やスポーツの名前，部活動の内容を表す語を正しく聞き取ることが重要。

英文 (1)She is Aya. She is a tennis player. (2)He is Mr. Tanaka. He is a math teacher. (3)They are Yuki and Kana. They are in the music club. (4)They are Ken and Jun. They are on the soccer team.

日本語訳 (1)彼女はアヤです。彼女はテニス選手です。 (2)彼はタナカ先生です。彼は数学の教師です。 (3)彼女らはユキとカナです。彼女らは音楽部に所属しています。 (4)彼らはケンとジュンです。彼らはサッカー部に所属しています。

❷ (1)× (2)× (3)○

ココを聞きトレ❺ 対話文に出てくるものの名前や持ち主，地名を正しく聞き取ろう。疑問文とYes / Noの答えから正しい情報を整理し，絵の内容と照らし合わせること。答えがNoの場合には，そのあとに正しい情報が示されるので，聞きのがさないように注意。

英文
(1)**Man :** Is this your bag, Miki?
　Woman : Yes, it is. It's my bag.
(2)**Woman :** Is that a cat?
　Man : No, it isn't. It's a dog.
(3)**Man :** Are you from Okinawa?
　Woman : No, I'm not. I'm from Hokkaido.

日本語訳
(1)男性：これはあなたのかばんですか，ミキ。
　女性：はい，そうです。それは私のかばんです。
(2)女性：あれはネコですか。
　男性：いいえ，ちがいます。それはイヌです。
(3)男性：あなたは沖縄出身ですか。
　女性：いいえ，ちがいます。私は北海道出身です。

③ 一般動詞

1 (1)ウ　(2)エ　(3)ア

ココを聞きトレ⑥　絵にあるスポーツ用品や教科，動物を見て，どのような単語が使われるかをあらかじめ予測し，それらの単語に注意して対話文を聞こう。複数あるものは数にも注意。応答文のYes / No，否定文のnotに注意し，聞き取った情報を整理してから，解答を選ぼう。

英文
(1)*Woman :* Do you play basketball?
　Man : Yes, I do. I play baseball, too.
(2)*Man :* Does Rika like math?
　Woman : No, she doesn't. But she likes English and music.
(3)*Woman :* Does John have any cats or dogs?
　Man : He doesn't have any cats. He has two dogs.

日本語訳
(1)女性：あなたはバスケットボールをしますか。
　男性：はい，します。私は野球もします。
(2)男性：リカは数学が好きですか。
　女性：いいえ，好きではありません。しかし，彼女は英語と音楽が好きです。
(3)女性：ジョンはネコかイヌを飼っていますか。
　男性：彼はネコを1匹も飼っていません。彼は2匹のイヌを飼っています。

2 (1)イ　(2)ウ

ココを聞きトレ⑥　交通手段と兄弟姉妹の数を正しく聞き取ろう。登場人物が複数いるので，それぞれの人物について聞き取った情報を整理すること。aやtwoのような数を表す語，名詞の複数形にも注意しよう。

英文
(1)*Emi :* Do you walk to school, Mike?
　Mike : No. I go to school by bus. Do you walk to school, Emi?
　Emi : I sometimes walk, but I usually go to school by bike.
(2)*Ryo :* Hi, Kate. Do you have any brothers or sisters?
　Kate : Yes. I have two sisters. How about you, Ryo?
　Ryo : I have a sister and a brother.

日本語訳
(1)エミ：あなたは歩いて学校に行きますか，マイク。

マイク：いいえ。私はバスで学校に行きます。あなたは歩いて学校に行きますか，エミ。
エミ：私はときどき歩いて行きますが，たいていは自転車で学校に行きます。
(2)リョウ：やあ，ケイト。あなたには兄弟か姉妹がいますか。
ケイト：はい。私には姉妹が2人います。あなたはどうですか，リョウ。
リョウ：私には姉妹が1人，兄弟が1人います。

④ can の文

1 (1)○　(2)×　(3)○

ココを聞きトレ⑥　canのあとにくる動詞が表す動作の内容を正しく聞き取ろう。登場人物が複数いるので，それぞれの人ができることとできないことを整理して，絵の内容と合っているかどうかを確認する。

英文
(1)*Man :* Is the girl Japanese?
　Woman : No. But she can speak Japanese. She can speak English, too.
(2)*Woman :* Kevin, you can swim well, right? Can your brother Tom swim, too?
　Man : No, he can't. But he can run fast.
(3)*Man :* Can I use this computer on Mondays, Ms. Suzuki?
　Woman : Sorry, Mike. I use it on Mondays. You can use it on Fridays.

日本語訳
(1)男性：その女の子は日本人ですか。
　女性：いいえ。でも彼女は日本語を話せます。彼女は英語も話せます。
(2)女性：ケビン，あなたは上手に泳げますよね。あなたの弟さんのトムも泳げますか。
　男性：いいえ，泳げません。しかし，彼は速く走れます。
(3)男性：私は月曜日にこのコンピュータを使うことができますか，スズキ先生。
　女性：ごめんなさい，マイク。私は月曜日にそれを使います。あなたは金曜日にそれを使うことができます。

2 イ，カ

ココを聞きトレ⑥　博物館の中でしてもよいことと，してはいけないことを正しく聞き取ろう。Don't 〜.やPlease 〜.の命令文で表されているものも

あるので注意。canとcan'tを聞き間違えないようにすることも重要。

英文

John : Excuse me. Can I take pictures in the museum?

Clerk : I'm sorry, you can't.

John : I see. Can I take my bag with me?

Clerk : Yes, you can. But don't take your dog with you. And you can't eat or drink in the museum. Please leave the museum before five o'clock.

John : All right.

Clerk : Enjoy the pictures in our museum!

日本語訳

ジョン：すみません。博物館の中で写真をとってもよいですか。

博物館員：申し訳ありませんが，できません。

ジョン：わかりました。私のかばんは持っていってもよいですか。

博物館員：ええ，いいです。でもあなたのイヌは連れていってはいけません。それから，博物館の中で食べたり飲んだりしてはいけません。5時前には，博物館を出てください。

ジョン：わかりました。

博物館員：博物館にある絵を楽しんでください！

⑤ 疑問詞①

❶ (1)イ　(2)エ　(3)ア

ココを聞きトレ⑥　ものの数や時刻など，数字の聞き取りがポイント。ものの種類が複数あるときは，それぞれについて数を正しく聞き取ること。fiftyとfifteenのように聞き間違いやすい数字には特に注意。

英文

(1)*Man :* What do you want?

　Woman : I want four pens and three erasers.

(2)*Woman :* What time do you eat breakfast?

　Man : I eat breakfast at six fifty.

(3)*Man :* How many books do you have in your bag?

　Woman : I have two.

日本語訳

(1)男性：あなたは何がほしいですか。

　女性：私は4本のペンと3個の消しゴムがほしいです。

(2)女性：あなたは何時に朝食を食べますか。

　男性：私は6時50分に朝食を食べます。

(3)男性：あなたはかばんの中に何冊の本を持っていますか。

　女性：私は2冊持っています。

❷ (1)ウ　(2)エ

ココを聞きトレ⑥　質問文が疑問詞で始まる疑問文の場合には，疑問詞の種類に注意。whatはものについてそれが「何」かを，whoは人についてそれが「だれ」かをたずねる疑問詞。それぞれ「何」「だれ」に相当する答えを選ぼう。登場人物が2人いるので，それぞれの人についての情報を正しく聞き取ること。

英文　Hello, everyone. I'm Takashi. I'm from Nagano. I'm a junior high school student. I'm on the soccer team at school. I practice soccer every day. I sometimes play tennis on Sundays. I have a sister. Her name is Kumi. She is seventeen years old. She plays the guitar very well. She is a basketball player. Thank you.

Questions : (1)What does Takashi practice every day?

　　　　　　(2)Who is Kumi?

日本語訳　こんにちは，みなさん。私はタカシです。私は長野出身です。私は中学生です。私は学校でサッカー部に所属しています。私は毎日サッカーを練習します。私はときどき日曜日にテニスをします。私には姉がいます。彼女の名前はクミです。彼女は17歳です。彼女はとても上手にギターをひきます。彼女はバスケットボール選手です。ありがとう。

質問：(1)タカシは毎日何を練習しますか。

　　　(2)クミとはだれですか。

⑥ 疑問詞②

❶ (1)エ　(2)ア　(3)ウ

ココを聞きトレ⑥　疑問詞で始まる疑問文が出てきたら，応答文を予測しながら聞こう。たとえば，whenは「時」を，whereは「場所」をたずねる疑問詞なので，応答文の中にはそれらの情報が含まれていると考えられる。時間や場所の表現にはatやin，onなどの前置詞が使われることが多いので，それぞれの意味も確認しておこう。

(1)**Man :** When is your birthday?

Woman : It's July thirtieth.

(2)**Woman :** Where is my pencil?

Man : It's on the table.

(3)**Man :** Yuki, whose cap is this?

Woman : Oh, it's mine, John.

日本語訳

(1)男性：あなたの誕生日はいつですか。

女性：7月30日です。

(2)女性：私のえんぴつはどこにありますか。

男性：テーブルの上にあります。

(3)男性：ユキ，これはだれのぼうしですか。

女性：ああ，それは私のです，ジョン。

2 (1)イ　(2)エ

ココを聞きトレ⑥　疑問文の疑問詞を正しく聞き取ろう。疑問詞がwhenなら「時」，whereなら「場所」について述べている応答文を見つければよい。

英文

(1)**Woman :** Do you like soccer?

Man : Yes. I like it very much. I'm a member of the soccer team.

Woman : When do you practice soccer?

(2)**Man :** Jane lives in Japan, right?

Woman : Well, she lived in Japan before, but now she doesn't live here.

Man : Oh, where does she live now?

日本語訳

(1)女性：あなたはサッカーが好きですか。

男性：はい。私はそれがとても好きです。私はサッカー部の部員です。

女性：あなたはいつサッカーを練習しますか。

(2)男性：ジェーンは日本に住んでいますよね。

女性：ええと，彼女は以前は日本に住んでいたのですが，今はここに住んでいません。

男性：ああ，彼女は今どこに住んでいるのですか。

⑦　現在進行形

1 (1)オ　(2)エ　(3)カ　(4)イ

ココを聞きトレ⑥　それぞれの英文が表す動作の内容を正しく聞き取ろう。特にing形になっている動詞の聞き取りに注意する。人の名前やhe，sheなどの語も，女性か男性かを区別するヒントになる。

英文　(1)Aya is reading an English book. She is using a dictionary.　(2)Miki is making curry for lunch. Everyone likes curry very much.　(3)Yuta is talking with Ryo. He has a book in his hand.　(4)Kumi likes music very much. She is listening to music. She is not watching TV.

日本語訳　(1)アヤは英語の本を読んでいます。彼女は辞書を使っています。　(2)ミキは昼食にカレーを作っています。みんなはカレーが大好きです。　(3)ユウタはリョウと話しています。彼は手に本を持っています。　(4)クミは音楽が大好きです。彼女は音楽を聞いています。彼女はテレビを見ていません。

2　イ，エ

ココを聞きトレ⑥　対話から，だれが何をしているところかを正しく聞き取ろう。時や場所などの情報にも注意すること。whatのような疑問詞で始まる疑問文のあとでは，重要な情報が話されることが多いので注意して聞こう。

英文

Becky : Hello, this is Becky.

Shinji : Hi, Becky. This is Shinji.

Becky : What are you doing now?

Shinji : I'm eating breakfast with my brother.

Becky : Shinji, I'm studying Japanese, but I can't read some kanji.

Shinji : OK. I can help you after breakfast. Can you come to my house?

Becky : Sure. I can go to your house at ten o'clock.

Shinji : Great, Becky. See you soon.

日本語訳

ベッキー：こんにちは，ベッキーです。

シンジ：やあ，ベッキー。シンジだよ。

ベッキー：あなたは今，何をしているの？

シンジ：ぼくは弟といっしょに朝食を食べているよ。

ベッキー：シンジ，私は日本語を勉強しているんだけど，漢字がいくつか読めないの。

シンジ：わかった。朝食後にぼくが助けてあげるよ。ぼくの家に来ることができる？

ベッキー：もちろん。10時にはあなたの家に行くことができるわ。

シンジ：いいね，ベッキー。あとでね。

⑧ 一般動詞の過去形

① (1)イ　(2)エ　(3)ア

ココを聞きトレ⑥ 時間，場所の聞き取りがポイント。過去の行動について複数の情報がある場合は，それらの出来事がどのような順序で起こったかにも注意しよう。What timeで始まる疑問文のあとでは，時刻が話題になることも意識して聞こう。

英文
(1)**Woman :** Did you play volleyball yesterday, Koji?
　Man : No, I didn't. I played baseball after lunch.
(2)**Man :** Did you go to the park last Sunday, Kana?
　Woman : Yes, I did. I went there in the morning. Then I visited the zoo in the afternoon.
(3)**Woman :** What time did you get up this morning, Tom?
　Man : I got up at eight. And I had breakfast at nine. I didn't study this morning.

日本語訳
(1)女性：あなたは昨日バレーボールをしましたか，コウジ。
　男性：いいえ，しませんでした。私は昼食後に野球をしました。
(2)男性：あなたはこの前の日曜日に公園に行きましたか，カナ。
　女性：はい，行きました。私は午前中にそこへ行きました。それから私は午後に動物園を訪れました。
(3)女性：あなたは今朝，何時に起きましたか，トム。
　男性：私は8時に起きました。そして私は9時に朝食を食べました。私は今朝，勉強しませんでした。

② (1)ウ　(2)イ

ココを聞きトレ⑥ 質問文がYes / Noで答えられる疑問文か，疑問詞で始まる疑問文かに注目しよう。Did ～?はYes / Noで答えられる疑問文なので，基本的にはYes / Noの答えを選ぶ。疑問詞で始まる疑問文には，疑問詞に応じて具体的な答えを選ぶ。

英文 Hi, everyone. My name is Rika. Did you enjoy your summer vacation? I went to London with my family. We visited some museums there. We watched a soccer game, too. People in London like soccer very much. We enjoyed the food at some restaurants. We had a very good time. Thank you.
Questions : (1)Did Rika go to London with her family?
　　　　　　(2)What did Rika do in London?

日本語訳 こんにちは，みなさん。私の名前はリカです。あなたたちは夏休みを楽しみましたか。私は家族といっしょにロンドンに行きました。私たちはそこでいくつかの美術館を訪れました。私たちはサッカーの試合も見ました。ロンドンの人々はサッカーが大好きです。私たちはいくつかのレストランで食べ物を楽しみました。私たちはとても楽しい時を過ごしました。ありがとう。
質問：(1)リカは家族といっしょにロンドンに行きましたか。
　　　(2)リカはロンドンで何をしましたか。

⑨ be動詞の過去形／過去進行形

① (1) イ　(2) ア　(3) ア

ココを聞きトレ⑥ 登場人物の過去のある時点の行動や状態を正しく聞き取ろう。last night, last year, yesterdayなどの過去の時を表す語句や，at seven, from six o'clockなどの時刻を表す語句に特に注意する。英文の主語がだれかにも注意して，絵に表された人物の行動や状態を表す解答を選ぼう。

英文 (1)Miki had dinner at seven last night. She was writing a letter at nine. She did her homework before dinner. (2)Ken and Mike are on the soccer team this year. But last year, Ken was on the baseball team, and Mike was on the tennis team. (3)I'm Paul. I came home at five yesterday. My sister Emma was reading a book. My brother John was listening to music. We watched TV together from six o'clock.

日本語訳 (1)ミキは昨夜7時に夕食を食べました。9時には手紙を書いていました。宿題は夕食前にしました。 (2)ケンとマイクは今年サッカー部にいます。しかし昨年，ケンは野球部にいて，マイクはテニス部にいました。 (3)ぼくはポールです。ぼくは昨日5時に帰宅しました。姉のエマは本を読んでいました。弟のジョンは音楽を聞いていました。ぼくたちは6時からいっしょにテレビを見

ました。

2 (1)イ　(2)ウ

ココを聞きトレ⑤　日時と場所に注意して，対話している人物の行動を正しく聞き取ろう。場所の情報はwhereの疑問文のあとに言われることが多いので注意。

英文

Tom : Hi, Yumi. I called you yesterday, but you were not at home. Where were you?

Yumi : Sorry, Tom. I listened to a CD at the music shop in the morning.

Tom : Really? But I called you at three in the afternoon. What were you doing then?

Yumi : Oh, I was in the park. I was playing tennis with my friends. Were you at home yesterday?

Tom : Well, I was in the library and studied math in the morning. But I was at home in the afternoon. I watched a soccer game on TV.

Questions : (1)Who was Yumi with yesterday afternoon?

(2)Where was Tom yesterday morning?

日本語訳

トム：やあ，ユミ。昨日きみに電話したけど，家にいなかったね。どこにいたの？

ユミ：ごめんなさい，トム。午前中は音楽店でCDを聞いたのよ。

トム：ほんと？　でもぼくは午後3時に電話をしたんだ。そのとき何をしていたの？

ユミ：ああ，公園にいたわ。友だちとテニスをしていたの。あなたは昨日家にいた？

トム：ええと，午前中は図書館にいて，数学を勉強したよ。でも午後は家にいたよ。テレビでサッカーの試合を見たんだ。

質問：(1)ユミは昨日の午後に，だれといっしょにいましたか。

(2)トムは昨日の午前中，どこにいましたか。

⑩　1年間の総まとめ

1 (1)エ　(2)ア　(3)ウ　(4)イ

ココを聞きトレ⑤　質問で特定の人の情報が問われて

いる場合は，表の中からすばやくその人の情報を見つけ出そう。whereなら「場所」，whoなら「人」のように，疑問詞で始まる疑問文に対する答えは限定されるので，必要な情報にしぼって探すとよい。

英文　(1)Where is Becky from?　(2)Who is on the tennis team?　(3)When does Ken practice baseball?　(4)How many people can play the piano?

日本語訳　(1)ベッキーはどこの出身ですか。　(2)だれがテニス部に所属していますか。　(3)ケンはいつ野球を練習しますか。　(4)何人の人がピアノをひくことができますか。

2 (1)ウ　(2)エ

ココを聞きトレ⑤　時間と登場人物の行動の聞き取りがポイント。質問文のwhenは「時」をたずねる疑問詞なので，スピーチの中の時を表す語に特に注意しよう。登場人物が多い場合には，それぞれの人の行動を整理してから選択肢を読もう。

英文　Hello, everyone. I'm Mike. I came to this school two months ago. I made some friends here. They are Kumi and Takashi. Takashi and I are members of the basketball team. Takashi is a good player. Last Saturday, we went to Kumi's house. Her family had a birthday party for Kumi and we joined them. I can't speak Japanese well, but Kumi always helps me at school. I'm enjoying my school life with my friends. Thank you.

Questions : (1)When did Kumi's family have a party?

(2)What does Kumi do at school?

日本語訳　こんにちは，みなさん。私はマイクです。私は2か月前にこの学校に来ました。私はここで何人かの友だちができました。彼らはクミとタカシです。タカシと私はバスケットボール部の部員です。タカシは上手な選手です。この前の土曜日，私たちはクミの家に行きました。彼女の家族がクミのために誕生日パーティーを開いたので，私たちは参加したのです。私は日本語が上手に話せませんが，クミは学校でいつも私を助けてくれます。私は友だちといっしょに学校生活を楽しんでいます。ありがとう。

質問：(1)クミの家族はいつパーティーを開きましたか。

(2)クミは学校で何をしますか。

英作文にチャレンジ！
〈解答〉

❶ (1)I want two apples.
　(2)I want to make fruit salad.
　(3)How many oranges do you want?

英作力UP♪　英作文では，まず語数制限や問題文中の条件設定を押さえよう。 (1)「いらっしゃいませ。」への応答の文。絵から「リンゴが２個ほしいです。」という内容の文を書く。ほしいものを言うときは，I want 〜.を使う。 (2)したいことは，I want to 〜.を使って表す。 (3)ユカは直後に「４個ほしいです。」と返答しているので，数をたずねる文を入れる。How manyのあとの名詞(orange)は複数形にする。

❷ This is my father, Akira. He is [He's] a math teacher. He is [He's] good at singing.　He can run fast. He likes movies. We sometimes go to a movie together. I like him very much.

英作力UP♪　人を紹介するので，This is 〜.「こちらは〜です。」で文を始める。２文目以降は代名詞he「彼は[が]」を使って書く。「〜(すること)がじょうずだ」はbe good at 〜ingで表す。He is a good singer.としてもよい。「速く走ることができる」は〈can＋動詞の原形〉を使って表す。「映画に行く」はgo to a movie。

❸ (1)You can take pictures here. (2)(You can't) eat or drink. (3)(You) cannot [can't] touch the photos. (4)(Please) be quiet.

英作力UP♪　(1)「写真撮影は可能です」はYou can 〜.「あなたは〜することができる。」の形で表す。(2)「飲食禁止」は「飲んだり食べたりすることができない」と考え，You can'tにeat or drinkを続ける。 (3)「写真にさわらないでください」は(2)と同様，You can'tを使って表すとよい。「写真にさわる」はtouch the photos。「写真展にある写真」を指しているので，photosには定冠詞theをつける。 (4)「大声で話さないでください」は文の最初にPleaseがあるので，quiet「静かな」を使ってPlease be quiet.とbe動詞の命令文にする。

❹ (1)A boy is playing basketball. / A boy is practicing basketball. (2)Two women are eating ice cream. / Two women are talking. (3)A bike [bicycle] is by the tree. / A bike [bicycle] is under the tree.

英作力UP♪　(1)「１人の少年がバスケットボールをしています。」 (2)「２人の女性がアイスクリームを食べています。」 (3)「自転車が木のそばにあります。」ということを表す文を書く。(1)(2)は現在進行形〈be動詞＋動詞のing形〉の文で表す。 (1)「バスケットボールをする」はplay basketball。「バスケットボールを練習する」practice basketballを使った文にしてもよい。 (2)「アイスクリームを食べる」はeat ice cream。絵の様子から「２人の女性が話している」という文にしてもよい。 (3)は，自転車の位置について表す文を書く。絵よりby 〜「〜のそばに」が適切。また，under 〜「〜の下に」を使ってもよい。

❺ Eighteen students have smartphones. Fourteen students don't have smartphones. One student has a mobile phone.

英作力UP♪　３つの英文なので，それぞれスマートフォンを持っている生徒，持っていない生徒，携帯電話を持っている生徒について書く。「14」はfourteen。携帯電話を持つ生徒について書くときは，主語が三人称単数のone studentなので動詞はhasとする。

❻ I went camping with my family. We made curry and rice for dinner. I got up early and watched the sunrise. It was very beautiful. I had a really good time.

英作力UP♪　まず質問への返答として「〜した」という文を動詞の過去形を使って書く。２文目以降も，行った場所やしたことについて過去形の文で表す。be動詞の過去形の文はIt was beautiful.「それは美しかったです。」やI was happy.「私はうれしかったです。」，I was tired.「私は疲れました。」など感想を述べる文で使うとよい。

赤シート×直前対策！

ぴた
トレ **mini book**

テストに出る！

重要文
重要単語
チェック！

三省堂版　英語1年

赤シートでかくしてチェック！

◀ 「ぴたトレ mini book」は取り外してお使いください。

be動詞

□私はミキです。　　　　　　　　　　　　　I am Miki.

□あなたは学生ですか。　　　　　　　　　　Are you a student?

　―はい，そうです。　　　　　　　　　　　― Yes, I am.

□あなたはカナダ出身ですか。　　　　　　　Are you from Canada?

　―いいえ，ちがいます。　　　　　　　　　― No, I am not.

□私はおなかがすいていません。　　　　　　I am not hungry.

□こちらはサトシです。　　　　　　　　　　This is Satoshi.

□あれは私たちの学校です。　　　　　　　　That is our school.

□これはあなたの自転車ですか。　　　　　　Is this your bike?

　―はい，そうです。　　　　　　　　　　　― Yes, it is.

□あれは図書館ですか。　　　　　　　　　　Is that a library?

　―いいえ，ちがいます。　　　　　　　　　― No, it is not.

□こちらは私の兄です。彼は学生です。　　　This is my brother. He is a student.

□彼女は先生ではありません。　　　　　　　She is not a teacher.

一般動詞

□私はカメラがほしいです。　　　　　　　　I want a camera.

□こちらはトムです。私は彼が好きです。　　This is Tom. I like him.

□あなたは野球をしますか。　　　　　　　　Do you play baseball?

　―はい，します。　　　　　　　　　　　　― Yes, I do.

□あなたは魚を食べますか。　　　　　　　　Do you eat fish?

　―いいえ，食べません。　　　　　　　　　― No, I do not.

□私はコンピュータを持っていません。　　　I do not have a computer.

□ジュンは自転車で学校に来ます。　　　　　Jun comes to school by bike.

□私の姉は毎日英語を勉強します。　　　　　My sister studies English every day.

2

□彼女は大阪に住んでいますか。	Does she live in Osaka?
―はい，住んでいます。	― Yes, she does.
□彼はネコが好きですか。	Does he like cats?
―いいえ，好きではありません。	― No, he does not.
□彼女は日本語を話しません。	She does not speak Japanese.

疑問詞

□これは何ですか。	What is this?
―それはカメラです。	― It is a camera.
□あなたはかばんの中に何を持っていますか。	What do you have in your bag?
―私はCDを何枚か持っています。	― I have some CDs.
□あの少女はだれですか。	Who is that girl?
―彼女はユキです。	― She is Yuki.
□これはだれの鉛筆ですか。	Whose pencil is this?
―それは私のものです。	― It is mine.
□私の帽子はどこにありますか。	Where is my cap?
―それは机の上にあります。	― It is on the desk.
□あなたはいつサッカーを練習しますか。	When do you practice soccer?
―私は毎日それを練習します。	― I practice it every day.
□何時ですか。―2時です。	What time is it? ― It is two o'clock.
□あなたは本を何冊持っていますか。	How many books do you have?
―私は50冊の本を持っています。	― I have fifty books.

現在進行形

□私は今，夕食を作っています。	I am making dinner now.
□彼女は今，テニスをしています。	She is playing tennis now.
□あなたは今，テレビを見ていますか。	Are you watching TV now?
―はい，見ています。	― Yes, I am.
□ハルカは今，勉強していますか。	Is Haruka studying now?
―いいえ，勉強していません。	― No, she is not.

3

□彼らは今，走っていません。	They are not running now.
□ケンジは今，何をしていますか。	What is Kenji doing now?
―彼は泳いでいます。	― He is swimming.

canの文

□私はコンピュータを使うことができます。	I can use a computer.
□彼はギターをひくことができます。	He can play the guitar.
□あなたはこの漢字が読めますか。	Can you read this kanji?
―はい，読めます。	― Yes, I can.
□彼女はじょうずに泳げますか。	Can she swim well?
―いいえ，泳げません。	― No, she can't.
□メアリーは中国語を話せません。	Mary can't speak Chinese.
□窓を閉めてもらえますか。	Can you close the window?
□このペンを使ってもよいですか。	Can I use this pen?

一般動詞の過去形

□私たちは昨日，サッカーをしました。	We played soccer yesterday.
□私は2年前，京都に住んでいました。	I lived in Kyoto two years ago.
□私は先週，沖縄に行きました。	I went to Okinawa last week.
□あなたは昨日，お母さんを手伝いましたか。	Did you help your mother yesterday?
―はい，手伝いました。	― Yes, I did.
□エミは昨日，あなたの家に来ましたか。	Did Emi come to your house yesterday?
―いいえ，来ませんでした。	― No, she did not.
□彼は今朝，朝食を食べませんでした。	He did not have breakfast this morning.

4

be動詞の過去形

□私はとても疲れていました。　　　　　　I was very tired.

□私の両親は昨日，家にいました。　　　　My parents were at home yesterday.

□昨日は暑くありませんでした。　　　　　It was not hot yesterday.

□その映画はおもしろかったですか。　　　Was the movie interesting?

　―はい，おもしろかったです。/　　　　― Yes, it was. / No, it was not.

　いいえ，おもしろくありませんでした。

命令文

□この本を読みなさい。　　　　　　　　　Read this book.

□お年寄りに親切にしなさい。　　　　　　Be kind to old people.

□部屋の中で走らないで。　　　　　　　　Don't run in the room.

□夕食を食べましょう。　　　　　　　　　Let's eat dinner.

Starter 1

☐	apple	りんご
☐	boy	少年
☐	ceremony	式
☐	cow	牛
☐	dog	犬
☐	evening	夕方・晩
☐	flower	花
☐	good	よい，すぐれた
☐	gym	体育館
☐	horse	馬
☐	ice	氷
☐	ink	インク
☐	jet	飛行機
☐	king	王
☐	lunch	昼食
☐	math	数学
☐	nurse	看護師
☐	octopus	タコ
☐	old	古い，昔からの
☐	park	公園
☐	queen	女王
☐	rainbow	虹
☐	square	正方形
☐	tiger	トラ

☐	umbrella	傘
☐	vacation	休暇
☐	weather	天気
☐	yacht	ヨット
☐	unicycle	一輪車
☐	zebra	シマウマ

Starter 2

☐	January	1月
☐	February	2月
☐	March	3月
☐	April	4月
☐	May	5月
☐	June	6月
☐	July	7月
☐	August	8月
☐	September	9月
☐	October	10月
☐	November	11月
☐	December	12月

Starter 3

☐	gym	ジム
☐	shrine	神社
☐	temple	寺
☐	zoo	動物園

Lesson 1

☐	action	動き，演技，動作
☐	any	いくつかの，いくらかの
☐	band	バンド，楽団
☐	bathroom	浴室
☐	character	人物，登場人物
☐	Chinese	中国語，中国人
☐	city	市，都市
☐	classical	古典的な，古典主義の
☐	come	来る
☐	comic	漫画の本
☐	dancer	ダンサー
☐	draw	(絵などを)かく
☐	drummer	ドラマー
☐	excited	わくわくした
☐	every	毎…，…ごとに
☐	guitarist	ギタリスト
☐	gymnastics	体操
☐	hobby	趣味
☐	interested	興味を持った
☐	kitchen	台所
☐	know	知っている
☐	live	住む
☐	much	たいへん，大いに
☐	need	～を必要とする
☐	now	今は

☐	often	しばしば，たびたび
☐	pianist	ピアニスト
☐	picture	絵，写真
☐	rock	(音楽の)ロック
☐	show	ショー
☐	skier	スキーヤー
☐	sometimes	ときどき
☐	song	歌
☐	swimmer	水泳選手
☐	take	とる
☐	theater	劇場
☐	thirsty	のどのかわいた
☐	ticket	切符，チケット
☐	turtle	カメ
☐	use	使う
☐	word	ことば，単語

Word Bank

☐	animated	アニメの
☐	comedy	喜劇
☐	fiction	フィクション
☐	folk	民間の
☐	horror	恐怖
☐	news	報道，知らせ
☐	program	番組(表)，プログラム
☐	quiz	クイズ
☐	romance	恋愛小説(映画)

7

Lesson 2

☐	assistant	助手，アシスタント
☐	bake	（オーブンで）焼く
☐	ballet	バレエ
☐	butterfly	チョウ
☐	camp	キャンプ場
☐	cannot	canの否定形
☐	catch	つかまえる
☐	climb	登る
☐	cool	かっこいい
☐	cut	切る
☐	dribble	ドリブルをする
☐	enjoy	楽しむ
☐	far	（距離が）遠くに
☐	here	ここに，ここで，ここへ
☐	his	彼の
☐	jump	とぶ，はねる
☐	knife	ナイフ
☐	number	数，番号
☐	main	おもな，主要な
☐	of	～の
☐	quickly	速く，素早く
☐	send	送る
☐	skate	スケートをする
☐	so	非常に，とても
☐	Spanish	スペイン語（人）
☐	sure	もちろん
☐	touch	触れる
☐	trick	トリック，たくらみ
☐	video	映像
☐	write	（文字，文章を）書く

GET Plus 2

☐	some	いくつかの，いくらかの

Word Bank

☐	elephant	ゾウ
☐	hawk	タカ
☐	kangaroo	カンガルー
☐	monkey	サル
☐	rabbit	うさぎ
☐	thousand	1000

Lesson 3

☐	cheerful	元気のいい
☐	classmate	クラスメイト
☐	crowded	こんでいる
☐	dear	親愛なる
☐	easy	やさしい，簡単な
☐	entertainer	芸能人
☐	fan	扇
☐	famous	有名な
☐	floor	床
☐	fox	きつね
☐	guess	推測する
☐	her	彼女を，彼女に，彼女の
☐	him	彼を，彼に
☐	Hindi	ヒンディー語
☐	hotel	ホテル
☐	I see.	なるほど
☐	learn	習う
☐	letter	手紙
☐	mascot	マスコット
☐	or	または，あるいは
☐	people	人々
☐	performer	上演者
☐	perform	演じる，演奏する
☐	popular	人気のある
☐	side	側，面

☐	souvenir	思い出の品，土産物
☐	taste	味，味覚
☐	their	彼(女)らの，それらの
☐	weekend	週末
☐	wish	願い
☐	woman	女性
☐	yours	あなたのもの

Take Action! Listen 1

☐	chain	くさり
☐	dollar	ドル
☐	free	無料の
☐	key	鍵

Take Action! Talk 1

☐	listen	聞く
☐	really	本当に
☐	same	同じ
☐	too	～もまた

Project 1

☐	also	～もまた，そのうえ
☐	dream	夢，希望，理想
☐	language	言語，言葉
☐	real	本当の
☐	robot	ロボット
☐	like	～のように，～のような
☐	with ・	(相手・対応)～と，～に(対して)

Lesson 4

☐	age	年齢
☐	another	もう１つの，別の
☐	as	～として，～の時に
☐	bell	鈴，鐘
☐	belong to~	～に所属している
☐	college	大学
☐	drive	(車を)運転する
☐	early	早く
☐	evening	夕方，晩
☐	family	家族
☐	hear	聞こえる，聞く
☐	hold	もっている，にぎる
☐	hometown	ふるさと
☐	hour	１時間
☐	instrument	楽器
☐	level	(能力や地位などの)水準
☐	low	低い
☐	magic	奇術の
☐	neighbor	近所の人
☐	other	別の人[もの]，他の人[もの]
☐	page	ページ
☐	parent	親
☐	pet	ペット
☐	place	場所
☐	Scotland	スコットランド
☐	statue	像
☐	student	学生，生徒
☐	teach	教える
☐	them	彼(女)らを，それらを
☐	there	そこに[で・へ]
☐	these	これらのもの[人]
☐	they	彼(彼女)らは，それらは
☐	those	それらは，あれらは
☐	tower	塔，タワー
☐	traditional	伝統的な
☐	wear	身に着けている

Take Action! Listen 2

☐	during	～の間
☐	mobile phone	携帯電話
☐	talk	話す，しゃべる

Take Action! Talk 2

☐	later	あとで，のちほど
☐	o'clock	～時
☐	plan	予定
☐	start	始まる
☐	today	きょう(は)

GET Plus 3

☐	which	どちらを，どれを

Word Bank

☐	crisp	さくさく，ぱりぱりした
☐	sticky	ねばねばする

Lesson 5

☐	after	～のあとに[の]
☐	bring	持ってくる，連れてくる
☐	carry	持っている，運ぶ
☐	child	子ども
☐	choose	選ぶ
☐	class	授業
☐	different	違った
☐	e-mail	Eメール
☐	everyone	だれでも，みんな
☐	life	生活，暮らし
☐	lovely	美しい，かわいい
☐	next	次の，今度の，となりの
☐	own	自分自身の
☐	poster	ポスター
☐	radio	ラジオ
☐	schedule	時間割，スケジュール
☐	sleep	眠る
☐	team	チーム
☐	thing	物，事
☐	throw	投げる
☐	volunteer	ボランティア
☐	work	働く

Take Action! Listen 3

☐	help	手伝う，助ける

☐	power	力
☐	problem	問題
☐	solve	解決する
☐	together	いっしょに
☐	twin	ふたごの
☐	wizard	魔法使い

Take Action! Talk 3

☐	design	デザイン，図案
☐	may	～してもよい
☐	perfect	完全な，申し分のない
☐	suggest	提案する
☐	then	それなら，その場合には

GET Plus 4

☐	mine	私のもの
☐	whose	だれの

Word Bank

☐	bottle	びん
☐	dictionary	辞書
☐	hers	彼女のもの
☐	ours	私たちのもの
☐	textbook	教科書
☐	theirs	それらのもの，彼(女)らのもの
☐	workbook	(学習用)ワークブック

11

Lesson 6

☐	ago	〜前に
☐	all	すべて
☐	a lot	たくさん
☐	bought	buyの過去形，過去分詞
☐	cousin	いとこ
☐	die	死ぬ
☐	did	doの過去形
☐	discover	発見する
☐	drop	〜を落とす，落ちる
☐	event	行事，出来事
☐	experience	体験，経験
☐	hang	ぶらさげる
☐	history	歴史
☐	hot spring	温泉
☐	join	加わる，参加する
☐	last	この前の，昨〜，先〜，
☐	made	makeの過去形，過去分詞
☐	match	試合
☐	peace	平和
☐	picnic	ピクニック
☐	pray	祈る
☐	pretty	かわいい，きれいな
☐	remember	思い出す
☐	say	言う，話す，述べる
☐	scarf	スカーフ

☐	sightseeing	観光
☐	step	階段
☐	swam	swimの過去形
☐	taught	teachの過去形，過去分詞
☐	thick	太い
☐	took	takeの過去形
☐	uncle	おじ
☐	view	景色
☐	wait	待つ
☐	wallet	さいふ
☐	war	戦争
☐	week	週
☐	win	勝つ
☐	yesterday	きのう（は）

Take Action! Listen 4

☐	already	すでに，もう
☐	charge	受け持ち，責任
☐	paper	紙
☐	plate	（浅くて丸い）皿

Take Action! Talk 4

☐	Excuse me.	すみません

Project 2

☐	garden	庭，庭園，畑，菜園
☐	its	その，それの
☐	kind	種類
☐	local	地域の

Lesson 7

☐	amazing	驚くべき，見事な
☐	above	(場所)の上に[の]
☐	against	～に対抗して
☐	always	いつも
☐	anymore	[否定文，疑問文で]もはや，これ以上
☐	attitude	態度，心構え
☐	boring	退屈な
☐	call	電話
☐	center	中心，…センター
☐	century	世紀，100年
☐	change	取り替える
☐	condition	状態
☐	difficult	難しい
☐	drew	drawの過去形
☐	energy	エネルギー
☐	everybody	だれでも，みんな
☐	foot	足
☐	full	満ちた，いっぱいの
☐	got	getの過去形，過去分詞
☐	into	～の中へ
☐	jog	ジョギングする
☐	lost	loseの過去形，過去分詞
☐	love	愛
☐	message	メッセージ
☐	mind	心

☐	miss	乗りそこなう
☐	national	国立の，国家の
☐	passion	情熱
☐	person	人
☐	prize	賞，賞品
☐	realize	理解する
☐	respect	尊敬する
☐	shot	shootの過去形，過去分詞
☐	skillful	腕の良い，みごとな
☐	sound	聞こえる
☐	still	それでも
☐	top	トップの，いちばん上の
☐	won	winの過去形，過去分詞

Take Action! Listen 5

☐	of course	もちろん，たしかに
☐	question	質問

Take Action! Talk 5

☐	cartoonist	漫画家
☐	series	シリーズ

Get plus 5

☐	puppy	子犬

Word Bank

☐	nervous	心配して，不安で
☐	bored	退屈した
☐	surprised	驚いた

Lesson 8

☐	addition	付け加わったもの
☐	around	～のあちらこちらを
☐	baby	赤ちゃん
☐	behind	残って
☐	chopstick	箸
☐	clothes	衣服
☐	decide	決定する
☐	environment	環境
☐	exam	試験
☐	example	例
☐	felt	feelの過去形，過去分詞
☐	final	最後の
☐	future	未来(の)，将来(の)
☐	generation	世代
☐	group	グループ，集団
☐	increase	増える
☐	information	情報
☐	left	leaveの過去形，過去分詞
☐	maybe	たぶん，～かもしれない
☐	messy	散らかった
☐	number	番号，総数，総量
☐	pick	摘む
☐	promise	約束
☐	recycle	再利用する

☐	reduce	減らす
☐	save	守る
☐	share	いっしょに使う
☐	similar	似ている
☐	stay	とどまる，滞在する
☐	situation	事態，情勢
☐	tomorrow	あした(は)
☐	trash	ごみ
☐	us	私たちを[に]
☐	warm	暖かい，温かい

Take Action! Listen 6

☐	almost	ほとんど
☐	bad	悪い，いやな
☐	holiday	休日，祝日

Take Action! Talk 6

☐	again	もう一度，また
☐	hair	髪の毛

Word Bank

☐	answer	答える，返事をする
☐	door	ドア
☐	feed	食べ物を与える
☐	light	光，明るさ，明かり
☐	off	(電気，テレビなどが)切れて，止まって
☐	open	あく，あける
☐	window	窓

Project 3

☐	gave	give の過去形
☐	treasure	宝

READING FOR FUN

☐	anyway	ところで
☐	ask	たずねる
☐	belt	ベルト
☐	bottom	底
☐	careful	注意深い，慎重な
☐	disappear	見えなくなる，消えうせる
☐	fell	fall の過去形
☐	follow	（～のあとに）ついていく
☐	ground	[the をつけて]地面
☐	hit	打つ，ぶつける，ぶつかる
☐	hole	穴
☐	late	遅い，遅れた
☐	little	小さい
☐	mean	意味する
☐	meaning	意味
☐	neck	首
☐	ran	run の過去形
☐	river	川
☐	sat	sit の過去形

☐	shape	形，姿
☐	suddenly	突然，いきなり
☐	terrible	恐ろしい，ひどい
☐	thought	think の過去形，過去分詞
☐	tie	ネクタイ
☐	wall	壁，へい
☐	watch	時計

三省堂版・中学英語 1 年